NF文庫
ノンフィクション

新装解説版

特攻

組織的自殺攻撃はなぜ生まれたのか

森本忠夫

潮書房光人新社

本書は、太平洋戦争末期に行なわれた日本陸海軍の航空特攻作戦を、膨大な数の日米の史料を研究し、体験者にも取材して、特攻の全貌を詳細につづっています。

十死零生——愛機に大型爆弾を搭載し、敵艦に体当たりする特攻とは、どのようなものだったのか？　二十歳前後の若い搭乗員たちは、何を考え、どのように出撃したのか。

海軍航空隊員として従軍した著者が、特攻の本質に迫ります。

米軍の圧倒的な反攻の前に、日本の絶対国防圏は脆くも崩壊し、守勢に立たされた日本軍は戦勢挽回のため、比島戦において特別攻撃隊を編成した。19年10月25日、マバラカットからその第一陣、敷島隊が出撃した。写真は20年5月、沖縄近海で2機の特攻機の攻撃をうけて炎上する米空母バンカーヒル。円内は神風特攻隊の提唱者、大西瀧治郎中将。

昭和19年11月15日、マバラカットを出撃した吉野隊の〝特攻彗星〟が米空母エセックスに突入する瞬間。

上写真の彗星を他艦から撮影した一葉。対空砲火を浴びて、白煙をひきながら突っ込んでいった本機は艦中央に命中、同艦は大黒煙をあげた。

▷フィリピンのミンドロ島方面で日本軍の特攻機を視界内に捉え、その動向を追う米艦艇の乗員たち。▽大西長官（左端）を前に行なわれた神風特攻隊・初桜隊の命名式。若者たちは祖国日本を守るために、肉弾となって敵艦に体当たりし、四海に散華した。

体当たり専用に開発されたロケット推進式の人間爆弾「桜花11型」。母機もろとも敵戦闘機に撃墜されることが多く、目ぼしい戦果はなかった。

◁19年11月26日、レイテの米軍飛行場制圧のため、輸送機に搭乗、胴体着陸による特別攻撃を実施した薫空挺隊員。

20年2月20日、艦上に特攻兵器「回天」を積み、硫黄島に向けて出撃する千早隊イ370潜。

写真提供／雑誌「丸」編集部

特攻——目次

特攻

組織的自殺攻撃はなぜ生まれたのか

「もし、貴様が生き残ったら、戦闘機が爆弾を抱えて体当たりしなければならなかった事実を、きっと後世に伝えてくれ」（陸軍特別攻撃隊『八紘隊』馬場駿吉少尉）

「棺を蓋うて定まる、とか、百年の後に知己を得る、というが、己のやったことは、棺を蓋うても定まらず、百年の後にも知己を得ないかも知れんな」（大西瀧治郎中将）

プロローグ　一九七六年初夏　マニラにて

ある想念

一九七六年六月下旬のある日、マニラ湾口の海岸線に向かって立つ〝ハイヤット・ホテル〟の玄関口で、私は、分厚い鉛の壁面の前にいる感じの、閉ざされた気分の中に沈殿しながら、雨が激しく降りしぶき、冷煙があわあわと煙る不透明な湾頭を眺めていた。湾内一面には頭のてっぺんを押さえつけるような威圧感のある重い重量の密雲が低く垂れ込めていた。その昏《くら》い海面のあちこちにささくれ立つ白い波濤がもの狂おしく乱舞していた。海岸線に沿って植樹された椰子の樹木が、強風に煽られて横倒しにたわみ、名の知れない熱帯樹の、数千数万の樹の葉が白い葉裏を見せて、海鳥の泣き声のように「ヒューーヒューー」と不気味な音を立てていた。

その日、新聞によると、サマール島北部に発生した熱帯性サイクロンが、時速十九粁のゆっくりとした速度で、レガスピーの北部からラモン湾を掠《かす》め西北西に進んでいた。そのままでいけば正午頃にはマニラ市に達すると言う。私たち四人は、翌日、太平洋戦争当時の戦跡コレヒドール島を見学する予定にしていたが、この強風の中で島へ船で行くことはひどく危険に思えた。今までに何回か見たマニラ湾だが、晴れた日なら近くに見えるはずのバターン半島も、その日は鉛色のカーテンのために霞んで見えない。それでもなお、私は、自分の脳裏にぽっかりと開いた空洞のようなものを意識下に感じながら、空と海との茫漠としてあい連なる不確かな接点を見詰めていた。

と、その時、私の眼が遠い空の彼方に動く一点の物体を捕らえた。一機のジェット旅客機だ。機は、激しい風雨を冒しつつ、鉛一色のマニラ湾上に低い高度で空港の方角に向けて着陸姿勢をとり、ゆっくりと降下して行く。灰色の機影は何故かよろめいているように思えたが、それは私の眼の瞳孔が、疲労かなにかのせいで微振動していたからだろう。だが、次の瞬間、そのちょっとした生理学的現象が引き金となって、ある想念へと結びつき、その想念が幻影を生む夢の中でのような連想作用を起こした。突如として私の視野の中に飛び込んで来た機影を見た時、ふと、私は、そのよろめくような孤独の機影に、もう三十年以上も前に過ぎ去った、あの太平洋戦争当時の凄惨な特攻機の姿を二重写しに見ていた。

一九四四年十二月初旬のある日、当時、私がいた中支江南の海軍航空隊基地に二十六機の零戦と彗星艦爆よりなる「神武特別攻撃隊」が飛来していた。航空戦力が激しく消耗していた敗色の濃いこの頃の戦況下では余り見ることのない堂々たる大編隊であった。戦後になって知ったことだが、この「神武特別攻撃隊」と言うのは、当初は、既に数少なくなっていた精鋭の搭乗員を掻き集めて、松山海軍航空隊で編成された空母部隊であった。当時、なけなしの空母として残存していた「天城」と「葛城」などで、搭乗員たちは訓練を受けていたが、最早、「実現可能性」も「適合性」もそれに「受容性」さえもなくなっていた空母による作戦が中止され、これらの部隊は、上海から台中経由でフィリピンのマバラカット西飛行場への空輸の途中にあった特攻部隊であった。太平洋戦争の〝天王山〟と言われたフィリピンを巡る戦で、既にこの年の十月下旬、特攻作戦は発動され、数百名にものぼる日本の若者たちが来る日も来る日もただ凄惨な死のみが待つ戦場に向かって飛び立って征《い》った。

あの時の搭乗員たちの救命胴衣の背中にペンキで書かれた姓名と階級の文字の余りにも鮮烈な白さが、マニラ湾口を凝視していた私の心底に浮かんで来た。全ての搭乗員たちが二十歳前後の紅顔の若者たちであった。恐るべき煉獄の訓練の中で鍛え上げられた彼らの顔と顔。印象的だったのは、赤銅色に輝く阿修羅のような戦闘者の集団に死の影などまるでなく、凛然たる風貌の隊員たちの瞳が天の一角を睨んでいたことだった。それは千早ぶる〝戦神〟の姿と言ってよかった。若者たちが天空に凝視していたものは、しかしながら、一体、何であったのか。

その時、数十人の搭乗員たちが白と紫と萌黄に染め分けられたマフラーによって、それぞれの任務を区分されていた。白は直掩戦闘機の搭乗員たち、紫は爆装攻撃（体当たり）の搭乗員たち、萌黄は誘導機の搭乗員たちであった。

翌朝、「神武特別攻撃隊」の若者たちは一機また一機と江南の寒風を突いて、それぞれの運命のあり方を象徴する色分けされたマフラーを風に激しく流しながら、轟音と共に異郷の大地を蹴り、滑走路の両側に並んだ大勢の基地隊員たちの海鳴りのようなどよめきに向かって淡々と手を振りながら〝十死零生〟の戦場に向かって飛び立って征った。

その時、帽を振って送る側の男たちの頬に糸のような涙が伝い落ちていた。男たちの流した涙は、モノトナスな人生にもある悲懐の冷たい涙でもなく、小さな敵愾心の中に感じた憤怒の熱い涙でもなかった。とりかえしのつかない人生の失敗に沈殿した悔恨の苦い涙でもなく、悲境から立ち帰った偶然の僥倖に感応しての白い滂沱《ぼうだ》たる涙でもなかった。人々の涙は、あの恐るべき〝魔性の歴史〟がつくり上げた至上のパラダイムの呪文に導かれて、ひたすら己の生の現実を超越し止揚しようとする〝殉教者たち〟の集団の、ただ壮烈としか言いようのない死の門出に、己はなお生の現実にあって、これを見送る者の美学的な感動の熱涙であった。当時、彼らを見送る人々の心を全一的に支配していたものは、批判的な理性や価値観ではなかったと言うことだけは確かであった。事の理非曲直はその時々の歴史的現実によってその尺度を異にする。

その時、大地を蹴った若者たちは、見送る基地隊員と自らの生に惜別のバンクを振りながら、最後には整然たる編隊を組み、ただ生の終焉のみが待っている真南の針路に向かって消えて征った。彼らは、ただ死によってのみ〝悠久の大義〟に合一せんとした若い殉教者たちであった。西田幾太郎の言う「自己がその相対的にして有限なることを覚知すると共に、絶対無限の力に合一して之に由りて永遠の真生命を得んと欲する」「宗教的要求」（「善の研究」）の中で、生命を吸いこむような蒼空の涯へひたすら死に向かって天翔けて征ったのである。

全ての機影が漠々たる空に吸い込まれて行ったその瞬間、特攻隊員を見送る基地の人々の心を支配していたものは、まるで自分一人が、孤島に取り残され、寂天莫地の境に突き落とされたような不思議な感覚であり、死にたいする奇妙な羨望を伴った心理でもあり、そして「速やかに亡ぶるは、久しく生くるに愈《まさ》る」(楊朱)と言われる〝玉砕〟の美に吸引されての、絶望の戦局の中で死をも救いと見る、出口のない生の絶対矛盾の位相に置かれた極限の精神状況であった。「いずれ自分たちも……」基地搭乗員の全てがそう考えていた。

三十数年前のあの日、一路、真南の針路に向かって飛翔して征った「神武特別攻撃隊」の若者たちがその後どのような運命を辿ったのか、私は詳しくは知らない。生き残った数少ない人々もいるようだが、恐らく三十数人の隊員たちのほとんどが、その後、少数の各隊に区分されて、フィリピンの戦場で散華したはずである。

私の想念の中に残っていたものは、その若者たちの乗った被弾し紅蓮の炎と黒煙に包まれてよろよろとよろめきながら、短い、余りにも短い人生の凄《さん》たる末期に何事かを念じつつ、死の目標となった敵艦に突っ込んで征った特攻機の蒼黒い姿であった。その時、その蒼黒い姿が、ジェット旅客機と二重写しになって、私の想念の中に写し出されていた。

「統率の外道」

日本海軍とアメリカ海軍との間で戦われていた「比島沖海戦」がその幕を切って落

とした一九四四年十月二十五日〇六三〇、ダバオ基地を発進した海軍特攻隊の一隊が、スリガオ海峡東方四十浬の地点で、恰《あたか》も突如としてトーマス・スプレイグ少将麾下のアメリカ護衛空母群の一群（第一群）に突入。二隻の護衛空母に大きな損害を与えていた。特攻機は、密雲の切れ目を衝《つ》き、約三千三百メートルの高度からまっしぐらにアメリカ軍の護衛空母を目がけて突入してきたとアメリカ側の戦史は記述している。この時、アメリカ軍の護衛空母は丁度日本の栗田艦隊を攻撃すべく攻撃機の発艦作業を急いでいた。護衛空母「ペトロフ・ベイ」及び「サンガモン」に向かって急降下して来た特攻機は、対空砲火によって突撃進路を逸らされていたが、「スワニー」及び「サンティ」に命中。特攻機の抱いていた二百五十キロ爆弾が両艦の飛行甲板と格納甲板を貫いて破裂していた。日本軍側の史料によると、この日、攻撃に出撃していたのは、第一神風特攻隊「朝日隊」の上野敬一、同「山桜隊」の宮原田賢一及び滝沢光雄、同「菊水隊」の加藤豊文及び宮川正の五機であり、「スワニー」及び「サンティ」に命中していたのは、このうちの「菊水隊」であったと思われる。

一方、この同じ日の一〇四五、今度は、マニラのクラーク基地（マバラカット基地）から発進した別の特攻隊が、同じアメリカ護衛空母群の別の一群（第三群）に突入。一隻の空母を撃沈し、三隻の空母に損害を与えていた。この時、一機の特攻機が

「キトカン・ベイ」を目標に急降下し、突入は僅《わず》かに逸れていたと言われるが、攻撃に成功、同艦に大損害を与えていた。続いて二機の特攻機が、この日の「サマール島沖海戦」で、栗田艦隊の砲撃によって十四発の命中弾を受け、艦体のあちこちに大きな破孔を開けられていた「カリニン・ベイ」に命中、大火災を起こさせる一方、別の一機が「セント・ロー」に激突、飛行甲板を貫通していたが、この時起きた火災のために同艦の格納甲板にあった爆弾と魚雷が誘爆、「セント・ロー」はばらばらに粉砕され、同日正午少し前、沈没の憂き目を味わっていた。これも日本側の史料によると、この攻撃に出撃していたのは、第一神風特攻隊「敷島隊」の関行男、中野磐雄、谷暢夫、永峰肇及び大黒繁男の五機であった。（C・W・ニミッツ、E・B・ポッター「ニミッツの太平洋海戦史」恒文社三百四十五〜三百四十六頁　安延多計夫「あ、神風特攻隊」光人社二百四十七頁　猪口力平・中島正「神風特別攻撃隊の記録」雪華社二百二頁）

日本人による爆弾を抱えての体当たり！　十死零生の攻撃！　〝カルチュア・ギャップ〟を認識の背景としてのみ日本人と言う人間存在に関して、彼らが一体何者なのかを想像することは出来ても、しかし、同じ人間としては到底理解し得ないヨーロッパの文化圏に属するアメリカ人の、意表を完全に突いた、この日本人の行為は、アメリカ軍にとって、以後、文字通り血も凍る行為となって行ったのだ。

第一航空艦隊司令長官大西瀧治郎中将によって発動されたこの航空特攻作戦は、当初、栗田艦隊のレイテ湾突入の支援作戦として、一週間くらい敵空母の甲板を使えなくすることを狙いとする時限的な作戦に他ならなかった。しかし、この特攻作戦の戦果が、通常の攻撃と比較して予想を遥かに越えた大きなものであったことから、これに気をよくした指揮官たちの「受容性」を巡る判断を背景として、以後、「統率の外道」（大西瀧治郎中将）と目されながらも、その一方では、この時代の日本人の持つ皇国教育によって植え付けられた死生観を巡っての特殊日本的パラダイムに支えられて、次第にエスカレートする宿命の作戦へと変質して行ったのだ。

当時、日本海軍は、一九四四年六月の「マリアナ沖海戦」において、その決戦兵力であった空母戦力に潰滅的な打撃を受け、アメリカ軍との間の戦力パリティが決定的に乖離していた。まさにこの戦力の乖離こそが前代未聞の特攻作戦を発起させる物質的基盤となっていたのである。だが、特攻作戦そのものがいたずらな兵力消耗の悪循環をもたらす作戦であり、この不吉な連環が日本の対米劣勢を日を追うて深め、遂には自滅の破局へと繋がって行ったのだ。この段階の日本軍には、最早、作戦と呼ばれるに値する作戦は存在していなかった。特攻作戦を発動しこれを全軍特攻にまでエスカレートして行った軍中央と現地の指揮官たちや参謀たちは、日本の若者に死を強制し、死を自己目的とする虚無主義的なファナティシズムの心的状況に陥ることで、作戦そのものを放棄し、同時に彼等が戦争指導者であり、指揮官であり、参謀であることを放棄していた。

一九四四年十月二十日、大西瀧治郎中将は、「敷島隊」「大和隊」「朝日隊」「山桜隊」などで編成されていた各隊二十四名の若い神風特別攻撃隊員たちを前にして行なった訓示の中で、この事実を血を吐く思いの正直な言葉で語っていた。

「日本はまさに危機である」と、この時、大西は述べた。「しかもこの危機を救いうるものは、大臣でも、大将でも、軍令部総長でもない。もちろん、自分のような長官でもない。それは諸士のごとき純真にして気力にみちた若い人びとのみである。したがって、自分は一億国民にかわってみなにお願いする、どうか成功を祈る。（中略）皆はすでに神である。神であるから欲望はないであろう。が、もしあるとすれば、それは自分の体当りが無駄でなかったかどうか、それを知りたいことであろう。しかし、皆は永い眠りに就くのであるから、残念ながら知ることも出来ないし、知らせることも出来ない。だが、自分はこれを見とどけて、必ず上聞に達するようにするから、安心して行ってくれ」と。（猪口力平・中島正「神風特別攻撃隊」河出書房新社六十九

頁）

この時、「訓示を受けて立ち去ってゆく隊員の姿には、みずからの意義と力を知るものだけがもつあの沈着と生気が漲っていた」と言うのが、猪口力平の心に止めていた心象風景であった。（猪口力平・中島正前掲書四十九頁）

上述の大西提督の言葉について、「私はこれほど深刻な訓示を知らない」と、当時を回顧して猪口力平は書いているのである。「これは青年の自負心をあおる言葉でも、それに媚びる言葉でもなかった。事実、日本はこれら身を殺して国難に殉じようとする青年の行為にのみ、その運命を託していたのである。実際、大臣や大将や軍令部総長や司令長官に、この圧倒的敵兵力を打破し、回天の端緒をつかむどのような行為を期待しえよう？　人智を越えていればこそ、いまはこれら青年将兵の純一無垢な精神と、その精神の潔癖を保持しようとするみずみずしい気力をおいて、他に奇蹟の現れようはずはないのだ」と。（猪口力平・中島正前掲書四十九頁）

だが、果たしてそうだったのか。それは猪口力平の、ある時代のパラダイムに縛られた倒錯の論理ではなかったのか。少なくとも、戦後日本の世代には、決して受容出来ない余りにも恐るべき諦念であった。この時、若い特攻隊員を〝神〟に仕立て上げた大西瀧治郎中将の言葉ほど形而上学的な〝欺瞞〟に満ちた言葉はないのだが、こうした表象の中に、大西中将の部下に対する〃死に場所〃を与える〃大愛〃と〃大慈悲〃と言われる当時の軍国日本の価値観があったのである。

大西は、特攻隊が予期せぬ戦果を挙げた後の四四年十月二十七日、当時、第一航空艦隊の首席参謀であった猪口力平に向かってこう言ったと言われる。「こんなことをせねばならないというのは、日本の作戦指導がいかにまずいか、ということを示しているんだよ。なあ、こりゃあね、統率の外道だよ」と。(猪口力平・中島正前掲書九十四頁)

こうして、日本を破局から救う余りにも重い死の十字架を担わされた僅か二十歳前後のなお童顔の残る数千の若い殉教者たちが、「比島戦」から「沖縄戦」に至る十ヵ月の間、ただ黙々として死以外になにものをも選択することの出来ない戦場に向かって、死の意味を模索しつつ、来る日も来る日も出撃して征ったのであった。

ベルナール・ミローの驚愕

「比島戦」において初めて発動された特攻作戦。ヨーロッパの文化的尺度からして全く理解の域を越えたこの体当たり作戦に関して、フランス人ベルナール・ミローは、日本の若者たちの〃十死零生〃の行為に驚愕の眼差を向けながら次のように書いている。「日本の自殺攻撃の本質的な特徴は、単に多数の敵を自分同様の死にひきずりこもうとして、生きた人間が一種の人間爆弾と化して敵にとびかかるという、その行為にあるのではない。その真の特徴は、この行動を成就するために、決行に先んじて数日前、ときとしては数週間、数ヵ月も前から、あらかじめその決心がなされていたという点にある。そしてこの特殊な点こそが、我々西欧人にとっては最も受け入れ難い点である。それは我々の生活信条、道徳、思想といったものとまさに正反対で、真向から対立してしまうものだからである。我々の世界には、いまだかつてこれと同様のことも似たようなことも事実としてあったためしをきかない。あらかじめ熟慮された計画的な死――くり返していうが、これは決して行為ではない――、そうしたものの美学が我々を感動させることはあっても、我々の精神にとってはそのようなことは思いもつかぬことであり、絶対にあり得ないことである」。(ベルナール・ミロー「神風」早川書房三十一頁)

「どこの軍隊にも、またどこの戦場ででも、戦士が勇敢に死ぬよりほかにはもはや解決法が残されていない、つまり死以外に結果をもたらさない状態におかれた例は、あまりにも数多くあった」とミローは続ける。これらの戦士たちがたとえ死を賭して戦ったとしても、「常に多少なりとも生還の希望の光を心中にもっていたということである。この事実だけは決して忘れてはならない。したがって彼らのたまたまの英雄的行為は、あくまで個人的な、局所的な条件からの結果以外の何ものでもない。それは純然たる偶発的行為に過ぎず、どのような予定された場合でもなかった（いかなる場合と言えども予定されたものではなかった）」（括弧内——引用者。ミロー前掲書三十二〜三十三頁）

だが、日本人は、全く生還のない英雄的行為を、予定された、しかも集団的かつ組織的な形をもってやり遂げたのである。まさにこの事実こそ「我々西欧人にとっては到底とりつくしまもないほど理解しがたいことである」とミローは、西欧と日本の〝カルチャー・ギャップ〟について書くのだ。（ミロー前掲書三十四頁）

とは言え、ミローの特攻に関する論評は、不思議なことに当初の理解出来ないとする批判からある種の感動へと昇華されて行く。

「この日本と日本人がアメリカのプラグマティズムと正面衝突をし、そして戦争末期の数ヵ月間にアメリカの圧倒的な物量と技術的優位の前に、決定的な優勢を敵に許してしまったとき、日本人は対抗手段を過去からひき出してきた。すなわち伝統的な国家への殉死、肉弾攻撃法である。このことをして、我々西欧人はわらったり、あわれんだりしてもいいのだろうか。むしろそれは偉大な純粋性の発露ではなかろうか。日本国民はそれをあえて実行したことによって、人生の真の意義、その重大な意義を人間の偉大さに帰納することのできた、世界で最後の国民となったと筆者は考える。たしかに我々西欧人は戦術的自殺行動などという観念を認容することができない。しかしまた、日本のこれら特攻志願者の人間に、無感動のままでいることも到底できないのである。彼らを活気づけていた論理がどうであれ、彼らの勇気、自己犠牲には、感嘆を禁じ得ないし、また禁ずべきでもない。彼らは人間というものがそのようでありえることの可能性を、はっきりと我々に示してくれているのである。（中略）たしかに日本人の実行したこの突飛な飛躍はむなしい。結果としてのいたましい敗戦に、この行為はあまりにも不合理ともみえよう。そしてこの行為に散華した若者たちの命は、あらゆる戦争におけると同様に無益であった。しかし、彼らの採った手段があまりにも過剰でかつ恐ろしいものだったにしても、これら日本の英雄たちは、この世界に純粋性の偉大さというものについて教訓を与えてくれた。彼らは一〇〇〇年の遠い過去から今日に、人間の偉大さというすでに忘れられてしまったことの使命を、とり出して見せつけてくれたのである」（ミロー前掲書三百五十七～三百五十八頁）

フィリピン。今日もこの国のいたるところに、こうして散華して逝った特攻隊員たちの墓標のない墓場がある。

タクロバン、セブ、スルアン、バダブ、スリガオ、ダバオ、マニラ、アルベラ、ドラッグ、サマール、シキホール、バコロド、ズマゲテ、ナソ、ミンドロ、イバ、そして、サン・フェルナンドの沖合に……。

レイテ、オルモック、ラモン、そしてリンガエンの湾口と湾頭に……。

エンガント、そして、ナガの岬に……。

さらには、カモステスの海峡、スリガオの水道、そして、スルーの海に……。

陸海軍の数百にのぼる若者たちの骸《むくろ》が、最早、形を止めることなく、あるいは海底の一角に、あるいは潮のまにまに、今も祖国へ帰り着く道を知らずして漂っているのだ。自らの決意によって特攻に志願し、敵艦に突入するまでの間の余りにも長い特攻待機と出撃の死への心理的時間の中で、彼らはどう振舞い何を思って死んで逝ったのか。私は、激しい雨の降りしぶくマニラ湾頭を凝視しながら、歴史が日本人に提起したこの疑問に思いを馳せていた。

「決死隊を作りに行くのだ」

ところで、ここによく知られた事実がある。

一九四四年十月十九日、午後三時半を過ぎた頃、第一航空艦隊司令長官大西瀧治郎

中将は、副官門司親徳大尉を連れて車でマニラにあった艦隊司令部からマバラカットへ向かっていた。「海岸通りを突き当り、南西方面艦隊司令部の近くを通って、街の中を抜ける。郊外の国道を出ると、道はルソン島中部の平野を北上する」と、この時のことを門司は回想している。(門司親徳「空と海の涯で」毎日新聞社二百七十六頁)

門司の言う道とはリンガエン街道である。当時、この街道には〝ゲリラ〟と日本人が呼んでいたフィリピンの反日レジスタンス〝フクバラハップ〟が出没していた。だが、放胆をもって鳴る大西瀧治郎中将は、副官と運転手を連れただけで、護衛もつけず、一路マバラカットにある二〇一海軍航空隊(以下二〇一空)の本部に向けて急いでいた。その日、中将は、二〇一空司令山本栄大佐と飛行長中島正少佐をマニラの司令部へ呼んでいたが、二人が基地での作戦要務に忙殺され、なかなか司令部に到着しなかったため、急遽自ら出向くことを決意したのである。そのギョロッとした眼が西郷南洲に似た男大西は心底に何を考えてのことか、マニラの司令部を出てからと言うものはずっと口を結んだままであった。

二人を乗せた車は街道沿いの左側に見え隠れする鉄道線路を見ながら田圃に囲まれた道を走っていた。「大きな教会のあるサンフェルナンドの町を通り抜けたころは、陽も大分傾いていた」と門司は書いている。(門司親徳前掲書二百七十七頁)

秋の収穫期であるにもかかわらず、田圃にはほとんど人影が見えなかった。ルソン島が戦場となることを予感していた住民たちは、家の中にひっそりと身を潜めるか何処かへ逃げていたのであろう。

車が大分走った頃、「右前方に、アラヤット山という擂り鉢形の孤立した山」が見えた。「孤立した」と門司は書いているが、このアラヤットと言う山は、平野に突如として突起したように私にも見えたものだ。この山は、当時、クラーク・フィールド基地群にいた陸海軍航空部隊の搭乗員たちにとって着陸時の格好の目標であったが、アメリカ軍にとっても空襲時の良い目印であったに違いない。二十世紀四十年代の一年数ヵ月の歳月に亙って、ルソン島の広大な平原で展開されていた日米両軍の凄惨な死闘の戦絵巻をじっと見詰めて来た歴史の証人。それがこのアラヤット山であった。

そのアラヤット山の彼方の低い空の辺りに、門司はふと墨色の雨雲を見た。「暗い陰鬱な雲だなと思って見ていた時、長官が低い声で何かいった。初めはよく聞き取れなかった。ちょっと顔を右に傾けると、長官が、『決死隊を作りに行くのだ』といった。私は、ただ、そうかと思って黙っていた」（門司親徳前掲書二百七十七頁）

「決死隊」。大西中将の言ったその言葉が、「神風特別攻撃隊」の体当たり攻撃、つまり〝十死零生〟の必死攻撃のことを意味していたと言うことに、この時、門司は気付いたわけではなかった。だが、門司は、大西が先程からずっと車内の沈思の中で、この「決死隊」のことを考えていたことを改めて知ったのである。

「長官は、それ以上いわずに、また沈黙が続いた」と門司は書いている。（門司親徳前掲書二百七十七頁）

大西瀧治郎中将が、それまで第一航空艦隊司令長官であった寺岡平中将に代わって、軍需省の総務局長から恰も突如として同航空艦隊司令長官に親補され、マニラの司令部に着任したのは、この年の十月十七日。つまり、この日の二日前であった。大西中将は内地を出発する時からずっと特攻作戦の発動を考えていた。自らが「統率の外道」と呼んだ体当たり攻撃。その作戦の発動に至るまでの心の葛藤の中で、彼は自らに背負わせた恐ろしく重い業の十字架から逃れるために、ふと側にいた副官に向かって「決死隊を作りに行くのだ」と、この放胆と言われた人物にしてなお耐え切れない心理的圧迫の知覚経験を重い呟きの形で洩らしたのである。大西は、この体当たり作戦に勝利の望みを託していたのではない。と言うよりもむしろ、九分九厘、この作戦によってさえ頽勢が挽回されるとは考えていなかった。

「捷号作戦」と呼ばれる連合艦隊の事実上の最後の作戦になけなしの航空戦力で余りにも重い重責を負わされた第一航空艦隊司令長官大西瀧治郎中将。この提督の心的状況を支配していたものは、例えば、諸葛孔明が「後出師表」に認めたような戦の勝敗を問わぬ、死して後已《や》む心境であり、「成敗利鈍に至りては、臣の明らかに能く逆《あらかじ》め観《み》る所に非ず」と言った、作戦を司どる者としては、ぎりぎりの極限に置かれた時の心境であったと思われる。そして大西はとどのつまり自らに死を決していたのである。

〝命懸けの飛躍〟

先に述べた通り、当時の戦局は、日本にとって破局的様相を示していた。フィリピンの戦場を巡って、この時、日本とアメリカ（及びフィリピン）の民族と国家を分けた数十万の人間たちが互いに敵となって、ただ殺戮のみが至上の価値観となった恐るべき倒錯の中に自らを措定しつつ猛禽の眼で睨み合っていた。今や刻一刻と血の色に染め上げられた不気味な戦雲がフィリピン全土に覆い被さろうとしていた。

大西が、マニラの司令部に着任した二日前、遂にアメリカ軍は、中部フィリピンのレイテ湾口を扼《やく》するスルアン島に上陸作戦を敢行していた。フィリピンの日本軍に対する全面的侵攻の幕は今や切って落とされようとしていた。一九四一年十二月の開戦以来、太平洋の涯《はて》しなき海原と空と大地に、数十万の人々の生命が戦争の残酷な犠牲者としてつぎつぎと消されていったが、人間たちの迷妄はなお払拭されることなく、戦は依然として続き、さらに多くの人間のどす黒い血潮が、戦場に流されようとしていた。

二〇一空の本部に着いた大西提督は、第一航空艦隊首席参謀猪口力平中佐、二〇一空副長玉井浅一中佐、第二十六航空戦隊航空参謀吉岡忠一少佐、それに二〇一空飛行隊長指宿正信大尉及び同横山岳夫大尉を集め、一瞬、彼らを睨むように見渡した後、口を開いた。

「戦局はみなも承知の通りで、今度の『捷号作戦』にもし失敗すれば、それこそ由々しい大事を招くことになる。したがって、一航艦（第一航空艦隊——引用者）としては、ぜひとも栗田部隊のレイテ突入を成功させねばならないが、そのためには敵の機動部隊を叩いて、少なくとも一週間ぐらい、敵の空母の甲板を使えないようにする必要があると思う。そのためには、零戦に二五〇キロ爆弾を抱かせて体当たりをやるほかに、確実な攻撃法はないと思うがどんなものだろうか？」（猪口力平・中島正前掲書四十一頁）

大西中将のこの言葉は、命令の形式を踏んではいないが、当時の日本海軍にあっては事実上の命令として受け止められるものであった。この時、大西が質問の形式で尋ねた相手は、軍隊の組織系統（命令系統）から言って二〇一空の副長玉井浅一であった。大西のこの質問に、玉井は「これだ！」と思ったそうであると猪口力平は書き、彼自身もまた「ハッと胸打たれるものを感じた」と述べている。（猪口力平・中島正前掲書四十二頁）

しかし、この猪口の表現には微妙なニュアンスが読み取れる。つまり、猪口は、玉井と違って「ハッと胸打たれた」ものの、「これだ！」と思って自分も内心賛意を表したとは書いていないのだ。

この後、その場の粛然とした空気の中で、玉井は「私は副長ですから、勝手に隊全体のことを決めることはできません。司令である山本大佐（山本栄大佐――引用者）の意向を聞く必要があると思います」と大西に向かって言ったが、大西は恰も玉井の言葉に「覆いかぶせるように」、「実は山本司令とはマニラで打ち合わせ済みである。副長の意見は直ちに司令の意見と考えてもらってさしつかえないから、万事副長の処置にまかす」と答えたと言われる。（猪口力平・中島正前掲書四十二頁）

だが、大西がマニラで山本と会ったと言うのは事実ではなく、この時、何がなんでも特攻作戦を発動しようと考えていた大西の、これは〝嘘も方便〟だったのである。

こうして、世界の戦史の上で、かつても、そして今日も、その類例を見ない〝十死零生〟の特攻作戦が発動されたのである。

第一章　特攻の系譜

異端の予言者

「決死隊を作りに行く」と副官門司親徳大尉に独り言のように言った大西瀧治郎中将。一九四四年十月の「レイテ沖海戦」を巡って、皮肉な歴史の運命に翻弄され、自らの言う「統率の外道」神風特攻の創始者となった大西提督は、この時、彼が過ぐる七年前の一九三七年七月、「航空軍備ニ関スル研究」の中で描いた、あの壮大なビジョンが、今まさに彼の眼前で、文字どおりの幻影となって潰えて行く非力な日本の歴史の航跡を、果たして想い浮かべていたかどうか。彼は、当時、この「航空軍備ニ関スル研究」の中で、太平洋における制海権の確保は、基地大型航空機によってのみ可能であるとの認識を示しつつ、次のように述べたものであった。

「近キ将来ニオイテ　艦艇ヲ主体トスル艦隊（空母等随伴航空兵力ヲ含ム）ハ　基地大型航空機ヨリ成ル優勢ナル航空兵力ノ威力圏（半径約千浬）ニ於テハ　制海権保障ノ権力タルコトヲ得ズ　帝国海軍ノ任務タル西太平洋ニ於ケル制海権ノ維持ニ関スル限リニ於イテハ　強大ナル基地航空兵力ノ整備ガ絶対条件ニシテ　彼我水上艦艇ノ如キハ　本海域ニ関スル限リ殆ンド問題トナラズ　本思想ノ下ニ軍備充実計画ヲ樹立スル必要アリ」と。（戦史叢書「ハワイ作戦」付録第三　五百十四頁）

井上成美中将が、航空本部長の職にあった時に書いた「新軍備計画論」（一九四一年一月）、すなわち、「航空機の発達した今日、之からの戦争では、主力艦隊と主力艦隊の決戦等は絶対に起らない。（中略）従って又基地航空兵力第一主義で航空兵力を整備充実すべきである。之が為戦艦、巡洋艦のごときは犠牲にしてよろし」（井上成美伝記刊行会「井上成美」三十七頁）とする、「海軍の空軍化」を唱えた歴史的文書に先立つこと約三年六ヵ月前に、大西提督は、井上提督と同じように、基地航空機、言い換えれば、〝不沈空母〟による制海権（制空権）の確立を主張していたのである。

彼は、西太平洋および支那海の日本領土（台湾、南西諸島、南洋、南方諸島、千島を含めた）一千浬をカバーする諸地点に「強大精強ナル大型基地ヲ整備スル場合ニ於イテハ」、この海域での敵の侵攻作戦は「殆ンド不可能」であって、日本は「概ネ完全ニ其ノ制海権ヲ保有スルコト」が出来るとし、将来の日本海軍の戦力の主体を空軍を中心とした「純正空軍式兵力」とすることを主張したのであった。「純正空軍式航空兵力ノ用途」と、大西は、この「研究」の中で「海軍の空軍化」に関連して、こう述べたものである。

「陸上方面ニ於イテハ　政略的見地ヨリ敵国政治経済ノ中枢都市ヲ　又戦略的見地ヨリ軍需工業ノ中枢ヲ　又航空戦術的見地ヨリ敵純正空軍基地ヲ空襲スル等　純正空軍独特ノ作戦ヲ実施スル外　要スル場合ハ敵陸軍ノ後方兵站線　重要施設　航空基地ヲ攻撃シ陸軍作戦ニ協同スルニ在ル　又他方海方面ニ於イテハ　攻撃圏内ニ在ル敵艦艇及海軍施設ニ対シ単独作戦シ　或ハ艦隊ト協同作戦ス　又其威力圏海域ヲ清掃シ　或ハ敵ノ海上交通ヲ破壊シ　制海権ノ掌握行使ニ関シ海軍艦艇ト其任ヲ分担スルニ在リ」と。

大型基地航空機をもって、概ね制海権を確保することが出来れば、「ワシントン条約」以来、とりわけ重大視されて来た日米（英）間における水上艦艇の保有比率などは「殆ンド問題トナラザルコトニ注意スベシ」と、大西は、言い切ったのであった。

言うまでもなく、それは、水上艦艇のパリティをもって、海軍の相対戦力を算定して来た旧態依然たる日本海軍の伝統的思想に対しての挑戦に他ならなかったのだ。こうして、大西は、「艦船主体トスル兵力ニ依存シテ国防ニ任ズル機関が海軍ナリ」とする従来の仮説（大西にはこれが仮説と見えた）に対し、それならそれで、もし、彼の言う「純正空軍」を精強なものに育成すれば「海軍ノ任務ハ大イニ軽減セラレ 従ツテ海軍兵力ハ現在ヨリ著シク小ナルモノヲ以ツテ足レリトスルニ至ルベシ」と言う別の仮説を対置したのである。大西は、「純正空軍」を主力とする方が、総合的に見て、本来、非力なはずの海軍戦力を土台とした日本海軍の任務を「有効且ツ経済的ニ達成」出来ると信じていたようである。大西は、さらに、自分の提起した論旨の文脈に対する反論を予想してか、「使用兵種ノ如何ヲ問フトコロニアラズ 制海権保全ニ任ズル機関が海軍ナリ」とする海軍の任務をめぐる本質論が、もし提起されるならば、これに答える明快な論理を準備していた。そのような見解が示されるならば、と大西は、まるで待ち構えたようにこう述べているのである。すなわち、「海軍兵力ノ主体ハ純正空軍式兵力トナリ 海軍自体が空軍化スルコトトナルベシ」と。（戦史叢書前掲書付録第三 五百十八～五百二十一頁）

海軍の空軍化。まさにそれこそが、大西瀧治郎と言う、日本海軍の生んだ先見の明ある傑出した軍人の、熱烈に説いて止まなかった年来の主張だったのだ。

大西提督の主張の中には、太平洋戦争の現実から見て、極めて重大な、洞察力に富んだ、いくつかのバイタル・ポイントがあった。その一つは、基地大型機（大型爆撃機）による制海権の確保に関する指摘であった。事実、太平洋戦争において、日本本土に対し、原爆を含めての無差別爆撃を行ない、日本を全面的かつ最終的な壊滅状態に陥れ、日本の敗戦を決定的なものとしたのが、主としてマリアナに基地をおいたアメリカ合衆国の戦略爆撃機〝スーパー・フォートレス〟B－29であったことは、物事が日米その所を変えたとは言え、大西の主張の正当性を証明するものであった。もっとも、大西の正当性が、日本には否定的な形で、そしてアメリカ合衆国には肯定的な形で実証されたことは、これもまた歴史の大いなる皮肉と言うべきではあった。事実、当時の日本の生産技術をもってして、戦略爆撃機〝スーパー・フォートレス〟B－29を生産することは不可能であった。大西の問題提起の仕方は正しかったが、問題を解決するためには、前提と条件が揃っていなかったのである。事はすぐれて日米両国の経済的発展段階を巡っての、生産技術構造のカテゴリーに属す問題であったと言ってよい。事実、大型機とは言っても、日本の爆撃機の威力は、せいぜい、海軍の中攻や陸軍の重爆どまりで、これらの爆撃機は、アメリカの〝空の要塞〟に比べると、まるで及びもつかない代物であった。

ちなみに、日本は、アメリカ合衆国の戦略爆撃機B－17が、太平洋戦域で零戦にとっても歯の立たない航空機として登場し、さらに後日、B‐29が、日本本土に対する爆撃で猛威を振るうにつれて、「連山」（海軍）や「富嶽」（陸軍）等、単独爆撃行の可能な戦略爆撃機の開発に乗り出そうとはしていたが、当時の日本の航空機の生産技術や資源をもってしては、それは不可能な事柄であって、こうした計画は、結局、ペイパー・プラン以外の何物でもなかったのである。日本と同様、ドイツもまた戦略爆撃機を保有していなかったのは、後進帝国主義国の経済力の限界を証明する事実であったと言ってよい。

大西の主張の中で、次に注目すべき第二のバイタル・ポイントは、彼が述べた「純正空軍式兵力ノ用途」の中で、空軍の破壊すべき広範囲な攻撃目標が設定されていたことであった。太平洋戦争の現実過程で、日本人が選択した目標は、敵の艦艇や航空機を中心とした極めて限定的な軍事目標に過ぎなかった。だが、太平洋戦争が国家総力を挙げての総力戦であることを十分に認識し、通常戦力ばかりではなく、戦備体系と戦力構造の策源（敵国本土を含めて）を壊滅させることの決定的重要性を知っていたアメリカ人が選択したものは、大西の指摘した全ての目標であったと言うことだ。

いずれにせよ、大西瀧治郎と言う人物は、日中戦争勃発前後の一九三七年七月のこの段階で、〝空軍〟と言うものについて、その本質を洞察していた日本海軍における極めて数少ない軍人の一人であった（海外には既に一九一九年に戦略爆撃の重要性を唱えたW・B・ミッチェル准将のごとき事例もあったが）。

だが、余りにも皮肉なことに、この大西もまた、先の井上と同様、世に容れられない異端の予言者の一人に他ならなかった。彼の起案した「航空軍備ニ関スル研究」は、「大艦巨砲主義」を信奉する視野狭窄の海軍中央の〝正統派〟の軍人たち（軍令部軍務局）によって、こともあろうに〝怪文書〟とまでされる烙印を押され、航空本部によって回収される始末となった、と言われているのである。

最後に注目すべき第三点は、既に指摘したとおり、大西の主張する「純正空軍式兵力」の中には、必ずしも空母戦力が考えられていたわけではないと言う点である。太平洋戦争を巡る対日侵攻の過程で、アメリカ軍が、日本軍の基地を奪取しつつ、そこに陸上航空戦力を次々と展開し、その一方で、多数の空母戦力をもって、機動作戦を推進したのは周知の事実だが、大西の構想の中にはこうしたものはなかったと言うことだ。それどころか、むしろ、大西は、「艦艇ヲ主体トスル艦隊（空母等随伴航空兵力ヲ含ム）ハ　基地大型飛行機ヨリ成ル優勢ナル航空兵力ノ威力圏（半経約千浬）ニ於テハ　制海権保障ノ権力タルコトヲ得ズ」とする文言に示されたように、空母もまた艦艇兵力だとする認識に立っていたようである。言い換えれば、大西は、空母の持つ固有の脆弱性からして、空母と言うものは、到底、基地航空戦力である〝不沈空母〟には、太刀打ち出来ないと考えていたわけだが、その根底にあったものは、井上成美の場合と同様、空母を随伴する艦艇兵力をもって、アメリカ本土にまで、積極的に侵攻する力は、日本海軍には存在しないと言う戦略的思考が働いていたからであろう。

いずれにせよ、大西の主張には、純戦略の観点から見れば、正当性はあるにはあったが、日本戦争経済の持つ生産力と生産技術ないしは資源の実態から見た場合、航空機生産を巡って、そこには大きな限界があったと言うことである。

無残に崩れた大西瀧治郎提督の「海軍の空軍化」に関する壮大なビジョン。一九四四年十月、迫り来る「レイテ沖海戦」を控え、今や、太平洋戦争をめぐる勝利か死かの関頭に立って、この異端の予言者は、「外道の統率」を余儀なくされた自らを顧みつつ、この時、過ぎし日のことを想い浮かべていたかどうか。

（注）ちなみに、太平洋戦争期間中、最も多用された日本海軍の一式陸攻（但し三四型）とアメリカのB－29の性能の一部を比較すると、最大時速では、前者が二千二百メートルの高度で二百三十六ノット、これに対して、後者が七千六百三十五メートルの高度で三百十一ノット。最大航続距離では、それぞれ、二千四百四浬に対して三千五百六十～五千二

百二十浬。武装では、二十ミリ機関砲四門と十三ミリ機関銃一梃に対して、十二・七ミリ機関銃十二梃と二十ミリ機関砲一門。爆弾搭載量では、七百二十〜一千キロに対して九千キロと格段の差があった（戦史叢書「海軍航空概史」付表第一）。無論、当時の日本経済には〝空の要塞〟を出現させ得る生産技術も資源もなかったのである。

大西中将　体当たり攻撃戦法を提起

大西瀧治郎中将は、特攻作戦の発動を敗亡の色濃いフィリピンの戦線にきて初めて決心したのではなかった。それは、既に一航艦への赴任のため東京を離れる時からずっと思念し続けて来た事柄であった。このことについては多くの記録がある。

一九四四年十月初旬のある日、日比谷の軍令部総長官舎で開かれた海軍中央の首脳会談で、大西は必死必殺の特攻攻撃について彼の所見を述べている。この会議に出席した軍令部総長及川古志郎大将、同次長伊藤整一中将、同第一部長（作戦担当）中澤佑少将らに向かって、大西は次のように言ったと言われる。

「ご承知のとおり、最近の敵空母部隊は、レーダーを活用して空中待機の戦闘機を配置し、わが攻撃機隊にたいし三段がまえでそなえている。この警戒幕によって、わが攻撃機を遠距離で発見捕捉し、これを阻止撃退することが非常に巧妙になってきた。

その結果、敵の警戒幕を突破、または回避してめざす攻撃目標に到達することが困難となり、しかも、いたずらに犠牲が大きく、敵に有効な攻撃をくわえることができない。この窮境を打開するためには、第一線将兵の殉国精神と犠牲的至誠に訴えて、必死必殺の体当り攻撃を敢行するほかに良策はないと思う。これが大義に徹するところであると考えるので、大本営としても、これについて了解していただきたい」（実松譲「日本海軍英傑伝」光人社二百二～二百三頁）

ちなみに、源田實によって「思慮は周到且深刻」と言われた大西である。だが、その大西の上述の論理構成の中には明らかに〝命懸けの飛躍〟がある、と筆者には思える。厳重になった警戒幕を突破するために、では何故必死の体当たり攻撃を敢行すれば必殺の攻撃となるのか、と言う点がそれである。敵空母がレーダーによってわが攻撃機を捕捉し、戦闘機を空中待機させて、三段構えでこれを迎撃しようとしている時、必死の体当たり攻撃であれば、これを突破できるのか。生田惇が明快に規定しているように「特攻攻撃の特質は防御力強大な敵陣営に対する、劣勢航空の強襲攻撃である」（生田惇「陸軍航空特別攻撃隊史」ビジネス社五十一頁）

この戦理からすれば、大西の論理には大きな矛盾があったと言わざるを得ない。

事実、「マリアナ沖海戦」時の〝アウト・オブ・レンジ〟戦法の失敗の歴然たる戦訓がある。この戦法は、敵航空機と比較して航続距離の長い味方の航空機が敵陣営に先制の強襲を加えれば、有利な戦闘が確保されると言うものであった。しかし、事実は、この戦法が観念的なものであったことを如実に証明していた。日本海軍の攻撃隊は敵のレーダーで予知発見され、上空に待ち伏せしていた敵戦闘機群によって〝七面鳥〟を射ち落すようにバタバタと叩き落とされたのである。こうした事実を大西自身が上述の言葉の中で語りながら、何故必死が必中なのかをなにも説明していないのである。そして一方、周到さをもって聞こえたこの人物にしては、誰にもそのことを研究させた形跡もないのだ。筆者の言う大西の〝命懸けの飛躍〟とはそのことである。大西の思念の中にあったものは、山本五十六大将と同じような一六勝負でしかなかったと言うことである。

「けっして命令してくださるなよ」

この大西の提言に、及川古志郎大将以下軍令部首脳はどのような反応を示したのか。実松譲は彼の著書の中で次のようにその時の光景を描写している。

大西の言葉に「満座は粛然とした。そして、しばしの沈思黙考がつづく」と。（実松譲「日本海軍英傑伝」光人社二百三頁）

〝十死零生〟と言う本来日本海軍が伝統的にタブーとして来た戦法が突如として提起された時、満座が粛然とし、沈思黙考したのは分かるが、この時、日本海軍最高の作戦指導者たちの集まりであるこの場において、誰一人としてこの体当たり戦法が「げんに追求している、または追求しようとしている目標が、適当な所望結果に適合しているかどうか」と言う作戦上の「適合性」(suitability)、また「ある目的を達成するための行動が遂行可能かどうか」と言う「実現可能性」(feasibility)、さらには「所望の結果と、相対戦力によって演繹される損失についての結果が受容出来る範囲のものかどうか」と言う「受容性」(acceptability)など、アメリカでなら当然行なわれるべき〝健全な軍事判断〟(〝SOUND MILITALY DECISION〟――第二次大戦中のアメリカ合衆国海軍大学校教科書)を巡って疑問を提出していた者は、一人としていなかったのである。

この場に衝撃が駆け巡ったであろう。だが、それにしてもこの時、大西の提案に対して、及川大将はただ次のような言葉をもって反応したに過ぎなかったと言われる。「大西中将、あなたが述べたことはよくわかった。大本営海軍部としては、この戦局に対処するため、涙をのんで、あなたの申し出を承認することとします。(中略)しかし、実行にあたっては、あくまで本人の自由意思によってやってください。けっし

て命令してくださるなよ」と（実松譲「日本海軍英傑伝」光人社二百三頁）

誰の眼から見ても明らかなように、軍令部総長たる及川大将の意志決定には軍事科学上のいかなる理性的判断もなかったと言うことである。だが、それはそれとして、この及川大将の言った言葉が事実だとするなら、この言葉は、少なくとも通常の戦闘用航空機をもってする「航空特攻」の場合、日本海軍の中央である軍令部の上層部において作戦実施に関してのはっきりとしたコンセンサスが存在していなかったことを推測させる一つの証言ではある。

当時、中央では確かに特攻作戦に反対する空気も強かった。例えば、戦後三十六年を閲したある日の座談会で、神風特攻作戦発動当時、軍令部の作戦課の参謀であった土肥一夫（海兵五十四期）は、軍令部の中にも特攻作戦を支持する者もいたが、軍令部はそれを作戦の常道とは考えていなかったとして要旨次のように証言しているのだ。

「軍令部第二部長の黒島亀人さんは、これ（特攻——引用者）で戦勢を挽回するのだと言った。一部の人が『これからは特攻だッ』と、自分は特攻に行く気もないのが、特攻特攻と叫んでいました。私は、特攻というのは、瀕死の病人を救うため一時的に毒薬・劇薬を使うこともあると聞いているが、それと同じで、常道にしたら大変だぞと言ったことがあります。軍令部全体では、特攻戦法で戦勢を挽回するということは、

正直考えてなかったですね」と。（中央公論「歴史と人物」昭和五十六年五月号百五十六〜百五十七頁）

特攻に行く気もない軍令部の参謀連が「特攻特攻」と叫び、軍令部全体としては特攻戦法で戦勢を挽回するとは考えていなかったと言うこの証言を、特攻の実施者として散華した、既に亡き日本の若者たちの霊は、今、幽冥界にあってそれをどのように聞いているのだろうか！

だが、それはともかく、軍令部全体としては、依然、特攻を作戦の常道とは考えていなかった一九四四年十月のある日、フィリピンの一航艦へ司令長官として赴任する大西瀧治郎中将がその軍令部を訪れたのである。

擬似コンセンサス

大西が特攻を提案した時、及川の言った「あくまで本人の自由意思によってやってください。けっして命令してくださるなよ」と言う先の言葉。この言葉には、はしなくも、軍令部としては特攻を作戦の常道としては使いたくないが、現地の最高責任者である大西提督が止むを得ないと判断した場合は、仕方なく認めてもよい。だが、その際も特攻が〝十死零生〟の戦法である以上、明治創建以来〝九死一生〟を伝統として来た日本海軍として、このタテマエを崩すことを事実上黙認するためには、是非とも命令と言う〝トップ・ダウン〟によって、下部に押しつけるのではなく、下部の自発性と言う〝ボトム・アップ〟の形式を尊重して欲しいと言う含意があったのだ。軍隊と言う、本来は〝トップ・ダウン〟を身上とする組織において、このような責任回避の命令の形式がまかり通ったのは、世界広しと言えども日本の軍隊をおいて他にあるまい。

通常の戦闘用航空機に爆弾を抱かせて敵艦に突入すると言う航空特攻作戦の決定されたいきさつを巡って、その決定が、海軍中央のコンセンサスがあってのことではなく、当時の一航艦の大西瀧治郎中将一人の余りにも悲痛で孤独な意志決定によってなされたと言うのは、果たして事実だったのかどうか。「防衛庁公刊戦史」が述べているように、大西中将を第一航空艦隊司令長官に入選した「その人選のうらには、戦況によっては特攻の採用はやむなしと考え、これを実施できるのは、航空関係者に信望のある大西中将をおいて他にないとの理由もあったのではなかろうか」と推測されているのである。（戦史叢書「海軍捷号作戦」〈2〉百八頁）

さらに、同「戦史」の記録によると、大西瀧治郎中将は、軍令部首脳との会談の後、特攻作戦に関するかなり詳細な手筈を軍令部部員との間に打ち合わせたらしく、特攻作戦は、軍令部の上層部はともかくとして、既にこの段階で同部内の一部の参謀たちの間で一定の〝コンセンサス〟を得ていたものと想像される。すなわち、「一航艦司令長官の予定者となった大西中将が、やむを得ない場合には応急的体当たり攻撃を行うことを海軍部に伝えてその了承を得ていたことは十月十三日海軍部の源田實参謀が起案した次の電報起案（海軍作戦部長から一航艦長官宛、「神風特別攻撃隊」が初の戦果を挙げた十月二十五日の翌日の二十六日発信――引用者）が残っているところからみて、間違いないといえる（大西中将は九日東京発、十二日比島到着の予定であった）」として、以下のごとき傍証が記録されているのだ。「神風特別攻撃隊ノ発表全軍ノ士気昂揚並ニ国民戦意ノ振作ニ至大ノ関係アル処　各隊攻撃実施ノ都度純忠ノ至誠ニ報ヒ攻撃隊名（敷島隊、朝日隊等）ヲ併セ適当ノ時期ニ発表ノコト取計ヒ度処　貴見至急承知致度」と言う電文案がそれである。戦史叢書「海軍捷号作戦」〈2〉百八頁）

この源田實が起案していたと言われる電文には、航空特攻に関して既に「神風特別攻撃隊」と言う名称が明示されていたのである。この点に関して、猪口力平は、大西瀧治郎が特攻を〝命令〟した時、玉井浅一に対して「これは特別のことだから、隊に名前をつけてもらおうじゃないか」と言い、「神風《しんぷう》隊というのはどうだろう」と提案したと記述し、さらにこの後、大西中将に向かって「玉井副長とも相談しましたが、神風隊とお願いしたいと思います」と言ったと述べている。（猪口力平・中島正「神風特別攻撃隊の記録」四十五頁）

戦後の一九八〇年六月十三日、東京の水交社で、猪口が、筆者に語ったように「神風と言う名称をつけたのは自分の郷里にあった剣道の流派である神風流から思い付いたことであった」と言った言葉と上述の源田實の発電の文言との間に齟齬《そご》が見られるが、おそらくこの齟齬は、猪口の記憶違いに基づくものではなく、彼が何かを意識しつつ、こうした作為の記録を残したものと思われる。この事実の齟齬は、依然として歴史の〝ブラック・ボックス〟である。

成り行きの論理

一方、その同じ航空特攻でも、「桜花」の場合は、それ自体が目的意識的に専用の航空特攻兵器として作られ、軍令部第一部第一課がこれにかんで、この兵器を装備する一式陸上攻撃機部隊（七二一空）が、一九四四年十月一日に編成されているのだが、これについてもいささか気になる事実があったことを先の土肥一夫との同じ座談会で秦郁彦も指摘しているのである。

「『桜花』部隊の編成に踏み切るときに通例だと、お偉方の深刻な会議があって然るべきなのに、どうもそれをやったような気配がないし、記録もない」と。これに対して土肥一夫もこう答えているのである。「私もそのへんが分からない」と。（「桜花」に関しては、一九四四年八月、大田正一少尉の、これも〃ボトム・アップ〃による構想の提案が物語の発端であったことは今では周知の事実だ）

さらに連合艦隊の方は特攻にどうかんでいたのかと言う秦郁彦の質問に対して、当時、連合艦隊にいた中島親孝（海兵五十四期）は次のように答えているのである。「特攻という話は、あまり司令部で聞いたことはないですよ」と。（中央公論「歴史と人物」昭和五十六年五月号百五十七頁）

所与の戦況や戦局をどう判断するかは人々の置かれた状況や立場にもよるが、いずれにせよ、特攻と言う前代未聞の戦法を決定するにあたって、日本海軍の組織と命令系統の一体何処に意志決定の中心と言うべきものがあったのか、と言う疑問が湧いて来るとすれば、それは、権力構造の所在を巡る〃西殿流の観念〃と言うべきであろう。

この問題について、むしろスコラ的とさえ言える日本人流の難解な型而上学を理解する鍵は、猪口力平が、東京の水交社で筆者に語った、状況の「間に間に」決定される〃成り行きの論理〃だったのである。この〃成り行き〃こそ、ボトム・アップを含めた全員参加の〝疑似コンセンサス〟を形成する日本的な意志決定の様式に他ならなかったのである。

だが、この〝成り行きの論理〟と言うのは、世間一般に言う単なる〝成り行き〟を意味するものではない。かつて、日本海軍には海軍大学校の士官教育において寺本武治海軍少将による「寺本統帥」と呼ばれる教育法があり、楠正成を軍人最高の師表とする教育が行なわれていた。「防衛庁公刊戦史」が述べているように、この教育では、楠公を巡る史実の中に表象された〝精神〟のあり方が、とくに強調されていたと言われている。

例えば、「その一つは、延元元年（一三三六年）五月、足利高氏（尊氏――引用者）が九州の兵を率いて東上するに際し、公卿藤原清忠が、朝廷において、楠正成の進言（天皇は比叡山に行幸され、京都に足利軍を引き入れ、糧道を断った後、河内方面から決戦を挑む）を退け、兵庫に赴いて非勢の新田義貞を救援すべし、と大命を伝えたときの、正成の態度である」。もっとも、正確に言えば、この時、楠正成に、天皇の直々の言葉による「大命」が下ったわけではなく、正成は、坊門の清忠の声を〝天子の声〟と聞いたのである。つまり、「正成は、たとえ武事にくらい者（藤原清忠――引用者）による廟議といえども、勅命となれば、いささかの不平不満もなく、即座にこれに従うことが武人のたしなみであり、規律であり、義であることを示した」わけであって、「悲劇的な宿命の中で、身の処し方を誤らなかった武将の潔さ」が、この「寺本統帥」の眼目であったと言われているのだ。まさにそこに、忠義のあり方、換言すれば、死を顧みることのない絶対服従によって、天皇の権威を高める臣下のあり方が明示され、そうした教育を通じて、死生を超越した武人の潔さと言う価値観を樹立したのが「寺本統帥」であった。この「寺本統帥」の眼目の一つは、「楠公が学んだ『闘戦経《とうせんきょう》』あるいは「楠公一巻書《なんこういっかんしょ》」など、日本独特の哲理（中略）特に、『非理《ひり》法権天《ほうけんてん》』の五段弁証法、『秘知而化骨《しずかにしりてほねをかす》』すなわち、真理は実践を重ね、自らの骨に染み込ませて、初めて体得できるものであるという戒め、あるいは人間が測り知ることのできないものに対する謙虚な随順など、技法の末端よりは、心の据え方」にあったと言われ、「孫子その他の兵法書に類を見ないきびしさがあった」とされているのである。（傍点――引用者　戦史叢書「大本営海軍部大東亜戦争開戦経緯」〈1〉十九～二十頁）

　ちなみに、「孫子」の兵法と言うのは、戦術、戦略、謀略、外交政策、人事を通じての「国の大事」を巡る勝敗についての冷徹な計算に基づいた兵法であった。しかし、楠正成の兵法には、とどのつまり勝敗を度外視した非理法権天の諦観が貫かれていたのである。

大西瀧治郎中将が特攻を決意したのは、アトラスの力を持った巨大なアメリカ軍の戦力の前で、まるで非力な侏儒《しゅじゅ》の力の日本軍がこれに立ち向かう、最早、日本人の人力では止めようもないまるで大自然の力に似た現象として生起する決定的な崩壊状況の中に身を置いていたからであった。こうした時の当時の日本人の対応は、楠正成が、敗戦と判っていて敢えて湊川の戦場に赴いた時の対応に似ていた。

ところで、この頃、特攻を考えていたのは大西ばかりではなかった。特攻は、誰言うとなく考えられていた、と当時を回顧して、草鹿龍之介少将も特攻作戦発起の客観的背景を次のように語っているのだ。すなわち、航空機搭乗員の数の絶対的不足、訓練の不足による練度の低下、その結果としての犠牲の増大と、それに反比例しての戦果の過少、さらにこれに加えての航空機燃料や機材の決定的不足がそれであって、「そこで、特攻、体当りということが、誰いうとなくみんなの頭に考えられるようになった」と。（草鹿龍之介「連合艦隊参謀長の回想」光和堂二百九十三頁）

ここには、特攻作戦を発動せざるを得ない劣勢戦力の物質的基礎が物語られていると同時に、そうした事態の中で、「誰いうとなく」と言われる言葉が示しているように、当時の日本人が行き着いた極限の〝戦法〟、つまり、大西の言う「統率の外道」

としての特攻戦法を巡って、有無相通じての暗黙の了解と言う日本的疑似コンセンサスの形成の過程が物語られているのである。

一方、日本の若者たちが特攻志願の場において一瞬の決意のうちに〝熱望〟の意志を込め、自らの死に向かって、さっと一歩を踏み出したのは「人間が測り知ることのできないものに対する謙虚な随順」と言う心的状況においてであったと、猪口力平は筆者に語っていた。だが、果たしてそうなのか。筆者もまた、当時、ある航空隊の司令から、特攻志願を言われた時、熱望を意味する二重丸を用紙に書いて提出したことがある。その時、その場にいたのは、無論、筆者一人ではなく多数の隊員たちであった。その時の自らの心的状況を今になって顧みれば、「人間が測り知ることのできないものに対する謙虚な随順」と言うのは、南博の分析した日本人における「集団我」と言われる心理状況であったのではないかと言うような気がする。

「日本人の自我構造の特徴の一つは」と南博は指摘している「自分の所属する集団の目標活動と内部の人間関係に深い親和感をもち、自分の自我と一体化させ、そこに「集団我」とでも呼べる部分を形成することである。集団我は、ある集団の成員にとってその集団に所属していることが積極的な意味をもつということであり、強い所属意識と依存意識から成り立っている。集団との一体化は、(中略)集団依存主義と運命依存主義とに結びつき、集団の運命と個人の運命とを同一視する意識を生む。この場合、日本人の自我は集団との一体化を媒介として集団我の意識を生む。そこで自我は集団我をふくんで拡大強化される。そうして集団のもつ決定力を自己の決定力と思いこみ集団の実行力を自分の実行力とみなすようになり、自我は集団我によって強化されることで、個人の決定不安を一応解消することができる。しかし結局、個人の主体的な自我、主我は発達しないまま、個人我はその弱さ、もろさ、不確実感から脱けきることはできない。このように集団我の強さを自我の強さと取りちがえるところに、日本人の心理的な悲劇が生まれる。

いずれにしても集団我は個人我と結びつき、時に個人我よりも強い力をもって、個人の行動をリードする。『小我を捨てて大我に生きる』ということばは、自我のなかにふくまれる個人我と集団我のうち、集団我を選んでその声にきき、その命じるところに従って行動することを意味する」（傍点引用者。南博「日本的自我」岩波新書二十一～二十二頁）

以上の分析は、必ずしも特攻に関して述べられたものではなく、日本人一般の自我について述べたものであるが、戦前・戦中における日本人の自我は、天皇制下の日本の軍隊において没我と言う在り方で集団的かつ極限的に制扼されていたのである。

筆者が、特攻志願を巡って、二重丸をつけたのは、南博の言う「もはや逃れられぬ運命」「もはや逃れられぬ集団」の中に身を置いていたからであろうと思う。(南博前掲書十一頁)

ところで、特攻と言う話は余り聞いたことはない、と言った先の中島親孝は、言葉を続けて事のなりゆきを「真珠湾奇襲作戦」に出撃させていた「甲標的」(特殊潜航艇)に仮託し、次のように語っているのである。

「脱出した乗員を収容する潜水艦を出すということで山本長官も許されたけれども、(生還の——引用者)成功率はゼロに近いと考えられたでしょう。そんなふうに下からの盛り上がりがあれば、上のほうは、申しわけさえつけば許した。それがだんだん(特攻へと——引用者)進んで行ったんじゃないかと思いますがね」と。(中央公論「歴史と人物」昭和五十六年五月号百五十七頁)

体当たり戦法の「適合性」「実現可能性」あるいは「受容性」をなんら計算することなく、必殺の効果があることをア・プリオリィの前提として伝統的な死の美学に一挙に問題を委ねた日本海軍の独特の飛躍と矛盾の形而上学がこの言葉の中にある。生田惇がいみじくもいったように、体当たりの世界は「念力の世界」であったのだ。(生田惇「陸軍航空特別攻撃隊史」ビジネス社百十三頁)

特攻戦が発動された当時の戦局は、日本にとって決定的に悪化していた。「フィリピン戦」は、日米両軍にとっての〝天王山〟とよく言われるが、両軍の勢力が均衡しての決戦が行なわれたのではなく、戦力のパリティは決定的なインバランスを示していた。当時、連合艦隊参謀長であった草鹿龍之介が言ったように、彼は「レイテ戦」に一縷の望みを託してはいたが、「だいたいの感じとしては、まさに没しようとしていく太陽を呼びかえすようなもので、どうしようもないとは思っていた」と言うのが、草鹿の偽らぬ心境であった。（草鹿龍之介「連合艦隊参謀の回想」光和社三百六頁）当時の戦局と戦力差において合理的な作戦は最早不可能と言うのが草鹿の感慨であった。「出たとこ勝負の戦争」が多くなっていた、と草鹿は言うのである。（草鹿龍之介前掲書三百十二頁）

こうして、本格的な特攻作戦、しかし、作戦の性格からすれば、文字どおり「出たとこ勝負」の特攻作戦が採用される。

戦局に敗北の色が色濃く滲み出るにつれて、敵から一方的なダメージを受け、戦死者の数は不可避的にどんどん増えて行く。とくに航空機の搭乗員に至っては、その消耗度はひどく激しく、出撃のたびに櫛の歯がかけるように減って行くが、味方の犠牲に比べて敵に与える損害は「アクセプタビリティ」（受容性）の限度を越えて、非常に少ない。敗戦の局面にあっては、費用対効果はブレーク・イーブン・ポイントを大きく下方に割り込み、崩壊現象が雪崩のように生起するのである。しかも、このような現象は、そこかしこに大量現象となって現われる。それは、個々の人知や人力ではもはや止めようもない、まるで大自然の力に似た現象として生起するのだ。大西瀧治郎中将はそうした状況の中に身をおいていたのである。

「やむを得ないこと」

無論、日本海軍の作戦指導部の少なからぬ人々が、作戦としての特攻を邪道と考えてはいた。しかし、彼らの心底には別の複雑な判断が蠢いていた。例えば、草鹿龍之介の場合もそうだが、彼自身、特攻が理に適った戦法に反すると言う信念をもっていたと語ってはいる。だが、それにもかかわらず、そうした理性的思念の対局に「止むを得ない」と言う悟性的諦念を披瀝すると言った心の振幅を、例えば、彼自身の証言が物語っているのである。

「この当時の戦況としては、それ（特攻——引用者）も実際止むを得ないことであり、若い人たちの壮烈な意気には頭がさがる思いであったが、私自身の考えとしては、どんなに苦しくても特攻だけで戦争をひっぱっていくということは戦争の邪道である。

いかに苦しくても、その苦しい中で練度のたかい精鋭な部隊をわずかでもいいからつくりあげて、やはりほんとうの作戦の要求である敵の機動部隊に対して、ちゃんと理にかなった戦争をしかけていかなければならないという信念をもっていた」と。（草鹿龍之介前掲書二百九十四頁）

草鹿は、特攻は邪道と言い切ってはいるが、結局のところ、「若い人たちの壮烈な意気」と言う〝ボトム・アップ〟の様式に責任を事実上転化しつつ、「やむを得ないこと」として、この特攻作戦を承認しているのである。草鹿には、特攻は作戦として認めないと言った断固たる意思があったわけではないのだ。

一方、特攻と言うのは、瀕死の病人を救うための一時的な毒薬・劇薬と考えていた土肥一夫ですら、結局は、敵に対する「致命的効果」のない特攻について、「ほかにアメリカを攻撃する手があるかというと、ない。やむにやまれずやったということじゃないですか」と言った、やや突き離した語り口で、作戦としての特攻に〝理解〟を示しているのである。（中央公論「歴史と人物」昭和五十六年五月号百五十六～百五十七頁）

特攻に反対していたとされる提督や参謀においてすら、彼らの心の内奥に流れている用兵思想の中に、特攻への〝共感〟が蠢いていたと先に筆者が述べたのは、こうした事実に関連してのことである。そこに明治以来形成されて来た日本軍部の用兵思想、すなわち、ハード戦力の劣勢をソフト戦力をもって代位・補充してきた用兵思想が、結局は、国力の非力を淵源として流れ出た川の流れの末流に〝十死零生〟の特攻の思想を生み出したのであった。

倒錯と至上の価値と

ところで、人間は、自分の生が決定的に追いつめられた時、死を賭けて生への回帰を計ろうとする。「窮鼠猫を噛み、闘雀人を恐れず」と言われるが、その時ですら、繰り返して言うが、人間の賭けは〝十死零生〟ではなく〝九死一生〟の選択なのである。〝十死零生〟と言うのは、西欧的観念からすれば自殺の場合の選択に他ならない。西欧諸国の人々が、体当たりを〝自殺攻撃〟と呼ぶのはそうした価値観に根差してのことだ。だが、ここで重要なことは、当時の歴史的現実の中に身を置いていた日本人にとって、体当たりは、自殺などと言う人生の敗北者の選択する行為ではなかった。当時の日本人は、〝十死零生〟の死の彼岸に〝悠久の大義〟に生きると言う形而上学的生への転生を悟っていたのだ。今日から言えば、こうした形而上学的諦念は恐るべき麻痺感覚と言えるだろう。だが、驚くべきことに、ある歴史的現実の下では、〝悠久の大義〟に生きることは、日本人の最高の〝栄光〟であり、最大の〝人間的真実〟だと信じられていたのである。ここに皇国史観の恐るべきマインド・コントロールがあったのだ。

絶望的な戦局をぎょろっとした両の目でじっと見詰めていた大西瀧治郎中将にとって、特攻を実施する客観的背景は所与のものであったが、彼は、特攻そのものの中に主観的な価値観を付与するための論理構成を編み出す必要があった。この悲劇の提督は、彼がまさに直面している戦局、つまり、日本人が一方的に追い込まれ、這い上がろうとすれば余計に奈落の底に足を取られて行く蟻地獄のごとき戦局の中で、効果（戦果）空しく重ねられる〝徒労の死〟を〝意義ある死〟へと昇華させることを考えていた。〝犬死に〟よりも〝特攻死〟を、と大西中将は考えたのであった。特攻は「統率の外道」ではある。しかし、少なくとも、それは、将たる者の部下に与え得る〝大愛〟であり〝大慈悲〟であると。つまり、余りにも逆説的ではあるが、そこに、カテゴリーの違った価値観を次元的に転換させることで受容され得る、特殊に日本的な「アクセプタビリティ」（受容性）があったのである。そして、もし可能なら、打開すべき人智を超えた最悪の事態を〝奇跡〟によって打開するために、この回天の事業を日本の若者たちの生命を犠牲として全一的に担わせようと言う、戦後世代には決して受容出来ないこの時代の余りにも恐るべき倒錯の〝論理〟が働いていたのだ。

それはともかく、この時、大西が脳裡に描いていた光景は、爆弾を抱いた特攻機が確実に敵空母に体当たりする成功例でしかなかったに違いない。しかし、敵艦に突入すれば、特攻死は、戦果を挙げての〝忠烈万世に燦たる〟名誉の戦死と言えたかも知れないが、事実は、戦場到達の前に撃墜され、目的を遂げず、その意味で徒労の死であった場合の確率はむしろ圧倒的であった。特攻において、戦果の確実性が期待されたのは単なる希望的観測にしか過ぎなかったのである。そこにはなんらの科学的判断もなく、またどの程度の戦果が得られるかについても、海軍の場合、研究すらなされなかったと言う事実は驚くべき事柄である。大西の当初の狙いは、栗田艦隊のレイテ湾突入を支援するため、敵空母の飛行甲板を一時的に使用不能にし、時間を稼ぐ程度のものであった。先の座談会で土肥一夫が指摘しているとおり、特攻をやれば、命中率は高まるだろうと言う漠然たる考えの中で、この作戦が発動されたのである。それは、明治以来の非力な軍国主義国家日本の、〝断固として行なえば、鬼神もこれを避く〟と言われる先の「念力の世界」が定式化された、精神は物質に優ると言う、超越的な倒錯の論理と言ってよかった。この倒錯の論理が成果（戦果）に結びつかなかった時、〝特攻死〟そのものが、次第に自己目的となって行ったのであった。

このような〝十死零生〟の特攻作戦が、戦争（防衛）計画の基礎とならないように、「戦術と装備を活用する」アメリカ合衆国の、帰還の可能性が五〇パーセント以上の場合に任務を与え、「それ以下の場合には絶対に与えないことが「原則」とされている用兵の基本思想と比較する時、日本の用兵思想には、文字通り雲泥の差と言えるものがあったのである。（太平洋戦争証言記録「作戦の真相」サンケイ新聞二百五十六頁）

第二章　特攻の物質的基礎

ところで、特攻戦が発動された戦力上の物質的基礎について、ここで改めて検証しておく。

日米海軍戦力パリティの推移

先ず、太平洋戦域での主戦力となっていた海軍戦力を巡って、日米間の戦力パリティは、開戦以後「マリアナ沖海戦」までの間に一体どのように乖離して来たのか。

開戦当時の日本海軍の対米戦力パリティは、ハワイ真珠湾攻撃直前において日本海軍の艦艇数二百三十七隻、百万一千トン。これに対するアメリカ海軍のそれは、三百四十五隻、百四十三万九千トン。すなわち、日本の対米パリティは六九・五六パーセントであった（以上および以下の数字は日本の場合の特設空母、アメリカの場合の護衛空母を含む空母、戦艦、巡洋艦、駆逐艦、潜水艦を合計した数字）。もっとも、日米間の相対戦力を「ランチェスター」の戦力二乗の法則に基づいて計算すると、両国間の乖離は、上述の日本の戦力一に対して、アメリカの戦力は一・四四倍ではなく、二・〇七倍と開いていたのである。

日米間のこの戦力パリティは、しかしながら、一九四一年十二月八日の日本海軍による真珠湾奇襲作戦の〝成功〟によって目立って変化し、攻撃直後のパリティは、日本の二百三十六隻、百万トン。アメリカの三百四十一隻、百三十一万三千トン。日本の対米比率は七六・一六パーセントへと日本側の比較劣勢はいささか縮小していた。真珠湾作戦は、敵の艦艇数とそのトン数に関する限り、相対戦力を我に有利にするため、敵の意表に出て対応のいとまを与えない奇襲成功の要件を満たしての作戦ではあった。奇襲の成功は、日米両国の海軍艦艇戦力のパリティを巡って、太平洋方面に事を限定する限り、ある時期、日本海軍が優勢に立ったことは事実である。だが、とは言え、重要なことは、それによって山本五十六大将の悲願としていた日米間の戦力パリティの全面的な逆転が実現したわけではなかったと言うことだ。つまり、この時期ですら、戦力の乖離は、単純計算で、日本の一に対して、アメリカは一・三一倍、戦力二乗の倍数からすると、前者の戦力一に対して、後者のそれは一・七二倍の乖離を示していたと言うことだ。太平洋戦争当初の日米両国の国力とウオー・ポテンシャルの乖離からすれば、以後、海軍艦艇戦力の形成を巡って、日米の乖離の幅が日々拡大して行くことは、自明のことであった。

太平洋戦争を巡って、日本軍に課せられた戦闘における決定的な課題は、主敵アメリカとの間に常にその相対戦力のパリティを可能な限り縮小するか、もし、出来れば、比較優位を保持することであった。開戦前の日米の海軍戦力をめぐる単純計算上のパリティが、上述のように、ほぼ一（日本）対一・四四倍（アメリカ）と乖離していた以上、日本にとって重要な事柄は、アメリカ海軍を相手とした個々の海戦において、相対戦力の観点から見ての「互角以上の戦い」を連続的に続けることであった。この際、少なくとも「互角の戦い」が成立する条件は、単純計算で、アメリカの艦艇一万四千四百トンを撃沈して、みずからは一万トンを喪失した時に成り立つわけだが、こうした条件はあくまで一戦闘場面における「互角の条件」であって、全体としての戦力の対等性が、日米間に何ら変化することなく保持されていると言った開戦時のハンディキャップから脱却することは出来ないのである。日本が対米相対戦力を根本的に逆転するためには、繰り返して言えば、「互角のパリティ」を越える戦果を、個々の海戦において連続的に挙げるか、さもなくば、一挙に挙げる以外道はなく、まかり間違っても相対的に不利なパリティの戦果しか挙がらない場合には、日本は、日々比較劣勢の幅を拡大する状況に追い込まれて行くと言うのが、争うことの出来ない日本の運命であり現実であった。例えば、真珠湾奇襲において、日米の戦力を、言葉の真の意味で、対等とするためには、味方は、一隻の艦艇をも喪失することなく、敵の艦艇をほぼ四十四万トン撃沈することが必要だったのである。言うまでもなく、それは、現実的なシナリオではなかった。

だが、こうした運命を背負い、こうした現実に直面した日本にとって、四二年六月の「ミッドウェイ海戦」は、余りにも痛烈に対米相対戦力の一層の比較劣位を余儀なくされた痛恨の海戦であった。「海戦」前、日米海軍の戦力パリティは、真珠湾以後のパリティをほぼ保持しているかに見えた。四二年五月末の日本の保有艦艇数二百三十五隻、総トン数百十万トン。これに対するアメリカのそれは、三百六十八隻、百四十七万一千トン。日本の対米パリティは七四・七九パーセントであった。だが、この「海戦」直前ですら、事を子細に検討して見ると、日本の対米パリティは、日を追うに従って実は僅かながら比較劣勢に落ち込んでいたのである。四一年十二月のハワイ真珠湾以後ほぼ六ヵ月の間に、アメリカは二十七隻、十五万八千トンの艦艇を新建造したが、日本は、この間、隻数ではむしろ一隻の減少、トン数では十万トンの増加を実現したに過ぎず、アメリカのそれに比較して増加の絶対数は低く、日米間のパリティはむしろ絶対的にも相対的にもジリジリと乖離の幅を拡げて行ったのである。つまり、「ミッドウェイ海戦」前ですら、両国海軍の艦艇戦力の乖離は、単純計算で、日本の一に対して、アメリカのそれは一・三四倍と乖離し、戦力二乗の倍数では、前者の一に対して、後者は一・七九倍と依然大きく開いていたと言うことである。

だが、「ミッドウェイ海戦」後の相対戦力は、日本にとって文字どおり惨めなものとなった。四二年六月七日現在のパリティは、日本の二百三十隻、百万四千トン。これに対するアメリカのそれは、三百六十六隻、百四十四万九千トンとなり、日本の対米比率は六九・二九パーセントとその比較劣位は激しく拡がったのである。すなわち、単純計算の倍数では、日本の一に対して、アメリカは一・四四倍、戦力二乗の倍数では、前者の一に対して、後者は二・〇八倍とほぼ開戦前の状況と同じ状況へと時計の針は振り戻されていた。

巨大なウオー・ポテンシャルを背景としてエンジンを始動し始めたアメリカ合衆国と、侏儒経済を背景とした日本との軍拡をめぐる競争の結果は明々白々であった。日本とアメリカ合衆国との国民総生産（ＧＮＰ）の乖離は、開戦年の一九四一年に、前者を一として、後者は実に十二・七倍の倍数をもって開いていたが、これが四二年になるとさらに開き、一対十四・三倍にもなると言った有様であった。以後の事態について、ここで改めて述べておけば、この乖離は、四三年に一対十六・六倍、四四年に一対十八・一倍へと一方的に拡がって行ったのである。

日米間の海軍戦力の乖離を巡って、事態は、ガダルカナルを巡る両軍の泥沼の消耗戦を通じ、一層激しく変貌した。アメリカ軍がガダルカナルに上陸作戦を敢行する前の四二年七月末、日本の艦艇保有数は、隻数で二百三十二隻、トン数で百三万トンと、「ミッドウェイ海戦」以後、隻数で僅かに二隻、トン数で二万六千トンの増加しか示していないのに反して、アメリカの場合は、隻数で三百九十三隻、トン数で百五十九万五千トンと、それぞれ二十七隻、十四万六千トンの増加（トン数で五・六倍強）を示し、その結果、日本の対米パリティは次第に劣勢の度を深め、六四・五八パーセントにまで低下すると言った有様であった。この戦力格差を単純計算で見ると、日本の一に対して、アメリカは一・五五倍、戦力二乗の下での計算では、前者の一に対して、後者は実に二・四〇倍と乖離していたのである。

ガダルカナルを巡る日米海軍の度重なる海戦で、両軍が喪失した海軍艦艇の隻数は、言葉の通常の意味で「ほぼ互角」だったが、この一大消耗戦がもたらしていたものは、日米間の戦力パリティの一層の乖離であった。日本軍のガダルカナル撤収時の四三年二月八日現在、その保有艦艇数は二百十二隻、保有トン数は百万七千トンと、四二年七月末対比で、隻数において二十隻、トン数において二万三千トンを減少させたのは、他でもなく生起したさまざまな海戦における喪失を新造艦によってカバーし、さらにそれを上回る艦艇を創出するウォー・ポテンシャルに欠けていたからである。だが、アメリカ合衆国は日本とはまるで違っていた。日本軍のガダルカナル撤退時にアメリカが保有していた艦艇は、隻数で四百五十七隻、その総トン数は百八十一万トンと、七月末に比べて、前者で六十四隻、後者で二十一万五千トンの増加を見ていたのである。一口で言えば、日本海軍は艦艇戦力を絶対的に消耗し、アメリカ海軍は、絶対的に増大していたのである。その結果、日米間の海軍戦力パリティは日とともにますます乖離の幅を拡げ、この時点で日本の対米比率は五五・六四パーセントへと大きく落ち込んでしまっていた。これを先と同様、単純計算で見ると、日本の戦力を一としたアメリカのそれは一・八〇倍、戦力二乗の計算の下では、前者の一に対して、後者は実に三・二三倍の優勢となっていたと言うのがこの当時の現実であった。

それ以後の両国海軍の戦力パリティは、日とともに法外に乖離の幅を拡げて行った。四四年一月末、アメリカ合衆国が南東太平洋と中部太平洋の二つの方向からの総反攻に出る寸前の時点において、日米両国海軍の戦力パリティは、一方が余りにも強大に、他方が余りにも寡弱に、と言った最早比較を越えての乖離へと変容していた。この時点における日本の保有艦艇隻数は二百八隻、その総トン数は九十九万六千トンと、ガダルカナル撤退時に比較して、前者で四隻、後者で一万一千トンの減少を示し、絶対数では一見横這いのように見えるが、その対米相対戦力は、べら棒な比較劣位を示すに至っていた。すなわち、この時点でのアメリカの保有艦艇は隻数で六百六十一隻、その総トン数で二百八十五万トンと、先のガダルカナル戦の事実上の終末期に比べて、前者で実に二百四隻、後者で何と百四万トンの増勢を示すに至ったのである。この時点における日本の対米戦力パリティは三四・九五パーセント。言い換えれば、単純計算で、日本海軍は、今やほぼ三倍に近い二・八六倍、戦力二乗の計算では、文字通り圧倒的な戦力とも言うべき八・一九倍の戦力をもつ余りにも巨大な敵を相手として戦争を戦っていたと言うことだ。この時点において日本の対米海軍戦力の均衡関係は、言葉の本来の意味において完全に覆っていたと言うことだ。日本海軍は既にアメリカ海軍の敵ではなかったのである。

こうした事態は、「マリアナ沖海戦」寸前の四四年五月末に至ってさらに変貌していた。日本海軍の艦艇保有隻数は絶対的に減少して百八十六、その総トン数も九十八万二千トンへと縮小していた。四四年一月の時点と比べて隻数では二十二隻の減少、総トン数では一万四千トンの減少であった。だが、アメリカの場合、それぞれ七百三十四隻、三百十八万八千トンの保有数が示すように、その戦力は、四四年一月の時点に比べて、隻数で七十三隻、トン数で三十三万八千トンと絶対数で飛躍的に増強された結果、日本とアメリカの海軍戦力格差は、日本の対米保有トン数三〇・八パーセント。言い換えれば、単純計算で、日本の戦力を一としたアメリカのそれは三・二一倍、戦力二乗の計算の下では、実に十・五四倍と言う倍数をもって〝ジェーレ状〟に乖離して行ったのである。

「マリアナ沖海戦」は、事態を一層変容させていた。「海戦」後の四四年六月二十一日現在で、日本海軍の保有艦艇数は百八十二隻、その総トン数九十万二千トンと、「海戦」前に比べて四隻、八万トンの減少を示していた。一方、アメリカ海軍は「海戦」前に比べて、隻数およびトン数において変化なく、そのおかげで日本の対米比率は一層劣勢化し、ついに三割をさえ割り込んで二八・二九パーセントの相対戦力にまで落ち込む羽目に立ち至ったのである。これを先の単純計算で言うと、日本の戦力を一とした場合のアメリカの戦力の倍数は、三・五三倍、戦力二乗の計算では、最早、戦いにもならない十二・四九倍の乖離を示していたと言うことである。（以上トン数は戦史叢書「大本営海軍部・聯合艦隊」〈6〉百六十〜百六十一頁）

太平洋戦争を巡る事態の悪化は、明らかに日本の戦争指導部の予想を越えた速度をもって進展して行った。「防衛庁公刊戦史」が述べているように、開戦前、日本海軍の戦争指導部が危惧していたのは、一九四五年（昭和二十年）に対米比率が四割となると言った事態だったが、そうした事態が早くも開戦後ほぼ二年の四四年一月以前に訪れていたのである。こうして、次期作戦方針を策定すべき肝腎の四四年七月の時点において、日本海軍は今や対米三割を割る海軍へと転落していたのだ。（戦史叢書前掲書百六十一頁）

「次期作戦」。それは、言うまでもなく、フィリピン、台湾、それに日本本土を巡る最後の決戦を予想した一連の「捷号作戦」と呼ばれる作戦に他ならなかった。フィリピンを巡る「捷号作戦」が生起していたのは、四四年十月である。では、この頃の日本海軍の対米戦力パリティはどのような状況にあったのか。

「捷号作戦」が発動される寸前の四四年九月末、日本海軍の艦艇保有隻数は百六十五隻、その総トン数八十七万九千トンと、「マリアナ沖海戦」後の四四年六月二十一日の戦力と比べ、前者でさらに十七隻の減少、後者でさらに二万三千トンの減少と言った事態を経験していた。だが、これとはまるで対照的に、アメリカは隻数七百九十一隻、その総トン数三百五十二万二千トンと、前者で五十七隻、後者で三十三万四千トンの増勢と言ったバランスで、今や圧倒的な戦力の面では問題にならない、対日比較優位の地歩を固めていた。こうして、日本の対米パリティは、二四・九六パーセントと既にこの時点で四分の一を割る相対戦力へと転落していたのだ。すなわち、先の単純計算では、日本の戦力を一としたアメリカのそれは四・〇一倍、戦力二乗の計算では十六・〇六倍の格差であった。

このような事態を経験した時、物事を一面的にしか見ることが出来ず、ファナティシズムのモノマニア的性格によって特徴付けられていた当時の日本人は、文字どおり窮鼠猫を噛む心的状況に追い込まれるのが常であった。既に述べたように、大西瀧治郎中将が特攻作戦を軍令部に提案した物質的背景となったものは、他でもなくこうした事態の進展であった。制空権も制海権もなく、戦いの主動権を敵に完全に握られ、戦略行動の全てを偵知された状況の中で、しかも、侏儒と巨人のごとき戦力格差をもって、一体、どのようにして戦争を継続し、どのようにして戦うのか。こうした事態に対処するのに戦術的な次元でしかものを考え得なかった当時の日本海軍の戦争指導部にとって、最早打つべき手は、特攻作戦以外になにもないと思われたのである。

周知のとおり、一九四五年四月六日、沖縄に向けて強行された「大和特攻」において、日本海軍は戦艦「大和」以下巡洋艦及び駆逐艦計六隻を喪失。この時をもって本土を守るべき日本海軍の艦艇戦力は事実上崩壊していた。「大和」爆沈後、日本海軍に残された艦艇戦力は、文字通り寥々《りょうりょう》たるものであって、艦艇と呼べるものは、駆逐艦十五隻、潜水艦十八隻に過ぎなかった。その「海軍」と呼ぶにも値しない存在である日本海軍の前に立ちはだかっていたアメリカ合衆国の艦艇戦力は、戦艦三十隻、巡洋艦三十六隻、駆逐艦二百五十四隻、正規空母三十隻、特設空母八十二隻であって、その空母群に搭載された艦隊航空兵力は、三千八百機、これに対日侵攻基地航空兵力を合算すると、その総兵力は、一万八千機にものぼる、余りに懸隔の開いた巨大な戦力だったのである。日本本土への上陸を狙うアメリカ合衆国の巨大な艦隊を本土水際で邀撃する日本海軍の戦力の主体は、この時、半特攻兵器としての小型潜水艦「甲標的」約三百二十四隻、魚雷を改装した水中特攻兵器「回天」十五隊、ベニア板張りボートの頭部に爆装した水上特攻兵器「震洋」百四隊などの超小型艇と（以上数字は外山三郎「太平洋海戦史」〈1〉教育出版センター一二十二頁）、陸海軍合わせての練習機を含む特攻機約一万機であった。日米間の戦力パリティは、日本の敗戦の間際において、今や比較してもほとんど意味をもたない状態に乖離していたと言うことだ。

日米空母戦力比較

太平洋戦争の主戦力は、それ以前の「大艦巨砲主義」と言う長い間世界の海軍に通用して来た〝パラダイム〟を、劇的に転換した航空戦力であった。太平洋戦争における攻勢の主要な与件となったものは、「航空優勢」の下での制空・制海権の確保であった。

ところで、この「航空優勢」の下で戦争の勝敗の決を左右した航空戦力を巡って、一体、日米間にどのような格差が見られたのか。

この問題に関して、先に述べた海軍艦艇戦力の中でも、特にその中心戦力となっていた空母戦力について見ると、日米間の戦力格差には、両国の国力とウオー・ポテンシャルを背景として、次のようにべら棒な乖離があったことが分かる。

先ず、日本海軍の場合、太平洋戦争の全期間に投入し得た空母（改装空母を含む）の隻数は、僅かに二十七隻。これに対するアメリカのそれ（護衛空母を含む）は、実に百十隻。このうち、日本海軍が開戦前までに竣工し保有していたものは、十隻（大型空母「赤城」〔三万六千五百トン〕同「加賀」〔三万八千二百トン〕同「蒼龍」〔一万五千九百トン〕同「飛龍」〔一万七千三百トン〕同「翔鶴」〔二万五千六百七十五トン〕同「瑞鶴」〔二万五千六百七十五トン〕。軽空母「鳳翔」〔七千四百七十トン〕同

「龍驤」（八千トン）。改装空母「大鷹」（一万七千八百三十トン。「春日丸」改装）同「瑞鳳」（一万千二百トン。潜水母艦「高崎」改装）。

開戦後に新建造または改装された空母は十七隻（大型空母「大鳳」（三万九千三百トン）同「信濃」（六万二千トン）。軽空母「雲龍」（一万七千百五十トン）同「天城」（一万七千百五十トン）同「葛城」（一万七千百五十トン）。改装空母「隼鷹」（二万四千百四十トン。商船「橿原丸」改装）同「飛鷹」（二万四千百四十トン。商船「出雲丸」改装）同「祥鳳」（一万千二百トン。潜水母艦「剣崎」改装）同「龍鳳」（一万三千三百六十トン。同「大鯨」改装）同「千歳」（一万千百九十トン。水上機母艦改装）同「千代田」（一万千百九十トン）同「伊勢」（三万五千三百五十トン。戦艦改装）同「日向」（三万五千二百トン。戦艦改装）同「雲鷹」（一万七千八百三十トン。商船「八幡丸」改装）同「海鷹」（一万六千七百トン。商船「あるぜんちな丸」改装）同「神鷹」（二万九百トン。商船「シャルンホルスト」改装）同「沖鷹」（一万七千八百三十トン）商船「新田丸」改装）であった。

以上を見ても分かるように、開戦後、日本海軍が新建造した制規空母は、大型空母が僅かに二隻、軽空母が僅かに三隻に過ぎず、その他は全て戦力の劣る改装空母に過ぎなかったと言うのが、日本戦争経済の実力の程であった。

一方、アメリカ海軍の方はどうだったのか。

同海軍が開戦前までに竣工し保有していた空母は七隻（大型空母「レキシントン」（三万三千トン）同「サラトガ」（三万三千トン）同「レンジャー」（一万四千五百トン）同「ヨークタウン」（一万九千八百トン）同「エンタープライズ」（一万九千八百トン）同「ワスプ」（一万四千七百トン）同「ホーネット」（二万トン））。以上に見る限りでは、日米間に空母戦力の大きな乖離はなかったが、問題は、開戦後に新建造または改装された空母の隻数が、アメリカ海軍の場合、百三隻と言う圧倒的な隻数に達していたと言う事実である。このうち、アメリカ合衆国が建造し就役させた「エセックス」級大型空母は十七隻（「エセックス」（二万七千百トン　トン数以下同じ）「ヨークタウン」「イントレピッド」「ホーネット」（新型）「フランクリン」「タイコンデレガ」「ランドルフ」「レキシントン」（新型）「バーンカー・ヒル」「ワスプ」（新型）「ハンコック」「ベニングトン」「ボクサー」「ボン・ホーム・リチャード」「アンティータム」「シャングリラ」「レーク・シャンプレイン」）。「インディペンデンス」級軽空母は九隻（「インディペンデンス」（一万一千トン　トン数以下同じ）プリンストン」「ベロー・ウッド」「カウペンス」「モンテリー」「ラングレー」「キャボット」「バターン」「サン・ジャシント」）。護衛空母は「ロング・アイランド」級（七千八百八十六トン〕一隻、「ボーグ」級〔七千八百トン〕十一隻、「サンガモン」級〔一万千四百トン〕四隻、「チャージャー」級〔八千トン〕一隻、「カサブランカ」級〔七千八百トン〕五十隻並びに「コメンスメン「カサブランカ」級〔七千八百トン〕五十隻並びに「コメンスメント」級〔一万千三百七十三トン〕十隻等であった。（Samuel Eliot Morison "History of United State Naval Operations in World War II" Volume XV）

以上、アメリカ空母のそれぞれのクラスにおける同一のトン数から見て容易に判断出来ることは、他でもなく、アメリカ合衆国が、空母の建造においても、マスプロ・システムを採用することで、より多くの空母をより迅速に建造することを念頭においていたと言う注目すべき事実である。

さらにもう一つ。ここで改めて、指摘しておく必要のある事実は、開戦後の年次別建造ないしは改装の隻数を巡る事実だ。

日本海軍が開戦後竣工し就役させた空母は、一九四一年が一隻（改装空母）、四二年が四隻（同）、四三年が七隻（同）、四四年が五隻（正規空母）であったが、一方、アメリカ海軍の場合は、四一年が日本と同様一隻（護衛空母）、四二年が十一隻（正規大型空母一隻、護衛空母十隻）、四三年が四十隻（正規大型空母六隻、軽空母九隻、護衛空母二十五隻）、四四年が四十隻（正規大型空母七隻、護衛空母三十三隻）、四五年が十二隻（正規大型空母三隻、護衛空母八隻）であった。以上の隻数から判断出来るように、日米決戦の年となった四三年に、アメリカ合衆国は、太平洋戦争の全期間に亙る空母の新建造の過程で、大型空母六隻を竣工し就役させる一方で、言わば手っ取り早く建造可能な軽空母の全て（九隻）の建造に集中、事に備えたと言う事実である。

航空戦力比較

以上、日米空母戦力の比較を見たが、次に、航空機の戦力格差が両国間にどのような乖離を示していたのかを検証しておこう。

この問題については、別の機会（拙著「魔性の歴史」文藝春秋）にも述べたが、ここでは行論の都合上改めて振り返っておく必要があると考える。

太平洋戦争がその年の十二月に始まった一九四一年（暦年）、日本は陸海軍合わせて僅か五千八十八機の航空機の生産をもって未曾有の航空戦が戦われた大戦争に突入した。日本は開戦劈頭の「真珠湾奇襲作戦」を巡って、空母（航空戦力）を主戦力とする作戦に完璧とも言える成功を収めることで、現代戦の去就を根本から問いなおす戦史上の壮挙と言われるものを世界に示した。だが、この壮挙から事態の発展を学んだのは、他でもなく敵国となったアメリカ合衆国であった。「大艦巨砲主義」と言う名の慣性を振り切って、「航空優勢」と言う新しい時代の価値観を打ち立てるには、日本の戦争推進者たちは、余りにも視野狭窄であったし、また何にも増して攻勢（攻撃）の基本的原則の一つである肝腎の「航空優勢」を実現する物質的土台（国力とウォー・ポテンシャル）を欠いていたのである。

ところで一方、この同じ年、ヨーロッパを舞台に既に戦争を始めていたドイツとイギリスですら、前者が日本の生産機数の二・三倍にあたる一万千七百六十六機、後者が三・九倍に相当する二万九十四機を生産して激しい航空戦を展開していた。他方、アメリカ合衆国はアメリカ合衆国で、無論、日本との戦争を予期してはいたが、当面は、対独戦で悪戦苦闘しているイギリスやソ連（四一年六月二十二日、ドイツ軍が突如ソ連を攻撃した）に航空機を供給する必要もあって、この年、日本の生産機数の三・八一九倍にも達する一万九千四百三十三機生産していた。ちなみに、別の数字によると、開戦時における日本の陸海軍合わせての航空機の月間生産機数は五百五十機。これに対するアメリカ合衆国のそれは二千五百機と言われ、その対日倍数は四・五五倍であった。（以上数字は「日本海軍航空史」（2）軍備篇　時事通信社五百七十五頁）

以上は、単純計算による航空戦力の乖離の倍数だが、これを戦力二乗の法則に則って計算すると、生産機数での日本の戦力を一として、アメリカのそれは（大型機を一機と計算してさえ）、緒戦のこの段階でさえ、実に十四・五八倍の開きを見せていたのである。先に示した艦艇戦力の倍数どころではなかったと言うことだ。大型機の倍数を考慮した場合、航空機戦力を巡る生産力の乖離の幅はさらに十倍の開きに拡大するはずである。

ここで、先の「ランチェスターの法則」に基づく、一つの計算によると、例えば、日米間の航空戦力の乖離の倍数が、先の日本を一としてアメリカが三・八倍の場合、仮に、この比率に基づいて、日本軍の百機の戦闘機とアメリカ軍の三百八十機の戦闘機が空戦するとして、搭乗員の技術を同一とすれば、空戦の結果は、日本側が全滅の運命を味わうのに反して、アメリカ側は、三百六十六機が残存し、喪失機数は僅かに十四機と言った結果が導き出されるである。

この際、もし、日本軍側の緒戦時における搭乗員の技倆が、「防衛庁公刊戦史」の言うように、「六倍」（と言ってもこれは海軍の場合だが）だと仮定したとしても、日本軍側の全滅は必至で、他方、アメリカ軍側は、残存二百九十機、喪失九十機と言った結果となる勘定である。

以上は単なる生産機数の上での計算に他ならないが、後日、この生産機数の乖離が、日本の航空戦力の完膚なきまでの敗北に繋がって行った事実を、このことが既に黙示していたと言うことだ。

もっとも、開戦当時、日本軍側が、太平洋戦線に展開していた第一線航空機は、海軍が千二百五十機、陸軍が千三百七十五機、両者合計で二千六百二十五機であり、これに対してアメリカ軍側は、陸軍機千二百九十機（大型爆撃機B－17を含むが）、海軍機四百二機、合計で千六百九十二機であったことから見て、陸海軍を合わせた比率での戦闘機の空戦、すなわち、日本軍側の百五十五機対アメリカ軍側の百機のパリティでの空戦では、アメリカ軍側は全滅。日本軍側は、百十八機が残存、三十七機を喪失すると言う結果が導き出され、もし、日本軍側の「技倆六倍」を海軍の場合にのみ計算に入れて弾き出すと、この場合も、アメリカ軍側は全滅。これに対して、日本軍側は、百三十三機が残存、喪失は二十二機と言う結果が導き出されるのだ。事実、日本軍、ことに海軍の緒戦における一連の航空撃滅戦で成功を収めた時のアメリカ軍航空部隊の戦力は、七百機を喪失してほとんど無力化されていたと言ってよかった。このように、緒戦における日本航空部隊の第一線機の対米相対戦力、ことに海軍のそれは、圧倒的に日本軍側の優勢下にあった。

だが、問題は、先に述べたように、航空機の潜在生産能力にあった。アメリカ合衆国やイギリスを相手に制空権が決定的な意味をもつ「航空優勢」の時代の戦争に突入した日本の航空機生産量は余りにもみじめな水準にあった。

この年度の終わる四一年三月末までの日本海軍（太平洋戦争に主役を演じた）の航空機の損耗機数は六百九十三機（戦闘機、艦攻、艦爆、陸攻、陸爆、輸送機、水偵、飛行艇の合計、これに練習機を入れると七百八十五機）と言われたが、その同じ期間の生産機数は、損耗をやっとカバー出来る程度の七百六十九機（練習機を入れると九百八十一機）でしかなかったのである（損耗九〇・一パーセント）。（以上数字は前掲書五百五十八頁）

海軍の保有機数は、開戦前とほぼ同程度で、これに搭乗員の訓練不足を考慮すると、総合戦力はむしろ開戦前よりも低下していたと見られていたのである。（戦史叢書「大本営海軍部聯合艦隊」〈2〉二百二十五頁）

だが、一方、陸軍の場合は、これも別の機会にも書いたように、太平洋戦争の緒戦の段階において、「保全」を無視した愚鈍な作戦のおかげで、手ひどい損害を被っていた。例えば、一九四一年十二月二十七日、マレーのスンゲイパタニの前進基地で八十機を過集中していた第三飛行集団が、たった三機のブレンハイム機のために、地上にある航空機の実に九四パーセントにあたる七十五機に被害を受けると言った事態（炎上九機、大破二機、小破二十四機、被弾四十機）を経験していた。こうして、この一九四一年十二月だけで第三飛行集団（司令官菅原道大中将）は、定数百五十六機中その七七パーセントに相当する百二十機を喪失するか、あるいは被害を受けるかして惨憺たる状況を経験していたのである。陸軍航空部隊にとって凶事は続き、四二年一月一日の元旦早々、たった一機のブレンハイム機の奇襲によって、クワラペスト基地にあった第三飛行集団の航空戦力は、再び、二十二機の損害（炎上二機、被弾二十機）に見舞われたのであった。ハワイ真珠湾に対する奇襲作戦で、日本海軍の航空機が、地上にあったアメリカ軍の航空機を易々と撃破した〝前者の轍〟を踏んだ逆の事例の惨劇であった。地上にある航空機と言うものは、その数がいかに多くとも、それは単なる「虚」の戦力でしかないと言うことを、この事実が実証していると言ってよい。

陸軍の場合、海軍とはまさに対照的に、ほんの緒戦の時期において、そのなけなしの航空戦力に大きな打撃を受けると言う無残な結果がもたらされていたのである。（戦史叢書「陸軍航空の軍備と運用」〈2〉四百七十七～四百七十八頁）

こうして、陸軍は、開戦後、一九四一年十二月には、二百四十機、四二年一月には、

百二十機を失い、同年三月末までには早くも五百八十八機を喪失していた。（戦史叢書前掲書五百三十七頁）

さらに海軍がミッドウェイで惨敗していた四二年六月までには七百四十四機を失っていたが、この喪失機数は開戦時の南方軍航空戦力七百七十機のほぼ全数に相当する数字（九七パーセント）であった。いずれにせよ、「航空戦備は陸軍戦備最大の弱点」と言われる状況にあったのである。（戦史叢書「大本営陸軍部」〈3〉三百四十九頁）

筆者が先に、戦力二乗の計算において、陸軍航空の技術を対米六倍の計算から外したのはこのためである。

事実の背景

ところで、太平洋戦争の緒戦から全期間に亙って、日本の航空戦力が、その生産機数において、ひどく見劣りのする事実の背景にあったものは、一体、何だったのか。結論から先に言えば、非力な国力と言う下部構造に制約されて、現実に対応することが出来なかった日本の戦争指導部の作戦及び軍備思想に纏わるアポリアが常に存在していたからである。こうし事実に関して、例えば、「日本海軍航空史」の執筆者（山本親雄元海軍少将）は、海軍の場合について、次のように述べているのである。「（戦前の）わが海軍では航空機は年とともに次第に重視されるようになったけれども、作戦上または軍備上の大転換は行われなかった（中略）。しかし大東亜戦争の緒戦に、わが海軍が自ら航空機の戦艦に対する攻撃威力を明らかに実証したときようやく軍備計画の再検討に着手した」。とは言え、その対応を本格的対応と言うには、現実は余りにも遠い彼方にあった。「再検討に着手した」とは言っても、「だが艦隊編制を改革し空母中心の戦略艦隊が編成されたのは、ミッドウェイにおいて破れた直後であったことは、いかにしてもおそきに失した感が深い」とこの執筆者は嘆き、さらに続いてこう書いているのだ。「またミッドウェイ海戦後の軍備は、改⑤計画によっていよいよ航空重点に切り換えられたが、国内工業力の航空への転換は徹底を欠いていたと思われる。昭和十八年九月、第三段戦備の計画、実行に当たって、一層航空最優先の方針となったが、艦政本部の能力を航空軍備に活用する方策の如き、必ずしも万全の方策が講じられたとは思われぬのである」と。（「日本海軍航空史」（1）用兵篇時事通信社二十五〜二十六頁）

ここに述べられていることは、要するに、「国内工業力の航空への転換」が「徹底を欠」き「用兵および軍備上航空主兵への転換の時期を逸した」と言うことである。

「航空史」の執筆者は、これに続いて、こうも述べているのである。
「航空はこれを単なる一術科とみなすことなく、さらに一段高い兵術的地位に置いて考えるべきであったが、長年にわたって築かれた大艦巨砲主義の思想によって、航空兵力を補助兵力とする観念から脱却できず、このため航空用兵に関する研究も不徹底であった」と。（掲書二十六頁）

ところで、上述の「航空史」が述べているように、太平洋戦争以前ならともかく、戦争が始まってしまってから、仮に、日本が、国内工業力の航空への大幅な転換を実現したとしても、さらにまた航空を一段高い兵術的地位に置いていたとしても、既に述べた航空機の生産を巡る日米間の余りにも大きな生産力乖離から見て、当時の日本の戦争経済が、その非力なウオー・ポテンシャルをもって国民総生産（GNP）で十何倍にも開いたアメリカの戦争経済に太刀打ち出来ると言うことは神話でしかなかった。

繰り返して言えば、航空優勢の時代の到来を自らの手で実証したはずの日本海軍ではあったが、にもかかわらず、当の日本海軍の提督や参謀たちの大半は、依然として「大艦巨砲主義」と言う旧いパラダイムにその頭脳を支配されていた。しかし、これと対照的に、開戦前までは、日本人と同じ「大艦巨砲主義」に立って海軍戦略を措定していたはずのアメリカ人たちは、何事につけてもプラグマティックな思考によって物事を判断する彼らの思考様式から、敵の挙げた戦果を戦訓としてを学ぶことを忘れなかったのである。日本人が自らの成功を自らの戦力に転化することが出来ず、皮肉にも日本人の成功がアメリカ人の戦力に転化した、それが典型的な事例の一つであった。

ここで、改めて注目する必要のあることは、思考様式（世界観）と言うものもまた、重大な戦力であると言うことだ。言い換えれば、硬直化した思考様式は、他でもなくマイナスの戦力に転化し、柔軟な思考様式は、プラスの戦力となると言うことだが、実は、こうした思考様式（意識構造）の違いを規定するものこそ、物質的な土台（下部構造）であると言うことであって、当時の日本人の場合、非力なウオー・ポテンシャルが土台となって、旧いパラダイムである「大艦巨砲主義」から新しいパラダイムである「航空優勢主義」への転換を妨げる、それが根本的原因となったと言うことだ。言い換えれば、「大艦巨砲主義」と言う戦備体系と戦力構造を「航空優勢主義」へ転換するためには、国民経済の生産力の構造と体系を抜本的に転換する以外にはなく、当時の日本戦争経済にとって、そうした転換は文字通り不可能だったのである。

「空中兵力威力研究会」

もし、日本海軍が、太平洋戦争前に、非力な国力を前提に「大艦巨砲主義」を捨て、「航空優勢主義」に則って、航空戦力を主戦力とする戦備体系と戦力構造に転換していたとすれば、事態は当然異なったものとなっていたはずである。

事実、こうした先見的とも言える動きが、太平洋戦争以前にもないわけではなかった。「昭和九、十年頃から国産優秀機の出現と訓練の励行による術力の向上とによって、空中兵力の威力大いに増進し、昭和十一年頃から航空主兵、戦艦無用の論議が盛んになってきた」と先の「航空史」の執筆者は書いている。「しかし海軍軍備の重点を戦艦から航空兵力に転換すべしとの意見は、多年にわたって築き上げられた大艦巨砲主義の思想とは相容れないものであったから、軍令部、軍務局では先走った空論であるとして、あまり問題にしなかったのである。だが目覚ましい航空技術の進歩と術力の向上により、将来の航空機の威力が著しく増大するであろうことについては、何人といえども目を蔽うことはできなかった。そこで昭和十二年六月になって、作戦並びに軍備計画上の資料とするため、今後七年ないし十年後に常用することになると予想される各種航空機（特に大型機――引用者）の威力要素を研究する目的をもって、「空中兵力威力研究会」なるものが中央に組織されたのである」と。（前掲書百五十三

頁）

しかし「この研究会は当時の航空教育部長大西大佐（大西瀧治郎――引用者）を中心とする航空本部側の強い要請に基づいて、軍務局がしぶしぶこれに同意して組織されたもので、もともと軍務局も軍令部も乗り気でなかった」と言われる体のものであったと言う。（前掲書百五十四頁）

だが、ここで、改めて注目しておく必要のあることは、太平洋戦争以前に、少数意見ながら、航空主兵の思想が海軍内部においても存在していたと言う事実であり、この少数意見を代表していた人物こそ、他でもなく、大西瀧治郎中将（当時大佐）であったことについてはすでに述べたとおりだ。しかも、筆者が特に興味を持つのは、当の大西が、当時の日本の国力とウオー・ポテンシャルの非力を思考の土台として、彼の所論を展開していたと言うことであって、その事実が、薗川大佐の戦後の回想の中で語られているのである。

「当時の航空教育部長大西大佐は、今後の海軍軍備の重点を戦艦から航空機に置き換え、海軍そのものを空軍化することの必要を説く急先鋒であって、異常な熱意をもってその実現に努力された」と薗川は述べ、当の大西の所論を次のように紹介しているのである。

「経済的に貧乏な日本が戦艦中心主義の英米と同一思想の下に軍備を計画したとて到底及ぶべくもない。今や空中威力は驚異的に躍進し、海上決戦の様相は一変した。この際従来の用兵思想を一擲し、日本の国情に即した最も経済的で、しかも将来の海戦に最も強力な軍備を充実することがきわめて重要で、それには海上兵力を犠牲にして航空兵力を充実することが先決である。米英が旧思想の下に軍備を整えていることは日本にとって神の救いである。この信念に立って自分は省内各部当局当事者に説明を続けてきたほか、余暇をみては各軍事参議官や大将連を歴訪して、所信を開陳しその意見を求めている。これら大官連はその場では、至極もっともな意見であるから、是非その実現に邁進するよう激励されるので喜んでいると、次の日には次官から海軍の異端者であるかの如き注意を受けた。しかしそれくらいでこの重大問題の解決を挫折することはできないので、執拗に説得を続けた。またこの問題については私自身も言動について慎重の上にも慎重を加え、言葉尻を捉えられて職員服務令に違反しないことを心懸けていたので、当局としても私の口を封ずることはできないと見て、今度の空威研究会の発足となった」と。

この大西の言葉に触れて、薗川は次のように語っているのである。すなわち、「これでわかるように大西大佐は戦艦無用論とか、航空主兵論であるとか刺激的な表現を避けて、当事者の良識に訴えて思想転換を図ったのである。しかし、大艦巨砲主義という日本海海戦以来の海軍の伝統的用兵思想を覆すことは不可能であった」と。(前掲書百九十一~百九十二頁)

大西の所論から見ても解るように、彼は、日本と英米の国力やウオー・ポテンシャルの雲泥の格差を見据えつつ、艦艇か航空機かと言う、戦備体系と戦力構造のまるで異質とも言える海軍戦力が、互いにトレードオフの関係に立つ日本の実情の中で、艦艇の建造に投入される戦争資源を航空戦力に傾斜的に投入することを主張したのであった。しかも、大西は、「米英が旧思想の下に軍備を整えていることは日本にとって神の救いである」と見ることで、筆者が先に述べた、敵の硬直したパラダイムは味方の戦力に転化すると言う事実を指摘しているのである。

ある試算

ここに、当時の航空本部が作製した「経費より見た軍艦と陸上攻撃機との比較」と言う一つの試算がある。この試算によれば、主力艦四万トン(搭載機数四機)の建造費をもって創設可能な基地攻撃機の隊数は一・四四隊、主力艦の維持費をもって代替可能な隊数は一・三五隊、その総隊数(以上の合計)は二・七九隊。この隊数が保有する基地攻撃機数は、平時常用機数で三十二・五機、戦時常用機数で六十七機。主力艦五万トン（搭載機数六機）の場合は、それぞれ一・八〇隊、一・七一隊及び三・五一隊、並びに四十二機及び八十四機。甲巡一万千六百トン（搭載機数四機）の場合は、それぞれ〇・六七隊、〇・九七隊及び一・六四隊、並びに十九・八機及び四十機。乙巡八千五百トン（搭載機数六機）の場合は、それぞれ〇・四九隊、〇・九五隊及び一・四四隊、並びに十七・三機及び三十五機。空母一万五千トン（搭載機数五十機）の場合は、それぞれ〇・九四隊、二・二八隊及び三・二二隊、並びに三十八・六機及び七十七機と算出されているのである。（以上数字は「日本海軍航空史」（2）軍備篇千六頁）

既に述べたとおり、開戦当初、日本海軍が保有していた主力艦は隻数で十隻、総トン数で三十万千四百トン。もし、仮に、これを上述の試算に従って、主力艦四万トンのケースに当て嵌め、単純計算すると、日本海軍が「大艦巨砲主義」を捨て、これを基地攻撃機の航空戦力の創設に振り向けたとすれば、その戦時常用機数は、主力艦七・五三五隻の建造費と維持費に相当する五百四・八四五機と言う数字が算出される。（主力艦五万トンの場合は、隊数六・〇二八隊、機数五百六・三五二機）

さらに、井上成美の所論にも主張されているように、基地航空優先のためには、戦艦も巡洋艦も不要とする〝不沈空母論〟に依拠するとすれば、どのような計算が算出されるのか。

　これも既に述べたとおり、開戦当初、日本海軍が保有していた重巡は、隻数で十八隻、総トン数で十五万八千八百トン。軽巡は、それぞれ二十隻及び九万八千九百トン。これを上述と同様の計算基礎に立って算出すると、重巡の建造費と維持費相当の陸上攻撃機の戦時常用機数は、重巡十三・六九隻のそれにあたる五百四十七・六機。軽巡の場合は、十一・六三五隻のそれにあたる四百七・二二五機と言う数字が算出され、主力艦を含めた相当機数の合計は、千四百六十機と言う機数が弾き出される勘定だ。主力艦と巡洋艦の全てを含めて、陸上攻撃機に代替したとしても、この程度の数字であって、アメリカ合衆国の航空機生産機数と比較すれば、ほとんど問題にならないと言うのが（大西や井上の主張にもかかわらず）、当時の日本の現実であったと言うことである。

ランチェスターの法則

$\beta \cdot (X_0^2 - X^2) = \alpha \cdot (Y_0^2 - Y^2)$

X：B軍のある時刻における戦闘員（艦艇・航空機）数

Y：A軍のある時刻における戦闘員（艦艇・航空機）数
X0：B軍の初期戦闘員（艦艇・航空機）数
Y0：A軍の初期戦闘員（艦艇・航空機）数
α：A軍の武器（練度）の性能（有形・無形の戦力倍数）
β：B軍の武器（練度）の性能（有形・無形の戦力倍数）

年ごとに開く乖離

ここでもう一度、航空機生産の問題にもどろう。既に述べたとおり、開戦時、日本は、陸海軍合わせて、僅か五千八十八機の年間生産機数をもって「航空優勢」時代の現代戦に臨み、自らの作戦行動の成果によって、皮肉にも「航空優勢」時代の幕を上げたのであった。

ところで、開戦二年目の四二年に至って、日本は、八千八百六十一機の航空機を生産していたが、主敵アメリカ合衆国の生産機数は、実に四万七千八百三十八機と圧倒的な量を実現し、この年における日米の相対戦力は、単純計算で前年の一対三・八からさらに乖離して一対五・四と開くに至った。戦力二乗の倍数では、日本の一に対して、アメリカ合衆国のそれは二十九・一倍と言う、文字通り圧倒的な格差をもっての開きであった。

ちなみに、この年のドイツの生産は一万五千五百五十六機、イギリスのそれは二万三千六百七十二機で、単純計算でさえ、日本のそれぞれ一・八倍及び二・七倍と開いていたと言うのが各国の航空戦力の実態であった。参戦諸国と比べて、日本がいかに航空戦力の造成において劣勢であったかをこの数字が物語っている。しかも、航空機は、あらゆる兵器と同様、激しい消耗に見舞われる。消耗を補充するのは他でもなく生産の絶対数である。戦力二乗の法則が貫徹する戦闘の諸局面において、生産の絶対数が敵と大きく乖離していればいるほど、消耗の絶対数はより大きいと言う現実過程を考慮すれば、日本の航空戦力が、その劣勢を倍加して行くことは、余りにも明々白々とした事実であった。言い換えれば、航空戦力の喪失は、敵との戦力パリティにおいて、単純計算上の比例関係として現われるのではなく、戦力二乗の関係として現われると言うことである。

ところで、「海主陸従」の戦となることが予想されていた太平洋戦争において、航空戦の主役を演じたのは海軍だが、「防衛庁公刊戦史」の指摘するとおり、この海軍にしてからが、「開戦前に、航空機の消耗について深く検討した資料は見当たらない」と言われているのである。（戦史叢書「大本営海軍部・聯合艦隊」〈6〉百七十一

頁)

つまり、日本の戦争指導部は、生産機数と喪失機数の関係をほとんど考慮することがなかったと言うことである。

もっとも、四二年初頭に、当時の伊藤整一軍令部次長の商議に応じて、澤本頼三海軍次官が回答したと言われる文書があるが、この文書の中で、航空機損耗をめぐって、初年度七〇パーセント、二年度六三パーセント、三年度五六パーセント、それ以降五〇パーセントと言う漸減の見積もりがなされている。海軍が、「航空優勢」の作戦思想の下で、戦争の実態や日本の生産力を考慮することなく、アメリカ合衆国を中心とした連合諸国との間の航空戦力の造成をめぐる生産と消耗の関係が、専ら自らの側に有利に展開すると言うありもしない仮説に立って物事を見ていたと言うことの、これは一つの証明でもあった。航空戦力の消耗が、年とともに相対的に漸減して行くためには、少なくとも、日本が敵に勝る生産機数を逐年増勢することの出来る生産力の実現が前提とならない以上、不可能な事柄であった。事実、対敵パリティは、年々、日本にとって劣勢の幅を拡げ、航空機の消耗率は逆に年ごとにますます高まって行ったのである。

ちなみに、太平洋戦争の主役となった海軍航空隊の場合、開戦の一九四一年十二月から四二年十一月の一ヵ年の間の外戦部隊航空機の消耗機数の比率（供用機数に対する消耗機数の比率）は一三五パーセントにも達していたのだ。（以上数字は「日本海軍航空史」（２）軍備篇五百四十七頁）

以上は外戦部隊の場合だが、全体の統計で見ると、四二年度の場合、四月一日現在の保有機数千六百三十四機（練習機を含めると二千百九十五機）、年度間の生産機数は三千五百八十一機（同上四千四百四十三機）、これに対する消耗機数は二千五百六十八機（同上二千九百八機）となり、生産機数に対する消耗機数の比率は七一・七パーセント（同上六六五・四パーセント）であった。（以上数字は同上書五百五十八頁。但し、同資料では練習機の年度間生産機数は八百六十三機となっているが、筆者の検証では八百六十二機）

腐敗と虚偽の構造

ところで四二年五月の珊瑚海での損失も、同年六月のミッドウェイでの惨敗も、同年八月から始まっていたガダルカナルでの死闘も全て四二年度を中心とした事態であるが、この時期、奇妙なことにこうした航空戦力の一大消耗の状況下にあって、アメリカが、日々、日本をはるかに上回るピッチで航空機の大増産に注力し、惜しみなく航空戦力を戦場に投入していたのと対照的に、日本の航空機生産にはまるで腰が入っていなかった。ミッドウェイの戦訓に衝撃を受けた軍令部は、従来の⑤計画を航空戦力の増強を中心とした改⑤計画に改めていた。昭和十七年度戦時航空兵力造成計画」と言われるものがそれであった。しかし、アメリカ合衆国戦略爆撃調査団報告が指摘しているとおり、「一九四二年にはアルミニウムは記録的増産となったとはいえ、その絶対量はまだまだ相対的に低かった。だがそれよりももっと注目すべきことはアルミニウムの配分であって、全量の僅か六九パーセントが航空機生産用に向けられたにすぎないということである。相当量のアルミニウムが禁止された用途に横流れしていたから、この数字は航空機へ回った比率を過大に示していた。ことにアルミニウムに関する限り、一九四二年においてもっと精力的な航空機増産が可能だった筈である。しかるに航空機工場能力の大規模な拡大は、この年の年末、緊急の必要に迫られるまで行われず、そしてそれの充分な結果が現れたのは一九四四年に入ってからであった」（アメリカ合衆国戦略爆撃調査団報告前掲書三十八頁）

戦時統制経済の下でさえ、いや、むしろ、戦時統制経済下であればこそ、横流しという名の腐敗が進行していたのだが、それにしても太平洋戦争真っ只中の、しかも伸るか反るかの戦いの時に、航空機生産がこの有様であったと言うことは、驚くべき事実であったと言わねばならない。戦時における挙国一致などと言う言葉は、タテマエに過ぎず、ホンネの部分に腐敗がはびこる、まさにこの実態こそが、太平洋戦争を戦う日本軍国主義の虚偽に満ちた真の姿であった。これもまた、太平洋戦争が戦後の世代に残した忘れられてはならない一つの戦訓であったと言ってよい。

それはともかく、航空機生産を巡って、腐敗と虚偽の責任を負う者は、ひとり航空機の生産会社ばかりではなかった。むしろ軍部の方により重い責任があったのである。ミッドウェイで大敗を喫した海軍の戦争指導部は、自らの犯した全く弁明の余地のない作戦上の大失策をひたすら隠蔽しようとし、そのために、戦果を過大に、損害を過少に発表する、ウソの代名詞となった周知のごとき〝大本営発表〟を臆面もなくやってのけたのであった。

「大本営発表」に関して言えば、ミッドウェイを巡る日米の戦いは、悲観的に見積もって互角か、楽観的に見積もれば日本の勝利であった。だが、この「大本営発表」が、余りにも皮肉なことに天に向かってツバを吐く行為となったのだ。「大本営海軍部は、ミッドウェイ作戦についても勝利を収めたとみられる発表をした。そのため飛行機増産の海軍の切実な要求は、民間会社に充分に理解できず、生産力を余りに拡大し過ぎれば、戦争終結後、その後始末に困るようになるのではないかと、不安を抱くに至っ

ていたところも出ていた」と言われる笑うに笑えぬ状況がそれであった。（戦史叢書「海軍航空概史」二百八十二頁）

勝っているならわざわざ航空機を増産する必要もなかろう、余ったアルミニウムは横流しすれば儲かると言うのが、いつわらぬ資本の論理であった。戦争の大局を見ることが出来なかった日本の企業家たちが、愚鈍な眼差で闇取引の儲けにほくそ笑んでいた丁度「そのとき南東方面（ガダルカナルを中心としたソロモンとニューギニア等）において、大航空消耗戦が起こり、その消耗率は実に九五パーセント（戦場に投入された航空機百機に対して年率九十五機の割合で喪失）に達し、計画どおり増産が進んでいなかったこともあって、海軍は飛行機の不足から戦況不利に陥った。この消耗戦により早くも改⑤計画は崩れ始めた」と言われる状況が現出したのである。（括弧内――引用者。同上書二百八十二頁）

貧すれば鈍するの譬《たと》えが、太平洋戦争の敗戦の局面における日本の戦争指導部の作戦指導に通じる事例は、余りにも多い。

ちなみに、太平洋戦争の全期間を通じて、日米両軍との間に、最も激しい航空消耗戦が演じられたのは、上述の南東方面での戦いにおいてであった。この南東方面における戦いこそ、他でもなく、持てる国と持たざる国の勝敗を分けた決定的な分水嶺となった戦いであった。例えば、日本海軍の場合、太平洋戦争の全期間を通じて喪失した航空戦力の総数二万七千二百機（概数）のうち、艦載機の喪失機数五千八百機を除いた基地航空機の喪失機数二万千四百機の戦域別喪失機数は、ラバウル・ソロモン方面が最大で、七千五百機（三五・〇パーセント）にも達した。次いで多かったのは、沖縄方面での三千二百機（一五・〇パーセント）、内地方面での三千百機（一四・五パーセント）、ルソン方面での三千機（一四・〇パーセント）、サイパン方面での千五百機（七・〇パーセント）、台湾方面での千二百機（五・六パーセント）、パラオ・ミンダナオ方面での六百機（二・八パーセント）、トラック方面での三百五十機（一・六パーセント）、マーシャル方面での三百二十機（一・五パーセント）、マレー方面での三百機（一・四パーセント）、ニューギニア方面での二百五十機（一・二パーセント）、硫黄島方面での五十機（〇・二パーセント）、ギルバート方面での三十機（〇・一パーセント）であった。（以上数字は「日本海軍航空史」（2）軍備篇五百五十二〜五百五十三頁）

以上の数字がはっきりと物語っているように、航空優勢下での太平洋戦争の勝敗の分岐点となったのは、四二年八月から始まった南東戦線での航空決戦であった。

以上、戦域別航空機の損耗に関して、陸軍の場合、筆者の手元に詳細な数字はないが、陸軍が航空機を損耗した最大の戦域は、ニューギニア及びフィリピンであって、前者の場合、この戦域に補給されていた陸軍航空機の機数二千八百機（数字は戦史叢書「陸軍航空の軍備と運用」〈3〉四百九十七頁）、ニューギニアを中心とする南東戦域で、四三年一月から四月までの期間に三千機以上を喪失（数字は戦史叢書「陸軍航空兵器の開発・生産・補給」三百九十六頁）、後者の場合、これもまた、四四年九月から十二月の短期間に、ほぼ同数の三千機の損耗機数が記録されているのである。（数字は同上書四百七十七頁）

激しく乖離する日米航空戦力

こうした戦況下で、日本の航空機生産にやっと拍車がかかったのは、四三年になってからのことであった。ガダルカナルを中心としたソロモンでの一大消耗戦をつうじて、航空戦力の重要性について今更ながら思い知らされた「艦隊決戦至上主義」の日本海軍が、増産に意欲を燃やさざるを得なかったことと、さらに他方、それまで専ら中国大陸やソ満国境を意識して「地上戦至上主義」と言う古いパラダイムないしは慣性に頭を支配され、地上軍備に重点を置いてきた日本陸軍が、いささかなりとも自らの眼前に生起している事態の切迫性に気付き始めたからであった。一万六千六百九十三機と言うのがこの年の生産機数だったが、主敵アメリカ合衆国は、この年、実に八万五千八百九十八機の驚倒すべき数の生産量を挙げ、日米間の生産を巡る相対戦力は単純に計算しても依然として一対五・一の大きな格差を示し、戦力二乗の計算の下では、これがさらに開いて、日本を一とした倍数で、アメリカは、二十六・五倍の倍数となっていたのである。

日米間の生産パリティを巡って改めてここで強調しておく必要のあることは、生産機数の中身であった。と言うのも、アメリカ合衆国の生産機数の中には、重量の重い超大型の戦略爆撃機（B－17、B－24、後のB－29等）の生産シェアが年とともに次第に大きくなって行ったと言う事実を考慮に入れなければならないからだ。先述の日米間の倍数の格差は、この大型機の重量比を考慮に入れると、一層その格差を拡げたと言うのが現実の姿であった。これらの初期の大型機（B－17）でさえ、日本軍にとって、戦術的には、「現用零戦ノ多数ヲモッテ全弾打チ尽ス迄攻撃スルモ之ヲ撃墜スルヲ得ザル状況ニシテ」（戦史叢書「大本営陸軍部」〈4〉三百三十七頁）と言われる厄介な代物であり、戦略的には、後日、戦争の策源である日本本土の空襲に投入されることで（主としてB－29）、太平洋戦争の終結に決定的な役割を果たしたことは周知のところである。

ところで他方、ドイツの場合、この年の生産機数は二万五千五百二十七機と日本の一・五倍、イギリスの場合は、二万六千二百六十三機とこれまた日本の一・六倍の生産実績を挙げていた事実から見ても分かるように、繰り返していえば、第二次大戦の主要参戦諸国の中でも、航空機生産を巡る日本のウオー・ポテンシャルには、余りにも大きな懸隔（比較劣位）があったと言うことである。

四三年度の場合、海軍の四月一日現在の保有機数二千二百四十機（練習機を含めると三千四百五機）、年度間の生産機数、七千六百九十五機（同上九千九百五十二機）。これに対する消耗機数は五千六百十機（同上六千三百機）を数え、生産機数に対する消耗機数の比率は七三・九パーセント（同上六三・三パーセント）に上り、既述の澤本頼三海軍次官の予想をはるかに上回る消耗を記録したのであった。（以上数字は「日本海軍航空史」（2）軍備篇五百五十八頁。但し、同資料では輸送機の年度間消耗機数が脱落しているが、筆者の検証では六十機）

日日戦争　木によって魚を求める

事態がひどく切迫していたその折りも折り、日本の戦争指導部は、一機でもより多くの航空機を生産するため、四三年九月、藤原銀次郎を査察使とする航空機工場の査察を実施していた。藤原の査察結果によれば、航空機生産を巡って、もし陸軍と海軍が生産を一元化し、原材料や施設や労務を巡る従来の陸海軍の分取り合戦による無駄を排除するなら、年間四万五千機の航空機生産は可能であって、この場合、もし、小型機の比率を増加させれば、五万機の生産も可能と言うのであった。藤原査察団の査察にはかなり徹底したものがあって、「ジ・アルミ屑の処理について突っ込んだ究明」が実施されていたと言われる。「多くの工場ではジ・アルミ屑が山と積まれていた」と言う当時の状況について「防衛庁公刊戦史」は次のように述べている。「それらは再製会社の手を経て弁当箱や鍋、薬缶等に流用され、闇商人の懐を肥やしていることがわかった。藤原査察使は今後ジ・アルミは屑と見なさず、他の屑とは別途区分して大切に保存せよと細かく警告した。（中略）アルミで飛行機を作る場合、その約二〇％は切屑になり、この切屑を再生してまた飛行機を作る。この行程を繰り返しつつ極度に屑を利用してゆけば、数理上では材料の九五％までが飛行機になるということであった」と。（戦史叢書「大本営陸軍部」〈7〉二百五十六頁）

無資源国日本の、それが爪に火を点す類の増産計画であった。

もっとも、ここで、改めて注目しておく必要のある事実は、戦後の日本でなら、資源のリサイクルと言ったことは、コストを下げるための企業一般の常識だが、それが、こともあろうに、巨大な戦争を戦っている当時の日本企業の常識ではなかったと言う奇妙な事実だ。こうした資源のリサイクルが行なわれていなかったのは、実は、他でもなく、もし、それを実施すれば、「流用」による闇商売の儲けが減ってしまうからであった。無資源と言う薄氷の上で、国家の命運を賭して、文字通り伸るか反るかの戦いをやっていた時、日本の戦争経済を牛耳っていた当時の企業家たちの行動を支配していたものは、〝浮利〟を追う貪欲な資本の論理であったと言う事実を、このことが如実に物語っていると言ってよかろう。

四三年九月三十日、この日の御前会議で昭和十九年度の航空機生産計画四万機以上、アルミニウム二十一万トン以上の目標が決定されていた。以後、航空機とアルミニウムの配分を巡って惹起した陸海軍の対立は、太平洋戦争下における〝日日戦争〟と日本人自身が自らを皮肉った文字通りの茶番劇に他ならなかった。海軍は二万六千機の確保を目標に陸軍に対する交渉に臨もうとしていた矢先、陸軍は当初の二万三千機から三万一千機に計画を嵩上げし発注し始める始末であった。航空機生産計画を四万機以上、場合によっては先の藤原の算盤が弾いた四万五千機とするなら、海軍は二万六千機、陸軍は一万九千機にせよ、と言うのが、海軍側の強硬な主張であった。事は、四四年に持ち越されていたが、陸海軍の対立はいよいよ激化する一方であった。海軍は、物事の決着をつけるため軍令部総長による天皇への上奏を計り、これに対抗して陸軍は内閣総辞職をちらつかせると言った有様であった。事態に決着がつけられたのは、四四年二月十日の御前会議においてであったが、海軍側の算盤の弾き間違いと言ったとんだちょんぼなどもあって、いずれにせよ、陸海軍合計の総生産機数を観念的に嵩上げすることで、海軍二万五千百三十機、陸軍二万七千百二十機、合計五万二千二百五十機と言うのが、数字合わせの結果であった。

四四年二月十日の御前会議での陸海軍のやり取りが、いかに子供じみた表現と揚げ足取りに終始した会議であったかについて、この会議に出席した陸軍側の佐藤軍務局長の次のような講述がある。当時の雰囲気を伝える上で興味深い記述なのでいささか長いが以下に引用する。

「永野総長は『同じ日本人の男の子でも、山で育てば金太郎となり、海辺で育てば浦島……』と言って海洋作戦では海軍航空でなければならない。洋心で敵艦隊を捕捉し、高速回避の目標に爆弾、魚雷を命中させるには海軍航空でなければできないことを強調した。杉山総長は『それでは海軍に航空機を全部あげたら、この戦勢を挽回できるか』と反問したら、永野総長は『そんなことを確約はできない。それは貴方だって同じことだろう』と応酬し、たちまち東條陸軍大臣と衝突し、険悪な空気になったので岡軍務局長がお茶をだし空気の転換を図った。その後尖鋭化した空気も少しばかりなごやかになり、杉山参謀総長、秦参謀次長からも活発な論議が出され、海軍側からの応酬や意見がでたが、依然妥協点に達せず、互いに是とする戦略思想に基づく論議に終始した。そこで私が、昨年絶対国防圏の連絡会議の際、軍令部総長は『マーシャルは太平洋洋上最も有利な戦略拠点であり、もしこれに敵が進攻してきた場合はわれに有利な海上決戦生起の算が大であり、この機会に聯合艦隊は全力をもって邀撃撃砕する』旨主張されましたが、最近マーシャルに敵が来攻した時はどうでしたか、聯合艦隊どころか飛行機さえ出なかったのではありませんか。聯合艦隊全力をもって日本海大海戦のような洋上決戦をすることは今や夢です。敵の上陸を待って、泊地及び水際でこれを撃滅するほかに方法はありません。洋上決戦が理想であり、待望することではあるが、それが全くできないのが現実の姿であります。陸上基地を枢軸として陸海空の三位一体の戦闘こそ、今や残された唯一の戦闘法であり、最早太平洋の主人公は海軍ではありませんというような要旨のことを述べた」と。（戦史叢書「大本営海軍部・聯合艦隊」〈5〉二百二十一〜二百二十二頁）

陸海軍の内部で行なわれていたこうした喧々囂々《けんけんごうごう》の論争も、実は皮肉なことに現実の物資動員計画から見れば、フィクションの上に立った茶番劇に他ならなかった。当時、企画院物動主任調査官であった田中申一の記録「日本戦争経済秘史」を引用しつつ、「防衛庁公刊戦史」は次のように指摘しているのだ。「十八年度のアルミ一五万屯捻出の場合でさえ、企劃院の事務当局は『企劃院が陸海軍の圧力に押されて、心ならずも陸海軍の希望する物動計画を作りあげたことはきわめて遺憾であった。十八年春において企劃院が粒々辛苦の末ようやく鋼材四三〇万屯、アルミ一一万の供給力を物動面に計上するところまで漕ぎつけたが、この苦心の数字も陸海軍の強烈な要求量を充足することはできなかった。しかし、ぎりぎりいっぱいに膨らませた生産力を、さらにこれ以上引き上げることは、木によって魚を求める類であった。この状態では陸海軍の要求を充足する道はただ一つしか残されていなかった。すなわち架空に近い条件を前提にして机上で増産計画（鋼材五〇〇万屯、アルミ一五万屯）を捏造することである。当時の主任者がその不可能を知りつつ、陸海軍の猪突的な気合に押されて、あえてこれを行ったことは、わが物動史上の悲劇であった」と述懐しているほど無理な数字であった。ところが十九年度には前記の一五万屯からさらに二一万屯以上に増産を要求され、結局精査の末一九七万屯をもって発足することとなった。したがって、このアルミ供給量たるや、きわめて不安定な、ほとんど実現不可能な基礎の上に立った数字であることを知れば、陸海軍がこれ以上一屯も譲れぬとまで鎬を削ってその取

分を争ったことも、まことに無意味に思えるのである」と。（戦史叢書「大本営陸軍部」〈7〉二百四十二頁）

物動の根幹、つまり、ウオー・ポテンシャルの根本に関する論議をまるで抜きにして、ただ、陸軍と海軍が己れの面子《メンツ》のみにかけ、架空の数字を弄び、徒に時間を費やしていたこの人間の愚行のドラマをなんと論評してよいのか、筆者には言葉もない。

〝基礎からの再建〟と特攻

一九四四年。この年、日本の航空機生産は太平洋戦争中の年間生産機数のピークを記録していた。日本は、今や渾身の力を振り絞り、なけなしの資材を掻き集めて航空機を作った。だが、先の御前会議で決定した架空の機数、「五万二千二百五十機」ではなく、その半分に近い（五四パーセント）二万八千百八十機と言うのがこの年の生産機数であった。一方、主敵アメリカ合衆国は、九万六千三百十八機を生産。日本の対米格差は機数だけの単純比較で一対三・四、戦力二乗の倍数で、一対十一・七倍に縮まったとは言え、大型機の重量比を考慮すればその倍数は遥かに大きく乖離していた。しかし、それよりもなによりも、日本が文字どおり渾身の力を全て出し尽くしてさえ、アメリカ合衆国との間の相対戦力の格差を縮め得た限度が、この程度のものであったと言う現実こそが重要であった。ちなみに、この同じ年、ドイツも最後の拍車をかけ大増産を実施して三万九千八百七機を生産していたが、この機数ですら日本の一・四倍の倍数であった。イギリスは二万六千四百六十一機を生産していたが、これは日本の生産の九四パーセントに相当する数字であった。

一九四四年と言う年は、日本の航空戦力にとって決定的な意味をもつ年であった。ソロモンおよびニューギニアにおける空の死闘の中で、日本はなけなしの航空戦力を消耗していたが、中部太平洋における航空戦において消耗に一層の拍車がかかっていた。「十九年になっての戦闘で、日本側は内線の利を占め、かつ航空基地の所在では、有利であるべきはずであった」と「防衛庁公刊戦史」は述べている。「しかし結果は、『あ』号作戦では基地航空部隊も機動部隊も、米国の高速機動部隊の各個撃破に敗れるという結果となった。（中略）日本海軍は『あ』号作戦で航空戦力を消尽し、ほとんど基礎から再建を要する状況」に追い込まれたのであったと。（戦史叢書「大本営海軍部・聯合艦隊」〈6〉百七十二～百七十三頁）一方、陸軍の航空戦力は海軍に比較して消耗は少なかったとは言え、海軍が「マリアナ沖海戦」で消耗していた頃、本土、中国、南西方面に展開していた機数は、二千機を割る状態だったと言われているのだ。（以上数字は同上書百七十三頁）

四四年度の場合、海軍の四月一日現在の保有機数四千六百二十一機（練習機を含めると六千四百九十六機）、年度間の生産機数、一万千三百二十一機（同上一万四千百六十一機）。これに対する消耗機数は九千七十機（同上一万三百三十機）となり、生産機数に対する消耗機数の比率は、八〇・一パーセント（同上七二・九パーセント）に上り、ここでもまた、消耗率は、先の澤本頼三海軍次官の予想をはるかに上回り、年ごとに増大すると言った有様であった。（以上数字は「日本海軍航空史」（2）軍備篇五百五十九頁）

ともあれ、海軍の場合の、上述の「基礎からの再建」と言われるものは、一瞬の休みもなく急進撃する連合軍の追い上げの前には、文字どおりの画餅に過ぎなかった。この年の十月から始まったフィリピンにおける「捷一号作戦」を通じて、日本の航空戦力は、陸海軍を問わず、「基礎からの再建」どころか壊滅的な状態へと突き落とされたのである。だが、この時、言葉の別の意味においての「基礎からの再建」が強行されていた。まさにそれこそが、正常な航空戦力に取って代わった（正常な航空戦力の自滅を意味する）特攻に他ならなかったのである。

一方、陸軍の場合も同様、航空本部が、この年の七月十三日に提出していた「昭和十九年度軍需動員一部修正意見」に盛られた「飛行機整備計画ノ変更」にもあるように、「体当リ攻撃ノ実施ニ伴フ戦闘機、爆撃機ノ増産」と言う特攻戦備のための器材的準備が進められていた」のである。（戦史叢書「陸軍航空兵器の開発・生産・補給」四百四十九頁）

一九四五年。日本の無条件降伏は、客観的に見て今や時間の問題であった。しかし、日本の戦争指導者たちは、まるで罠に掛かった獣の最期のように、なお必死の形相をもって足掻《あが》いていた。この年（無論八月までのことだが）、日本は八千二百六十三機の航空機を生産していたが、アメリカ合衆国の四万六千一機に比べると到底比較に値する数字ではなかった。日本の対米パリティは、単純な数字面の計算においてすら、太平洋戦争中の最大の比較劣勢を見せ、一対五・六にも開き、戦力二乗の計算の下では、実に一対三十一にも拡大していたのである。ちなみに、この同じ年、イギリスは、日本の四六パーセント増の一万二千七十機を生産していたと記録されている（ドイツの数字は明らかではない）。

四五年度の場合、海軍の四月一日現在の保有機数六千三百三十五機（練習機を含めると九千百十機）、年度間の生産機数は僅かに二千四百九十二機（同上二千八百四十機）。これに対する消耗機数は四千九百九十二機（同上五千九百六十二機）となり、生産機数に対する消耗機数の比率は、実に二〇〇パーセント（同上二一〇パーセン

ト）にも達する有様であった。（以上数字は「日本海軍航空史」（2）軍備篇五百五十九頁）

（注）以上の陸海軍合わせての年度間総生産機数は戦史叢書「陸軍航空の軍備と運用」〈2〉四百三頁による。但し、ドイツの場合は誤植があると思われるので、一九四一年～四四年の機数についてはコーヘン「戦時戦後の日本経済」前掲書上巻三百四頁の数字によった。航空機の中には戦闘機、爆撃機、偵察機、練習機、グライダー、飛行艇を含む。但し、日本の場合、四四年以降の数字に特攻機を含むが、「桜花」は含まず。

戦力二乗の法則が示したもの

先に筆者は、航空戦力の喪失は、敵との戦力パリティにおいて、単純計算上の比例関係として現われるのではなく、戦力二乗の関係として現われると述べた。この事実をここで改めて検証しておく。

ある統計によると、開戦時の日米両国の航空機保有機数は、アメリカ合衆国が一万七千六百機（陸軍一万二千三百機、海軍及び海兵隊五千三百機）。これに対して日本の保有機数は六千九百四十六機（陸軍四千八百二十六機、海軍二千百二十機）。戦時中の喪失機数は、アメリカが二万一千五百五十五機（陸軍一万三千五十五機、海軍及び海兵隊八千五百機）。これに対して日本の喪失機数は、四万三千百十五機（陸軍一万五千九百二十五機、海軍二万七千百九十機）。終戦時保有機数は、アメリカ合衆国が十万七千機（陸軍六万六千機、海軍及び海兵隊四万一千機）。これに対して日本の保有機数は一万六千二百二十七機（陸軍八千九百二十機、海軍七千三百七機）であった。（数字は「日本海軍航空史」（2）軍備篇千四頁。但し、戦時中喪失機数のうち日本の機数「合計」は原資料では四万三千百五機とある）

以上の数字に基づいて、日米両国の損耗率を弾くと（戦時中喪失機数／開戦時保有機数＋戦時中喪失機数＋終戦時保有機数）、アメリカのそれは、僅かに一四・七パーセント、これに対する日本のそれは、アメリカの四・四倍強にも達する六五・〇パーセントとなっているのだ。戦力が比較優位にあればあるほどその損耗率は少なく、戦力が比較劣位にあればあるほどその損耗率は大きいと言うことを、この数字が如実に物語っていると言うことである。

ところで、ここで改めて指摘しておく必要のある事実がある。上述の数字が示しているように、太平洋戦争の全期間を通じて、日本の場合、海軍の喪失機数が陸軍のそれを一・七一倍も上回っており、他方、終戦時の保有機数では陸軍のそれが海軍のそれを一・二二倍も上回っていると言う事実がそれだ。この事実が示しているものは、言うまでもなく、太平洋戦争を巡る航空戦の主役は海軍であったと言うことであって、こうした事実を無視して、〝日日戦争〟が行なわれていたと言うのは、敵を利す以外の何者でもなかったと言うことだ。

陸軍航空の実相と矛盾

本来、陸軍航空の基本的な用兵思想は、伝統的に、仮想敵を中国やソ連とする、地上作戦に対する協力にその重点が置かれていた。こうした用兵思想を基盤として錬成され構築された陸軍航空の戦術体系にとって、「東西南北各約一万粁」（戦史叢書「陸軍航空の軍備と運用」〈3〉五百頁）にも広がる戦域と言われた、文字通り渺茫《びょうぼう》たる太平洋上での海洋作戦を遂行することは、もともと無理な話であった。

太平洋戦争を巡って、戦域がむやみに拡大したのには、日本海軍の「前方決戦主義」と言った純作戦上ないしは純戦略上の思考と行動様式にも原因があるが、そうした作戦ないしは戦略を必要とした他の要因は、「防衛庁公刊戦史」の指摘しているように、とりわけ東南アジアと言われる広範な地域に存在する戦争資源確保のための切迫した要請であり、また、それを可能としたのは、時間と空間を一挙に短縮出来る航空戦力の発達のお陰であった。こうして、「海洋離島戦面」が「全面作戦の重点方面」となった太平洋戦争（太平洋戦域）では、「特に航空の戦略価値が大であった」（戦史叢書前掲書五百頁）が、陸軍航空の伝統的な用兵思想からすれば、こうした戦争の客観的要請に応えることは容易なことではなく、勢い、海軍航空が中心とならざるを得なかったのである。

事実、航空決戦に重要な役割を果たした戦闘機の場合を見ても、開戦時、陸軍の保有していた戦闘機の戦力は、海軍の零戦に比べても、また連合軍の戦闘機に比較してさえひどく劣勢だった。陸軍は、開戦の年の四一年に新しい型式の航空機（一式戦Ⅱ型、百式司偵Ⅱ型、九九双軽Ⅱ型）を開発していた。しかし、「防衛庁公刊戦史」が指摘しているように、「陸軍機の弱点であった行動半径、装備火器、搭載弾量、防弾装備の改善には見るべきものがなかった」と言われる状態であった。（戦史叢書前掲書二十八頁）

当時の陸軍機を「連合軍装備機の性能と比較するとき、陸軍航空の主力が装備している九七クラス（九七式戦闘機――引用者）のもので対抗できぬことは明らかであり、速やかに新制式機への改変が必要であった」。しかも、「このころの飛行機生産の状況は新鋭機の生産が少なく、南方戦線への補給にその多くが消費される状況であった。従って南方に補充されるべき人員は、まだ九七式クラスの飛行機の操縦を習得したま

まで赴任していた」と言われる有様であった。（戦史叢書前掲書二十八頁）

「防衛庁公刊戦史」の上述の論述から、二つの事実を読み取ることが出来る。その一つは、「連合軍装備機の性能と比較しても劣勢な戦闘機を使っていたのは、中国大陸での劣勢な中国軍航空戦力を相手としての戦闘を中心とした航空戦力のままで、陸軍が太平洋戦争に臨んだと言う事実がそれである。その二つは、陸軍機が「連合軍装備機の性能と比較」しても劣勢であることが分かっていながら、連合軍装備機の性能をはるかに上回る性能を持っていた味方であるはずの海軍の「零戦」を、陸軍が使用し得ない、あるいは、使用したくないと言う事実が存在していたと言うことである。

太平洋戦争の勝敗の帰趨を巡って、何よりも決定的な意義を持ったのは、個々の戦域における制空権の確保であった。この制空権と言われるものの概念を巡って、陸軍が伝統的に考えていたものは、「地上作戦協力の手段」としてのそれであり、しかも、「局所の一時的現象」としてのそれであった。こうした制空権を巡る思考の慣性を陸軍がやっと観念的に振り切ったのは、日本軍が一大消耗戦の段階で、文字通り消耗し、敗亡の兆しを日一日と深めていた一九四三年後期になってからのことであった。これも「防衛庁公刊戦史」が指摘しているように、「昭和十八年後期における航空戦力の緊急拡充非常措置、ないし航空作戦綱要改正における『航空作戦指導ノ本旨ハ制空権

ヲ獲得シテ全軍戦捷／根基ヲ確立スルニ在リ』との用兵方針明示が、これを裏書きしている」（戦史叢書前掲書五百一頁）

しかし、時は既に遅かったのである。

太平洋戦争を巡って、この戦争を戦勝に導くための作戦上の特徴は、戦域の要点に航空基地を形成し、制空権を確保しつつ進攻する陸海軍の整斉たる統合作戦（調整作戦）の推進であった。こうした戦法に基づいて事を運び得たのは、言うまでもなく、大統領制と言うシビリアン・コントロールの下で統治され、陸海軍の統合運用の実施が可能なアメリカ合衆国であった。一方、明治以来、単なるバランサーとしての天皇制の下で、陸軍と海軍が、事実上、双頭の国家を形成、その「国防方針」と言われたものも、「南守北進」と「北守南進」に截然と分裂していた日本には、このような陸海軍の統合作戦と言われるものはあり得なかったのである。

陸軍は陸軍で、「南守北進」の旗印の下に自らが形成してきた広大な大陸方面の〝磁場〟に縛り付けられ、海軍は海軍で、これもまた「北守南進」の旗印の下に自らが決戦場としてきた渺茫《びょうぼう》たる太平洋を凝視し続けてきたのであった。こうした陸海軍の自分の持ち場のみしか見えない視野狭窄と排他的分裂症状は、太平洋戦争が勃発した後の「第一段作戦」においても依然としてかたくなに引き継がれ、海軍は、太平洋、陸軍は、中国と満州（ソ満国境）をそれぞれ主要戦場と措定する「伝統観念」（戦史叢書前掲書五百一頁）を払拭することはなかったが、それ以後の戦局の発展段階（敗戦への過程）においても、航空作戦の協同はもとより、既に述べたとおり、太平洋戦争の航空作戦の主役となった海軍航空に対する航空戦力（航空機）の摂理に適った配分の実施を巡ってさえ、陸軍は、我欲を捨てることなく、巨大な敵を前に、非力な日本人が〝日日戦争〟をことあるごとに繰り広げることで、自らの戦力の統合を自らが拒否し、結局は、敵を利す行為を敢えてしたのであった。陸海軍の対立と分裂は、文字通り病膏肓の域に達した宿痾と言ってよかった。

陸軍の伝統的な「南守北進」路線と、それを土台とした陸軍航空の「地上作戦協力重点主義」のパラダイムが、太平洋戦争の決定的局面となったガダルカナル島攻防戦を巡って、海軍が航空機の一大消耗戦に耐えられず、陸軍航空の出動を要請した時、陸軍がこれを言下に拒否すると言う否定的反応を示していた。

対立と分散と

南東方面と言われるソロモン・ニューギニアの戦域を巡って、陸軍と海軍の間に作戦方針の重大な対立があらわとなっていた。ソロモンを固執する海軍に対して、陸軍はニューギニアに主決戦場を措定。航空作戦もまたこの戦域に焦点を当てて実施されていたが、陸軍航空が、短期間実施したソロモン攻撃を中止して、ラバウルより第四航空軍所属の第六飛行師団をニューギニアのウエワクに移動し、第七飛行師団をアンボンからブトに移動した頃の四三年七～八月が、この戦域における戦力集中のピークと言われていた。しかし、その戦力も高が知れたもので、この年の八月十五日現在における最大稼働戦力と言われたものはせいぜい二百五十機程度でしかなかったのだ。

（太平洋戦争証言記録「作戦の真相」サンケイ新聞八十五頁付表）

陸軍は、当時、太平洋戦争の主戦場となったニューギニアに航空戦力を投入していたものの、優勢なアメリカ軍の航空戦力の前にはひとたまりもなく、その後、日を追うて「日本陸軍航空部隊は戦わずして無力化されてしまうのがおちであった。（同上書九十六頁）

ソロモンで海軍が孤軍奮闘し、ニューギニアが地獄のるつぼと化していた四三年六月頃、「南守北進」と言う自らが措定した路線にどうしようもなく緊縛されていた陸軍は、依然、中国の在支米空軍や国民党空軍に足を取られ、春季と夏季の二度にわたる航空撃滅戦を戦うために、こともあろうに南方軍（第八飛行師団）と関東軍（第八十五戦隊）からなけなしの航空戦力を抽出、中国大陸においても消耗を重ねていた。

この年の九月に「絶対国防圏」が設定された時、日本陸軍の航空戦力は、満州、中国、南西及び南東太平洋の各戦域にわたって広範に分散配置され、優勢な敵の前に自らを解体する分力と化してしまっていたのである。ちなみに、この年の九月十五日頃の陸軍航空戦力は、第一線機千八百機。それが七個の飛行師団（百八十三個中隊）に配備され、内地に三十六個中隊（一九・七パーセント）、満州に五十一個中隊（二七・九パーセント）、中国に二十四個中隊（一三・一パーセント）、南西太平洋方面に三十八個中隊（二〇・八パーセント）、南東太平洋方面に三十四個中隊（一八・六パーセント）と分散されていたが、全戦力の四一パーセントが満州と中国に拘置されると言った有様であった。当時の状況で改めて注目しておく必要のあることは、陸軍の航空戦力が最も集中していた満州においては、事実上、戦争は起きていなかったと言う事実である。言い換えれば、ソ満国境に展開されていた航空戦力は遊兵と化していたと言うことだ。

一方、南西及び南東方面と言われる太平洋戦域にしてからが、それ自体、途方もなく広大な戦域であった。こうした広大な戦域に航空戦力を展開する以上、陸軍の航空戦力はいっそう分力化され、仏印（フランス領印度支那）、タイ、ビルマ、マレー、フィリピン、スマトラ、ジャワ、小スンダ列島、ボルネオ、ニューギニアなどにさらに細分化されて分散されていたと言うのが実態であった。当時、海軍の基地航空戦力は全て太平洋戦域に投入されていた。南東方面に六百三十機（四五パーセント）、南西方面に三百四十機（二四パーセント）、北東方面に二百機（一四パーセント）、ニミッツ提督の攻勢ラインの中部太平洋方面に二百三十機（一七パーセント）と言った具合であった。（戦史叢書「陸軍航空の軍備と運用」〈3〉百三十頁）

この年の九月、「絶対国防圏」（千島・小笠原・中西部内南洋・西部ニューギニア・スンダ・ビルマの線）が設定され、中部太平洋が新戦場として登場してきた時、陸軍は、この方面の戦争の様態が海洋作戦となると言う理由で航空戦力の使用については全く考慮の余地すらないと言った態度を示していた。この時の陸軍航空の戦備の重点が東部蘭印（オランダ領印度支那）とされたのは、それなりの理由に基づいてのことであった。「絶対国防圏」を巡ってまたもや陸海軍の作戦は根本から対立していた。海軍はマリアナを発進基地としてマーシャル・ギルバートの線での決戦を目指していたのに反して、陸軍は、後方要域、ことに豪北（オーストラリア北部）の防備を重視していたからであった。

この「絶対国防圏」を巡る作戦思想の諸矛盾に関して、「防衛庁公刊戦史」は、次のごとく指摘している。

「新作戦計画の根本性格は国軍的見地において、決勝作戦、持久作戦のいずれであるかが鮮明でなかった。絶対国防圏とはいわゆる戦争指導上の背水の陣であり、国軍の全力を投入しても、その要域で勝負する思想のようであるが、大本営・政府に、そのような透徹した計画があったわけではない。そのような検討準備を行う余裕がなかったのである」と。(同上書百三十三頁)

同「戦史」は続けてこう述べているのである。

「千島から東蘭印を経て印度洋にわたる約二万粁正面の絶対国防圏作戦は、内線作戦的特性を帯び、計画的重点形成の機動運用が必要である。そのため、太平洋と印度洋、太平洋における中部と南部の戦略的価値比較、各方面作戦の主従ないし調和が格別重要であった。ところが海軍は前方要域、特にマーシャル、ギルバート方面の艦隊決戦を重視し、陸軍は後方要域、特に豪北方面の防備を重視した。それは太平洋方面それ自体における国軍の主作戦方面が、前後左右に分離し、総合集中戦力発揮に欠けるものであった」と。(同上書百三十三頁)

その結果、陸海軍の太平洋戦域における主作戦方面がバラバラになり、ここでもまた戦力の分散配備によって、日本の陸海軍は一本化された国軍としての作戦行動に悖《もと》る重症の分裂症にとりつかれていたのである。

なけなしの戦力をさらに分散した結果、戦力二乗の法則がマイナスの面に働き、日本の陸海軍の喪失した航空戦力は、生産をはるかに上回る数字を示していた。これは四三年度（暦年ではなく）の数字だが、この年、完成機数に比較した消耗の比率は、海軍が二〇五パーセント、陸軍が一〇七パーセントと言われていた。既に述べたとおり、海軍の喪失機数の比率が陸軍のそれの二倍近いと言う事実は、海軍航空戦力が太平洋戦争における主航空戦力として、アメリカ合衆国の陸海軍機と渡り合った結果の凄《さん》たる帰結以外の何ものでもなかったのである。（数字は高木惣吉「太平洋海戦史」岩波書店百五頁）

戦局がさらに逼迫し、マリアナ戦が切迫していた四四年の四月頃に至っても、戦争指導部の焦慮にもかかわらず、航空を巡る陸海軍の統合作戦と言われるものは、一向に捗《はかど》らなかった。

「東條参謀総長は、当面の敵新攻勢に対する積極反撃作戦を重視し、陸海軍の協同、特に航空の統合戦力発揮を念願していた」と「防衛庁公刊戦史」は書いている。「しかし陸軍航空のパラオ、西カロリン方面への全面的進出は無理であり」、ここでもまた海軍の機動部隊戦力が反撃戦力の中心と考えられ、「国軍的規模の決勝作戦構想は生まれなかった」と。（戦史叢書前掲書百七十七頁）

こうした事実は、この年の五月と六月に生起した「渾作戦」や「あ号作戦」を巡る陸海軍作戦の不統一となって尾を引いていた。敵機動部隊を誘出し、「あ号作戦」を有利に導こうとして、海軍部が熱意をしめしていたビアク島を巡る「渾作戦」に、陸軍部は初め消極的であった。海軍部の企図していた「渾作戦」は、しかしながら、マリアナ方面での戦況の切迫（「あ号作戦」との関連）と言う事態によって、事実上放棄され、ビアク島の陸軍部隊は玉砕の運命に陥り、陸軍の海軍に対する不満が募っていたが、一方、太平洋戦争での勝敗の決定的な分岐点となった「あ号作戦」を巡る航空決戦では、陸軍航空はほとんど何の役にも立つことはなかった。

陸海軍航空作戦の不統一は、四四年十月のレイテ決戦を巡る「台湾沖航空戦」での戦果についての決定的な誤判断に基づく作戦においても止揚されることはなかった。「本作戦構想では、陸海空三分野を総合した作戦推移の検討が不十分で、戦勝獲得の山場、契機等の意識が鮮明でなかった」と「防衛庁公刊戦史」は書いている。「陸軍は多分にレイテ島の地上決戦に、海軍は依然多分に艦隊決戦に重点を置き、航空用法もその線に沿うていた」と。こうして、陸海軍間に、ここでもまた航空戦力の統合発揮を巡る作戦の分裂が生まれていた。「陸海軍航空統合戦力発揮は、特に強調され、敵上陸船団撃滅を重視する方針であったが、海軍は機動部隊攻撃に徹底的重点を指向

した」（戦史叢書前掲書三百十四頁）

その結果、〝レイテ殴り込み作戦〟の中心戦力となっていたはずの肝腎の栗田艦隊に対しての在フィリピン海軍基地航空隊による上空直掩が実施されず、一方、陸軍航空は陸軍航空で、「海上作戦協力は皆無」（同上書三百十五頁）と言った事態の下で、作戦が実施された結果、裸の栗田艦隊は、いかなる目的をも達成することなく、壊滅的打撃を受けたのである。陸海軍統合作戦の不在と分裂の、これが余りにもひどい事例であった。

陸軍と海軍は、統一された巨大な敵を相手に、お互いが、明らかに別々に戦争していた。フィリピンでの航空戦が事実上日本軍の惨敗をもってその幕を下ろしたのは四五年一月。海軍の第一聯合基地航空司令部は、この月の十日、台湾へと後退、その一部は、北部フィリピンに移動し、百二十五名の残存操縦員は、一月十四日までの間に、全て台湾に空輸され、海軍航空は、この頃をもってフィリピンでの作戦にけりを付けていた。だが、奇怪なことに、この海軍航空の撤収は、それまで一緒に戦っていたはずの陸軍の第四航空軍には、事前に何の通告もなく実施されたのである。陸軍にとって、そうした海軍の行為は、不満ではあったが、海軍にとって見れば、何のオブリゲイションも感じない独自の行動だったのである。

陸軍と海軍が、「日本軍史上初めて」（戦史叢書「陸軍航空の軍備と運用」〈3〉三百七十九頁）とさえ言われる陸海軍の統合作戦計画を立てたのは、既に多くの時と戦力が失われ、最早そんなことをしても何のさしたる効果もない戦局の最終段階の四五年一月であった。この月の二十日付で、「帝国陸海軍作戦計画」が策定されたのは、太平洋戦争を巡る戦場の中心が、今や日本本土に迫っていたからであった。言うまでもなく、戦場が日本本土ともなれば、最早、さすがの陸軍にとっても、「南守北進」は、夢のまた夢と化し、さすがの海軍にとっても、「北守南進」は、現実離れした過去の空想的目論見に過ぎなかったのである。

明治建軍以来、日本の陸海軍は、帝国主義的拡張主義にうつつをぬかすことで、国家の存亡にとって何にも増して重要な自らの本土の防衛を一切顧みることはなかった。日本の陸海軍の頭脳を専《もっぱ》ら支配していたものは、モノマニア的な対外攻勢主義以外の何物でもなく、そのお陰で、日本本土はガラ空きとなってしまっていたのである。

四五年六月八日、最高戦争指導会議は、天皇の御前で「今後採ルベキ戦争指導ノ大綱」を決定していたが、その中に盛られた指導大綱は、文書として書くことは可能だが、行動とし実行に移すには、余りにも空虚な文言がちりばめられたものであった。「七生尽忠ノ信念ヲ源力トシ地ノ利人ノ和ヲ以テ飽ク迄戦争ヲ完遂シ以テ国体ヲ護持

シ皇土ヲ保衛シ征戦目的達成ヲ期ス」と。（戦史叢書前掲書四百六十二頁）

こうして、四四年十月に始まっていたフィリピンでの特攻作戦は、沖縄においても踏襲され、多くの若者の命が劫火の中に消えていったのである。

第三章　特攻作戦の狼煙

「あ号作戦」以後　決戦方面の後退

マリアナ諸島を巡っての「あ号作戦」における日本海軍の完敗が日本海軍自身にもたらしたものは、太平洋戦争時の決戦戦力となった空母と基地の両面にわたる航空戦力の決定的消耗であった。決戦戦力の決定的消耗は、それを時機に合わせて戦力を補充するウオー・ポテンシャルを持たない日本海軍にとっては、以後の作戦の限界を決定するアポリアとなっていった。日本海軍は「あ号作戦」以後、爾後の作戦を巡って「全く自信を欠くに至った」と言われているのはそのためである。（戦史叢書「大本営海軍部・聯合艦隊〈6〉百九十八頁）

敵は巨大になる一方であった。巨大なアトラスを前にして、今や侏儒に残されたものは、「今後再建する（再建を要する――引用者）基地航空兵力および残存水上部隊の砲戦力と魚雷戦力だけであった」（同上書百九十八頁）

航空戦力を巡って、日本人は、「再建」と言う、言わば零からの出発、それも賽の河原に似た出来事を繰り返しての甲斐ない努力を必要としていたが、相手は、圧倒的に優勢となっていた戦力をさらに積み上げて行けばよかったのだ。言うまでもなく、それは、日本軍と連合軍との間の戦力パリティがますます乖離して行くと言う、日本軍にとっては余りにも深刻な現実を意味していた。太平洋と言う余りにも広過ぎる土俵で、海軍だけが一人で戦っていた時期は、海軍戦力の枯渇とともに終わりを告げていた。以後、戦いを継続しようとすれば、この戦線に陸軍戦力を投入する以外、戦力を絞り出す方法はなかった。次期作戦の対象となる戦域は、島とは言っても余りにも広い、主として、フィリピンと措定されていた。「かくて海軍部は次期作戦においては地勢上も、陸軍航空兵力と地上部隊の戦闘力に、大きな期待をかけるに至った」と言われているのは、このためであった。（同上書百九十八頁）

一九四四年七月二十四日、大本営陸軍部及び海軍部は、「絶対国防圏」の崩壊後の新たな情勢に備えて、決戦面を大幅に後退させた「陸海軍爾後ノ作戦指導大綱」を策定、同日それを天皇に奏上し裁下を受けていた。

「大綱」による決戦方面は、本土（北海道、本州、四国、九州及び状況により小笠原諸島）、連絡圏域（南西諸島、台湾及び南東支那付近）及びフィリピンとされ、「敵ノ決戦方面来攻ニ方リテハ空海陸戦力ヲ極度ニ集中シ　敵空母及輸送船ヲ所在ニ求メテ之ヲ必殺スルト共ニ　敵上陸セハ之ヲ地上ニ必滅ス」とする、必死必殺の作戦を予想した「決戦指導」が立てられたのである。（戦史叢書「大本営海軍部・聯合艦隊」〈6〉二百一～二百二頁）

「大綱」に示された作戦方針が、敵の来攻を待つ邀撃作戦を基本とした一九四三年三月二十五日決定の「第三段作戦」以来の戦略的守勢作戦であり、このパターンのままで、以後も太平洋戦争は、最後の複廓陣地としてのフィリピン、沖縄、そして本土へと発展して行く。

「捷号作戦」の登場と航空戦力の温存思想

一九四四年七月二十六日、フィリピン方面に向かって流れる慌ただしい戦雲を凝視していた軍令部は、豊田連合艦隊司令長官に対して、予期決戦方面を区分した「捷号作戦」区分を指示していた。「指示」によれば、「捷一号作戦」はフィリピン方面。「捷二号作戦」は九州南部、南西諸島及び台湾。「捷三号作戦」は本州、四国、九州方面及び状況により小笠原諸島方面。「捷四号作戦」は北海道方面での作戦とされていた。これより二日前、大本営陸軍部と海軍部との間で、「捷号航空作戦ニ関スル陸海軍中央協定」が結ばれ、やっと「敵ノ来攻ニ方リテハ両軍航空戦力ヲ決戦要域ニ徹底的ニ集中シ　且之ヲ統合発揮シテ敵進攻兵力ヲ捕捉撃滅ス」と明記された航空戦力を巡っての、陸軍航空戦力の太平洋戦域への本腰での投入が、少なくとも形の上では、はっきりと合意されていた。（同上書二百七十九頁）

しかし、この時期、皮肉なことに、日本の陸海軍にとって、仮に両軍の航空戦力を統合したところで、それらの戦力の実態と言うべきものは、高の知れたものであった。統合はされたが、しかし、なけなしの戦力をもって巨大な敵に対抗するためには、そのなけなしの戦力を極力有効に使用することが必要であった。こうして、日本の戦争指導部は、この「陸海軍中央協定」において、後日それ自体が自家撞着の作戦となった、決戦に備えての戦力温存の思想に基づく作戦の実施を決定していた。

「中央協定」の「航空決戦指導ノ基本要領」の中に示された「決戦ノ時機以前ニ於ケル基地航空戦」の項にこう書かれていた。「航空兵力ヲ努メテ縦深ニ配備シ　主動的ニシテ柔軟ナル作戦（戦闘）指導ニ徹シ　以テ敵戦力ノ撃破ヲ図リ我戦力ノ漸耗ヲ防止スルヲ本旨トス　之ガ為特ニ敵基地ニ対スル短切ナル奇襲攻撃及機略ニ富ム邀撃ヲ

重視シ 基地直接防空等ハ地上砲火ニ依存スルヲ例トス」と。(同上書二百八十頁)
まさにそれは、公然たる戦力温存思想の登場であった。要するに敵の空襲に対しては、航空戦力をもってこれを邀撃することなく、地上砲火で対抗せよと言うのであった。連合艦隊が、四四年八月十日付の「作戦要綱」の中で、「基地航空部隊ハ始メ敵機動部隊初動ノ攻撃ヲ回避シッツ」といった文言をもって、初動においては兵力を極力温存し、敵を近くに引きつけて総攻撃に転ずることを命令していたのは、偶然ではない。(戦史叢書「海軍捷号作戦」〈1〉三百四十一頁)
ところで、この兵力温存と言われるものは、作戦の実際上、一体、どのような意味をもっていたのか。
当時、第一航空艦隊麾下二〇一空飛行長であった中島正少佐の証言がある。「(当時)わが方の航空兵力は少なく、上陸作戦の前哨戦である機動部隊(の航空撃滅戦による攻撃――引用者)とまともに交戦しては敵の本陣である上陸部隊の来攻に際して、それを叩くべき飛行機がなくなってしまう。そこで、わが飛行機隊は敵機動部隊が南にきたら北に逃げて難を避け、北へきたら南へ逃げて兵力の温存をはかり、いよいよ上陸作戦が始まった時に、その(敵上陸部隊の引用者)護衛のために束縛されて逃げることのできない敵機動部隊を、全力をもって攻撃し、これを覆滅するという計画が

たてられた」と。（猪口力平・中島正「神風特別攻撃隊の記録」雪華社二十頁）

しかし、それは、成り立たない方程式と言ってよかった。後日、事実が証明したとおり、このような作戦は頭の中で成立し得たとしても、現実の戦闘においては全く通用しなかったのである。それればかりかむしろ全縦深にわたる敵の圧倒的な航空戦力を投入しての攻撃に対する消極的な対応のために、防御戦闘において最も重視すべき行動の自由が失われることで、戦わずしていやが上にも損害が累増すると言う〝絶対矛盾〟の状況に身をおく羽目となってしまうのがおちであった。

蜃気楼の果てに

「あ号作戦」を巡っての日本海軍の惨敗が、この時、海軍の戦備体系に与えた衝撃は並大抵のものではなかった。明治以来、海軍が営々として築き上げてきた通常兵器を中心とした戦備体系が、アメリカ合衆国を中心とする連合軍の巨大な戦力の前に崩壊するや否や、以後、日本海軍が戦力再建を目指して構築しようとしていた戦備体系は、最早かつての通常兵器を中心としたそれではなかった。非力なウオー・ポテンシャルを土台とした海軍戦備の基礎の基で、通常戦力をもって海軍の戦備体系を再構築するなどと言うことは、近づけば近づくほど遠のく蜃気楼を追う所行でしかなかったからだ。

開戦後、僅か二年ばかりの短時日の間に、戦艦を中心とした「大艦巨砲主義」から、空母を中心とした「航空優勢主義」へ、そして小艦艇を中心とした局地補給戦力の形成へと目まぐるしく揺れ動いて来た日本海軍の戦備体系と戦力構造、従って、それによって規定された用兵思想を巡るパラダイムの余りにも激しい転換は、それ自体が、敗戦のプロセスに照応していた。その後に一体何がくるのか。

四三年八月十一日、海軍中央（軍令部・海軍省）において、「第三段作戦に応ずる戦術方針」が討議されていた（もっとも第三段作戦方針はこの年の三月に決定されていた際、「航空優勢主義」とは言え、戦備の中心を、艦隊航空（空母中心）ではなく、基地航空に置くことが決定されていた。とは言え、既にこの頃、航空機材料として不可欠のアルミニウムは極度の不足状態に陥り、資材獲得を巡る陸海軍の抗争は、既に述べたように〝日日戦争〟と言われるまでに尖鋭化し、太平洋戦争を巡る航空戦の主役を演じていた海軍航空戦力の充足率はひどく低位なものとなってしまっていた。四三年度では、海軍の要望する機数の八四パーセント、四四年度では、八六パーセントがそれぞれ生産目標として掲げられていたが、肝腎の生産実績は、四三年度に関しては辛うじて九六・六パーセントを達成したものの、四四年度についてはたったの五二パーセントしか達成出来ず、この事実は、当時の日本戦争経済の惨澹たる現状を反映していた。（以上数字は戦史叢書「海軍軍戦術」〈2〉九十三〜九十四頁）

一方、艦船関係のハード戦力について見ると、今や防勢に追い込まれた日本海軍にとっての「第三段戦備」においては、最早、大型艦艇は、作戦上〃無用の長物〃と化し、同時に資材の隘路の面から見ても、艦艇の新建造は事実上不可能となり、専ら損傷艦艇の修理のための〃パッチ・ワーク〃が中心となって、累次の既計画での目標達成と、輸送用小艦艇の建造に、戦備体系形成の重点が置かれざるを得ない有様となっていた。

こうした事態の下での「あ号作戦」を巡る惨敗がもたらしていたものは、既述のように、対米戦力パリティの一層大幅な乖離であった。物質的な非力を精神主義的な何物かによって代位しかつ補充しようとする、伝統的な日本イデオロギーの蜃気楼を追う所業の果ての産物としての特攻兵器と特攻作戦の発想が醸成されたのは、こうした状況下においてであった。サイパン陥落以降の戦局を、元連合艦隊参謀長草鹿龍之介は、アメリカ合衆国にとっては最早残敵掃蕩作戦の段階であったと述べているが、特攻作戦は、まさに残敵となった日本人が生み出した窮鼠猫を噛む作戦であった。

ところで、「防衛庁公刊戦史」が述べているように、先ず、特攻作戦への傾斜が現われたのは、「あ号作戦」で大きな被害を受けた海軍潜水部隊の現地司令部においてであった。作戦に参加した潜水艦三十五隻のうち、この「あ号作戦」で、二十隻が消息を絶ったまま再び基地へ帰投することはなかった。(以上数字は鳥巣建之助「人間魚雷」新潮社七頁)

四四年七月二十六日、第七潜水戦隊司令官大和田昇少将の指令を受けた同戦隊主席参謀泉雅爾中佐と呂号第百十三潜水艦艦長渡辺久大尉の二人によって、嶋田軍令部総長に意見の具申が行なわれていた。

二人は軍令部総長に対して「あ号作戦」を巡る戦訓を述べた後、「今後潜水艦は特攻兵器を搭載して特攻作戦に徹すべし」とし、特に泉中佐は、「水中艦隊として従来の第六艦隊のほかに第七艦隊を編成し、これを特攻艦隊にすべしと述べた」と言う(その後、現実には特攻専門の「第七艦隊」と呼称される艦隊は創建されなかったが)。(戦史叢書「大本営海軍部・聯合艦隊」〈6〉三百十六〜三百十七頁)

その後、四四年八月二日(と推定される)、第六艦隊は、呉鎮守府で「あ号作戦」に関する研究会を開催。この時、中型潜水艦は敵後方の海上交通遮断に使用する一方、大型潜水艦には人間魚雷「回天」を搭載して、特攻作戦を実施しようと言う意見が「大勢」を占めていたと言われているのだ。(同上書三百十七頁)

特攻への傾斜は、日に日を継いで深まり、四四年八月十三日には、大和田少将自らが、及川軍令部総長以下の軍令部部員に、「将来潜水部隊は、特攻兵器により特攻部隊を編成する必要がある」旨の報告を行なっていた。（同上書三百十七頁）

特攻への傾斜は、マリアナ失陥の絶望的戦局の心的土壌のなかで、以後、加速度的に醗酵して行った。志向を深めたのは、なにも現場の実践部隊ばかりではなかった。「防衛庁公刊戦史」の記録によると、サイパン奪還作戦の放棄が元帥会議で決定されていた四四年六月二十五日、元帥伏見宮博恭王は、参謀総長や軍令部総長、それに陸軍大臣や海軍大臣に向かって、「特殊の兵器の使用を考慮しなければならないと述べた」と言われる。（同上書三百十七頁）

伏見宮の言う「特殊の兵器」が、果たして十死零生の特攻兵器のことを意味していたかどうかは明記されてはいないが、この時、東條大将は、「風船爆弾を考案し、本年秋から三万個を使用する予定であり、また対戦車挺身爆雷その他二、三の新兵器を研究中である旨答え」、嶋田大将は嶋田大将で、「新兵器を二、三考究中であることを説明した」とされているが、東條大将の言う風船爆弾が「新兵器」（!?）かどうかは別としても、嶋田の場合、「新兵器」と言われるものが、他でもなく「回天」と「震洋」を意味することは明らかだった。（同上書三十七頁）

「戦史」が明らかにしているように、当時、日本海軍の中央部は、疑いもなく自らの意志によって必死必殺の特攻兵器の開発に力を注いでいた。④兵器と言われた後の「震洋」、⑥兵器と言われた後の「回天」、⑨兵器と言われた後の「震海」、SS金物と言われた後の「海龍」などがそれであった。伏見宮が「特殊兵器」の使用に関して述べていたこの段階で、こうした特攻兵器のうち、「震洋」は、既に量産に入っていた。

特攻兵器の開発と特攻作戦の採用

周知のとおり、特攻作戦が現実に発動されたのは、一九四四年十月のフィリピン戦を巡ってのことだが、この「必死必殺」の戦法については、先述の四三年八月十一日に開かれた「第三段作戦に関する戦備方針」討議の席上、黒島亀人軍令部第二部長が既に早々と「必死必殺戦法ト相俟ツテ不敗戦備ヲ確立スルヲ主要目途トスル」ことを公式の場で主張していた。（戦史叢書「海軍軍戦備」〈2〉七十三頁）

この会議の出席者には、永野修身軍令部総長、伊藤整一軍令部次長、嶋田繁太郎海軍大臣、澤本頼雄海軍次官、杉山六蔵艦政本部長、塚原二四三航空本部長以下の海軍中央の錚々《そうそう》たるメンバーが名を連ねていた。これらの人々が黒鳥の主張にどのような反応を示したかについては明らかではない。

それはともかくとして、既に特攻への志向は、マリアナ失陥前、南東方面での日本軍の敗勢が誰の眼にも明らかとなっていた四三年中期頃から、日々激しく迸《ほとばし》る地下水脈にも似て、今や地上に流れ出ようとしていた。「多くの者が米国の圧倒的な物量に対抗するため、必死必殺の特別攻撃の決行を真剣に考慮するようになった」と「防衛庁公刊戦史」は、この頃の事態を巡って台頭した異常な形の海軍戦備を主張する人々に関して述べている。

黒島亀人もその一人で、彼は連合艦隊主席参謀だった頃から「モーターボートに爆薬を装備して敵艦に撃突させる方法はないだろうか」と言った言葉を軍令部の幕僚に口走っていたと言われる。（戦史叢書「大本営海軍部・聯合艦隊」〈6〉三百二十一頁）

言うまでもなく、「モーターボートに爆薬を装備した特攻兵器と言うのは、のちの「震洋」に他ならない。いずれにせよ、その黒島が軍令部第二部長に就任していたのは、四三年七月十三日。「軍令部の軍備担当の責任者に同大佐が就任したことは、海軍部が特別攻撃を採用するうえに決定的な意義をもつこととなった」と「戦史」は、海軍中央が特攻作戦へと踏み切るに至った事態に関連して、黒島の果たした役割の重大性を示唆しつつ次のように述べているのだ。（同上書三百二十二頁）

軍令部第二部長に就任して間もなく、黒島は、四四年八月六日に開かれた戦備考査部会議の席上、黒島一流の「突飛意表ノ方策」を提案していた。しかし、この時の黒島の「意表の方策」と言われるものは、必死必殺の戦法としての「戦闘機による衝突撃」、つまり、後日の航空特攻に他ならなかった。黒島こそが、特攻提唱の張本人であり、イニシエイターだったと言うことだ。山本五十六連合艦隊司令長官の懐刀と言われ、「突飛意表ノ方策」、つまり、奇抜なアイディアに富むと言う理由で、山本に重用された〝名参謀〟の用兵思想の破綻を、この事実が物語っていたと言ってよい。

ハワイ真珠湾奇襲作戦等を巡る戦術構想に関して貢献した黒島ではあったが、結局、戦局の最後の段階において、戦勝に見放され打つ手を全て失ったと思えた時、この奇矯な思考様式と行動様式を持つ参謀に、唯一残された手は、特攻一辺倒の用兵思想でしかなかったのだ。大西瀧治郎中将が「統率の外道」と言う自己規定によって、自らが発動した特攻作戦をいささか自己批判的に認識していたのと比べて、戦術に凝った黒島の場合は、特攻を「突飛意表ノ方策」として自賛するきらいがあったように筆者には思える。いずれにせよ、黒島には奇道はあったが正攻法はなかった。その事の是非はともかくとして、彼こそはまさに、非力な戦備体系と戦力構造によって規定された、日本海軍用兵思想の一人の直接的な体現者であったと言えよう。

特攻。それは、他でもなく、日本の末期的な戦備体系と戦力構造が、特殊の日本軍国主義イデオロギーと合成されて生み出された、近代思想体系上、日本人以外には誰もが自らには決して許容出来ない、異端のパラダイムであった。日本人の伝統的な時代の価値観が、ある状況の下で外在的な刺激によって倒錯した時、まるで正常細胞が突然癌細胞に転化するように、それは生まれた。特攻。それは不特定多数の雰囲気が醸し出す、しかしある種の悟性が生み出した日本人的〝飛躍〟の用兵思想だった。

「特攻作戦に適応する兵器の緊急開発実現の要望はまず用兵者側の軍令部から起こり海軍省はこれに即応した」と「防衛庁公刊戦史」は書いている。（戦史叢書「海軍軍戦備」〈2〉百二十五頁）

具体的に言って、それはいつだったのか。

既に述べたように、四三年九月三十日の御前会議において、「絶対国防圏」への戦線縮小が決定された時、日本の敗北は客観的に見て最早自明だった。ソロモンでの一大消耗戦でハードとソフトを問わず戦力の基幹部分に大きな打撃を受けていた日本は、この時既に、失われた戦力を再興する国力とウオー・ポテンシャルに事欠いていた。日々脹《ふく》れ上がる連合軍の巨大な戦力の前に、反撃空しくむざむざと破れ去る味方の戦力、しかも消耗戦に次ぐ消耗戦によって、補給空しく枯渇して行く一方の味方の戦力を眼の前にして、戦争の前途に希望を絶たれた第一線の戦士たちの心に、絶望とそして死すらに自己救済を求める疲労が蓄積され、こうした人間の条件が人間の合理的な思考を圧迫するにつれて、彼らの心に芽生えたものこそ、己れを殺して敵を倒す必死必殺の特攻戦法であった。

ちなみに、「回天」特攻のイニシエイターの一人となった山地誠（旧姓近江誠、海兵七十期）が、彼の潜水艦乗りの経験から帰納して、筆者に語った事実から容易に推察出来るように、敵艦船に発見され地獄の爆雷攻撃を受けた潜水艦が攻撃にじっと耐えつつ、最後には結局撃沈される運命に逢着するなら、そのような受動的な生を生きるより、もっと能動的に魚雷に搭乗して敵艦船に体当たりをくらわした方が、帝国海軍の戦士として死に花を咲かせる壮挙となると言う決定論的諦観が生まれたと言うのは、当時の日本の軍人の思考様式から言って至極当然の帰結だった。

後日、陸軍航空特攻隊「富嶽隊」隊長としてフィリピンで戦死していた西尾常三郎が、一九四三年十一月頃のソロモンを巡る戦勢日に日に我に不利となる戦況下で、彼の日記に認《したた》めていた特攻への強烈な意志の表明もその一例である。西尾は、ブーゲンヴィル島方面の苛烈な日米航空戦を巡る日本海軍の悪戦苦闘に言及しながら、「通信手も要らず、機関手も要らず、射手も要らず、五〇〇瓩（爆弾——引用者）を抱きて

計画的体当たりを用うべし決行すべし」と、彼の日記の中に書いていた。（生田淳「陸軍航空特別攻撃隊史」ビジネス社二十一頁）

第一線で芽吹き始めた特攻への動きは、当初は無論、組織的なものではなく、散発的なものであった。それに特攻が〝十死零生〟の作戦である以上、ハードとソフトを問わず、戦力の再生産を期待することは不可能となる。体当たりを目指して一度出撃した戦力は、二度と使用することは出来ず、再び敵をやっつけることは出来ない。だが、戦力の補給のない、今や、「寡」をもって「衆」に立ち向かう戦を宿命づけられた第一線にしてみれば、一度出撃して行った飛行機や潜水艦が二度と帰らないなどと言うことは、最早日常的な出来事だった。それならそれで、戦果を極大化するためには、通常の攻撃方法よりも、もっと確実と推量される必死必殺の戦法を選ぶ方が、「帝国軍人たるもの」の当時の価値観からして、むしろ条理に適《かな》った決定であるかのように見えたのだ。繰り返して言えば、五〇パーセント以上の生還率がなければ兵を戦場に投入しない民主主義国家アメリカ合衆国の戦争哲学（人間学）と違った、それこそが、軍国主義国家の「皇国教育」によって仕付けられて来た日本人が、決定的な窮状に喘いだ時の、物事の判断基準であった。

もっとも最初の頃は、第一線から遥かに隔離されていた中央の作戦室にいる将軍や提督や参謀たちにとっては、第一線の指揮官たちの一度失えば二度と使うことの出来ない戦力を巡不可逆的な用兵思想を直ちに肯定するには、事は余りに短慮に見えた。大西瀧治郎中将にしてからがそうであった。これは第一線の指揮官の例ではないが、航空特攻の提唱者の一人だった侍従武官城英一郎大佐が、四三年六月二十九日、「特殊航空隊」と言う名の航空特攻を、当時日本海軍航空界の「大立者」とされていた航空本部総務部長大西瀧治郎中将に提案した時、最初の大西の反応は否定的だった。「大西中将は城大佐の『意見ハ了解』したけれども、すぐには同意は与えなかった」。だが、城大佐は、かなり執拗に大西中将を説得しようとした。「三日後の七月二日、城大佐は再び本件を大西中将に請願した。城大佐はその日の日記に、『未ダソノ時機ニ非ズトテ全幅ノ賛成ヲ与ヘラレズ　勿論小官トシテハ上司ヨリノ命令ニヨリ実行スルニ非ズ　上司トシテモ之ヲ計画的ニ実施セシムルニハ相当ノ考慮ヲ要スベシ　小官トシテハ黙認ヲ得且機材ト操縦者ヲ得レバ実行シ得ルヲ以テ　小官ノ決心トシテハ不変　転出実行ノ機会ヲ俟ツ』と書いている」と言うのが「防衛庁公刊戦史」の記述にある。（戦史叢書「大本営海軍部・聯合艦隊」〈6〉三百二十三頁）

　城大佐は、その後も諦めることなく、大西中将に対し最初の意見を具申してから一年後に、彼の意見を今度は、正式に第一機動艦隊司令長官小澤治三郎中将や連合艦隊司令部及び軍令部に対して提出すると言った、なみなみならぬ執念と熱意を、彼の言う「特殊航空隊」の創設に示していたのである。大西瀧治郎中将が自らの発意で特攻作戦を発動したのは、この日からおよそ一年四ヵ月後のことであった。

もっとも、城大佐に見られるこうした事例は、まだ他にもあって、一九四四年春には、当時の海軍省兵備局第三課長だった大石保大佐が、敵大型機に対する戦闘機の体当たり攻撃に関しての意見書を提出していた。「防衛庁公刊戦史」が書いているように、大石大佐は、四四年四月頃、軍務局第一課長であった山本善雄大佐に書簡を送り、その中でこう認めていた。

「統帥上至難ノコトナレド　国家ノ危急ヲ救ウ為差当リ他ニ方策考ヘ得ザルヲ以テ大統帥ノ見地ヨリ難キヲ克服シテ断行スルヲ要ス　之ニヨリ敵四発一〇〇機撃墜セバ戦局ノ様相一変スベシ」と。（傍点――引用者。戦史叢書「大本営海軍部・聯合艦隊」〈6〉三百三十二頁）

特攻が「統帥上至難」の作戦であると言う正当な認識があるにもかかわらず、体当たり作戦の実施は、「大統帥ノ見地」としているところに、重大な思想上の矛盾と混乱が観察される大石の所論である。本来、「大統帥ノ見地」と言うものは、戦争そのものを止揚する超越的かつ大乗的な国家的見地であって、それを逆に作戦上の戦略・

戦術的見地に堕す論理がこの中に見られると言うことだ。

大石大佐以外にも航空特攻の提唱者となった海軍の高級指揮官がいた。第三四一海軍航空隊の司令岡村基春大佐がその人だった。岡村は、四四年六月、航空特攻の必要性を第二航空艦隊司令長官福留繁中将に意見具申し、福留は、後日、岡村の意見を伊藤整一軍令部次長に伝えていたが、伊藤は、「まだ体当たり攻撃を命ずる時機ではない」と答えたと言われる。（戦史叢書前掲書三百三十三頁）

特攻作戦提唱のこのような事例は、なにも航空特攻の場合に限られたことではなかった。人間魚雷「回天」の場合も、下級指揮官の血書嘆願をもってする〝ボトムアップ〟によって事ははこばれていたが、最初は航空特攻同様、このような下部の提案は拒否されていた。「回天」をもってする特攻作戦の構想は、四三年十二月（あるいは四四年初冬とも言われる）、当時「甲標的」（特殊潜航艇）の乗員であった若い海軍士官黒木博司中尉と仁科關夫少尉の両名によって発案されていた。黒木の血書嘆願を受けた軍令部第一部第一課の藤森少佐は、ことの次第を永野軍令部総長に報告していた。しかし、「永野総長は即時に『それはいかんな』と明言して、ただちに却下したという」のである。（戦史叢書前掲書三百二十五頁）

だが、事態は人間の判断基準を規定する合理性とは関係なく発展して行く。「防衛庁公刊戦史」が書いているように、四四年二月におけるマーシャル失陥とトラック大空襲による日本海軍の前進根拠地の壊滅的打撃によって衝撃を受けた海軍中央は、四四年二月二十六日、黒木・仁科両名の〝ボトムアップ〟による人間魚雷「回天」の試作を呉海軍工廠（魚雷実験部）に下命していた。もっとも、「最初は魚雷命中直前に搭乗員が海中に放出されることを条件としていた」「回天」ではあったが、以後の過程ではこうした安全確保の条件は外され、十死零生の特攻兵器となって行ったことについては後で改めて触れる。いずれにせよ、「回天」の「この試作命令の発出は、日本海軍が組織的に特攻作戦を採用する第一の狼煙《のろし》となるものであった」（戦史叢書前掲書三百二十六頁）

「回天」

四四年四月、作戦の大本を握る軍令部が、海軍省に対して、「これだけつくってくれれば必ず頽勢を挽回できるが、もしこれができなければ必ず敗戦となる」と言う、土俵の剣が峰に踵を掛けての、「きわめて切羽つまった強硬な要望と受け取られた」九種類の兵器の「緊急実験」の要望を提出したことは、文字通り異常の事態を背景にしての異例の要望だった。（戦史叢書「大本営海軍部・聯合艦隊」〈6〉三百二十七

頁)

これらの〝新兵器〟と言われたものは、「大艦巨砲」とはおよそ似ても似つかぬ小型兵器であり、「大艦巨砲主義」と言う旧いパラダイムが、今や夢のまた夢と化した事態の下での〝新軍備〟であった。

早速、艦政本部において実験が行なわれることとなったこれら新兵器のうち、秘匿名〝金物シリーズ〟の〝新兵器〟九件のうちの三件、〝S金物〟と呼称されていた「海龍」(魚雷二本または艇首に爆装。小型潜水艇。約二百隻生産)、〝④金物〟と呼称されていた「震洋」(艇首に爆装。高速小型水上艇。約六千隻生産)、〝⑥金物〟と呼称されていた「回天」(人間搭乗の魚雷。約四百二十隻生産)などは、後日、特攻兵器として実戦に使用されるか、または配備されるかした兵器であり、〝⑨金物〟と呼称されていた「震海」(敵艦船の底部に爆薬を仕掛ける小型潜水艇)も、実用化はされなかったが、これもまた特攻兵器に他ならなかった。(戦史叢書「海軍軍戦備」五〜六、百六十七〜百六十八頁)

「十九年二月のマーシャルの失陥とトラックの被空襲が、海軍中央を特攻作戦に踏み切らせる第一の動機となったとすれば、マリアナ沖海戦の悲報はこれに続く第二の動機となった」と「防衛庁公刊戦史」も述べている。(戦史叢書「大本営海軍部・聯合

艦隊」〈6〉三百二十七頁）
特攻（戦力、作戦）への準備は、兵器の整備とともに作戦及び組織の面においても、今やトップ・ダウンの形で以後日を追って進められて行った。四四年七月十日頃（と言われる）には、実は、軍令部が知らないどころか、当の軍令部の要請を受けた海軍省軍務局第一課による計画の提案と同時に、特攻基地隊としての「第一特別基地隊」が呉鎮守府内に編入された後、八月三十日には、海軍省人事局長及び教育局長の連名による横須賀鎮守府及び呉鎮守府宛要員選抜及び教育に関する申進が発付され、九月十三日には、海軍省内に早々と「海軍特攻部」が発足すると言った具合に、事は矢継ぎ早に着々と進められていた。（戦史叢書「海軍軍戦備」〈2〉百六十八頁）
この「海軍特攻部」と呼称される組織は、それまで水雷学校長だった大森仙太郎中将が部長として就任、部員には、海軍省から軍務局、兵備局、人事局、教育局の課長以下九名、海軍潜水艦部、艦政本部、施設本部からも同九名、さらに軍令部側からも軍令部第三課長以下七名が参加する大々的な組織であった。こうして先ず、水上・水中特攻が、戦力としても作戦としても、海軍中央の諸機関を網羅的に巻き込んだ組織として登場して行くのである。
フィリピンを戦場とした「捷一号作戦」発動をめぐって、四四年九月十七日、軍令部では、関係幕僚（第一部）が参集、打ち合わせが行なわれたが、席上、戦備の「緩急順序」が討議された中で、既にこの時、「特攻兵力」が、「航空兵力」「航空基地防空」（高角砲・機銃・電探）に次いで戦備の第三序列に意識されていたことは、注目に値する事実であった。大西瀧治郎中将が、第一航空艦隊司令長官として東京を出発するかなり以前に、軍令部では特攻戦備をフィリピン戦に投入することを考えていたと言うことだ。もっとも、このときの「特攻兵力」と言うのは、専《もっぱ》ら、「震洋」のことではあったが、それにしても航空特攻と同様、〝十死零生〟の戦法が、既にこの「捷一号作戦」において実施されようとしていたことに変わりはないのだ。

「大艦巨砲主義」から「航空優勢主義」へ、そして遂には、「体当たり主義」へと振れて行く、作戦思想を巡るパラダイムの変転であったが、それにしても、前二者が、軍事科学的には正常な価値観に基礎を置く用兵思想であったのに比べて、特攻への変転は、作戦思想上、まさに外道のパラダイムへの変転に他ならなかったのだ。

ところで、水上・水中特攻の中心となったものは、「回天」と「震洋」であった。「回天」は、軍令部の量産要求（四四年四月）に基づいて試作され、四四年七月のマリアナ失陥後に登場した。「完成した試作兵器には搭乗員脱出設備はなかった」と「防衛庁公刊戦史」は、先述の魚雷命中前に海中に放出されることを試作の条件としていたその条件が、結局は無視された経緯を次のように書いている。「海軍中央部は脱出可能の兵器を希望したが、本設備を付属させるには技術的に多大の困難があり、ついに搭乗員側の強い要望が推進力となって、脱出を考慮することなく試作兵器の完成を急ぐ結果となった」と。（戦史叢書「大本営海軍部・聯合艦隊」〈6〉三百四十四頁）

「搭乗員側の強い要望」と言うのは、「敵地に単独で乗り込んで奇襲するこの兵器での脱出は、捕虜になることを意味する」と言う、当時の日本人の頭脳を支配していた「生きて虜囚の辱しめを受けず」とする、倒錯的価値観を根拠とした要望であった。（鳥巣建之助「人間魚雷」新潮社九十八頁）

しかも、こうした価値観の一方で、特攻の若者たちは、文字通り鬼神もこれを避く断固とした死生観に支配されていたのであった。「人など誰か　かりそめに　命捨てんと　望まんや　小塚原に　散る露は　止むに已まれぬ　『大和』魂」と先の黒木博司は、彼の長詩の中でうたっているのだ。

「回天」は、軍令部の量産要求に基づいて（四四年四月）量産され、四四年七月のマリアナ失陥後に登場した。正真正銘の〝十死零生〟の特攻兵器となった「回天」に最初の出撃命令が下ったのは、四四年十一月二十日（神風特攻作戦発動後）の「玄作戦」においてであった。「玄作戦」に、初陣として先ず「菊水隊」の若者たちが、ウルシーとパラオのコッソル水道に出撃。以後、四四年十二月から四五年一月にかけて「金剛隊」の若者たちが、アドミラルティ、ホーランジア、ウルシー、コッソル水道、グアム島のアプラ港に出撃、四五年二月には「千早隊」の若者たちが、四五年三月には「神武隊」の若者たちが、それぞれ硫黄島に出撃（作戦変更のため予定の襲撃は行なわれなかった）。四五年三月から四月にかけて「多々良隊」の若者たちが、沖縄に、四五年四月には「天武隊」の若者たちが、四五年五月から六月にかけて「振武隊」と「轟隊」の若者たちが、そして最後に四五年七月から八月にかけて「多聞隊」の若者たちが、それぞれ沖縄——サイパン——ウルシーを結ぶ洋心に向かって出撃、あたら二十歳前後の短い命を賭し、凛然たる面持ちの中で〝十死零生〟の出撃を敢行していた。こうして、隊員八十六名（他に殉職十五名、自決二名）が、現世に心を残しつつ、〝悠久の大義〟と言われた「皇国史観」に基づく、日本の歴史のある時代の、相対的な、余りにも相対的なパラダイムに身を投じ、壮烈かつ無惨に散華したのであった。「回天」の出撃による犠牲は、特攻隊員の犠牲だけに終わったのではなかった。「回天」搭載艦としての潜水艦とその乗組員の犠牲はそれ以上に多く、「回天」戦に出撃した潜水艦の喪失は八隻（撃沈ないし消息不明となったもの「伊三十七潜」「伊四十八潜」「伊三百六十八潜」「伊三百七十潜」「伊四十四潜」「伊五十六潜」「伊三百六十一潜」「伊百六十五潜」)、人員の喪失は六百人にも及んでいた。しかも、「防衛庁公刊戦史」が指摘しているように、「親艦《おやぶね》が相次いで未帰還となり、親艦から発進した『回天』はもちろん未帰還となり、いくばくもの攻撃成果も上がらず、士気に及ぼす影響は計り知れないものがあった」と言われているのだ。(戦史叢書「海軍軍戦備」〈2〉百七十七頁)

事実、「回天」戦による戦果の確認は至難の業であり(人間魚雷を発射しても潜水艦自身が自らのサバイバルのために戦果を適確に確認することは出来ない)、戦後五十年余年の今日において、アメリカ側の資料に基づいて確認された戦果は、既によく知られている四四年十一月の「玄作戦」に初陣として出撃した「菊水隊」によるウルシーでの油槽船「ミシシネワ」の撃沈の他、四五年五月から六月にかけて出撃した「振武隊」と「轟隊」のうちのいずれかの「回天」の挙げた輸送船「カナダ・ビクトリー号」の撃沈、四五年七月から八月にかけて出撃した「多聞隊」の挙げた兵員輸送船「マラソン号」の撃破及び駆逐艦「アンダーヒル」の撃沈くらいである。駆逐艦「アンダーヒル」の場合、「回天」を間違って超小型潜水艦と思い込み、艦首でこれに乗り上げようとして人間魚雷が爆発、撃沈されたと言われる。(以上の戦果に関する記述は"ВОЕННО-ИСТОРИЧЕСКИЙЖУРНАЛ"1982/8「第二次大戦における日本軍の人間魚雷」によるが、原資料はアメリカ側の"OUR NAVY"等によるものと思われる）「回天」特攻作戦と言うのは、結局、〃アクセプタビリティ〃（受容性）の非常に少ない作戦に他ならなかったようである。

「回天」戦とは一体何だったのか。

ソ連の「戦史報」はこう述べている。

特攻作戦を巡って、「日本軍は、破壊的活動用の手段に熱中したが、それも彼らの望みを適えるようなものではなかった。信頼するに足る十分な支援があったとしても、それらは艦隊主力の作戦行動を補うものに過ぎない。日本軍による人間魚雷の使用は、人員の大きな損失に結び付いており、しかも、挙げた戦果はそれほど効果的ではなく、他国が将来その例に倣《なら》うことは出来ないだろう。破壊活動用の諸手段を戦闘に使用する場合、その成功は、その諸手段の技術的信頼性に大きくかかっている。日本軍の『回天』は、極めて低い信頼性しか持っていなかった。人間魚雷の資材の五〇％以上が、それを戦闘で用いる以前の戦闘目的をもって作られていたのである。人間魚雷の使用は、太平洋戦域における戦闘になんらの本質的な影響をも与えなかった、ということはよく理解出来る事実である」と。（"ВОЕННО-ИСТОРИЧЕСКИЙЖУРН

AJT"1982/8)

主戦力が崩壊した時に、いかなる意味においても補助的な戦力は意味をなさないし、貧弱な技術体系に基づいた、当初から合目的でない、付け焼き刃のような兵器をもってしては、戦局の決定的な挽回は不可能であると言う〝セキュリティ・マインデッド〟な心性に基づいたソ連一流の軍事科学的な正攻法の立場からの批判と言ってよい。

以上、潜水艦搭載の「回天」とは別に、一九四五年五月以降、海軍は、太平洋戦争終末期の本土決戦に備えて、本土の各陸上基地に「回天」を配備。突撃隊を編成したが、敗戦の到来とともに、これら「回天」の若者たちが実戦に参加することなく戦後に生き残ったことは、彼ら自身の運命と新しい日本の歴史にとって、望外の幸せであった。「我らまた　辿りて行かん　君が歩みし　苦難の道を」と誓いつつ、死んでいった彼らの戦友を心に止め、新生日本の建設に立ち上がった生き残りの「回天」の若者たちも、しかしながら、戦後五十余年以上を閲した今日、そのすべてが既に古稀を越える人々となっているのである。

「震洋」と「連絡艇」

次に「震洋」について言えば、衝撃効果の確認をしないまま、その量産が始まったのは一九四四年五月。最初の部隊編成が行なわれたのが同年八月であった。「震洋」についても「回天」と同様、脱出装置が問題であった。四四年八月十六日、海軍中央において特攻兵器採用に関する全体討議が実施された際、「草鹿連合艦隊参謀長は、必死の戦であるので成果のあがる兵器を持たせてやりたいと述べるとともに、『1／10生還ノ方途ヲ考ヘテ貰ヒタイ』との希望を述べていた。また井上成美海軍次官は、捨身戦法の有益なことを認めつつも、『脱出装置』の準備について発言するところがあった」と「防衛庁公刊戦史」も指摘しているのだ。なおこの討議の段階では、少なくとも、一部のこうした海軍中央の将官たちの心底には、伸るか反るかの作戦を巡って事を起こす場合、十死零生ではなく、依然、九死一生の海軍伝統の作戦思想が微かに生き残っていたようである。だが、こうした海軍中央の声も、ボルテッジの高い下部の〝ボトムアップ〟の声によって掻き消されていた。同「戦史」が続けて述べているように、「しかし現実には、多くの『震洋』隊生き残り乗員の証言するように、いずれも脱出することなく体当たりを原則としていたことに疑問の余地はなく」、「また海軍中央部も、脱出については特別の装備をすることなく建造を進めた」と言われているのである。（戦史叢書「大本営海軍部・聯合艦隊」〈6〉三百四十頁）

言い換えれば、海軍中央と言えども、脱出装置など考慮することなく事を進めていたのである。

一方、海軍の「震洋」と同じ発想の特攻艇が陸軍においても開発されていた。㋹と呼ばれるものがそれで、㋹とは秘匿名を「連絡艇」と呼称していたことから付けられた名称であった。㋹の設計が開始されたのは、海軍よりかなり遅れた四四年六月十五日、その試作に着手したのが六月二十六日、第一号艇が完成したのが七月八日であった。言うまでもなく、陸軍の場合もまた陸軍省及び統帥部の肝煎りで実施された特攻への傾斜であった。「必死の特攻部隊を編成化することについては統率上の問題があった」と「防衛庁公刊戦史」は、海軍の場合と同様、搭乗員の生還問題に関して次のように述べている。「体当たり直前舟艇から離脱する方法についても研究されたが、いずれにしても生還を期することは困難であった。したがって、この舟艇部隊要員には志願者を充てるものとした」と。（戦史叢書「大本営陸軍部」〈9〉七十三頁）

ちなみに、陸軍の場合、注目すべきことは、海軍と違って、この特攻艇に関し、陸軍大臣が四四年八月二日に、参謀総長が同年八月四日に、それぞれ上奏。また八月十二日は、天皇に対して肉薄攻撃のフィルムをわざわざ天覧に供したと言う事実である。もっとも、天皇がこれに関して、どのような見解を表明したかについて、「防衛庁公刊戦史」は触れてはいない。

こうして、海軍の「震洋」と、同じ陸軍の特攻艇との統一名が⑧と呼ばれ、この⑧による戦法を「震天」と名付け、陸海軍中央協定が成案され、以後、内外各地に展開されていたが、この場合もまた、他のケースと同様、必ずしも陸海軍の統一的な作戦展開が実施されたわけではなく、また両軍とも期待されていた戦果を挙げることもなかった。脆弱な〝モーター・ボート〟をもってする、雲霞のごとき、しかもハリネズミのように兵装された敵艦船群に対する強襲（奇襲ではなく）に、一体どれだけの効果があるのか。この点に関して、「防衛庁公刊戦史」は、次のように述べている。「震洋隊編成の当初は特攻突撃するものであるというだけで、その用法等については深く研究されるところなく、昼間強襲の考えだけであったため、その犠牲と効果に疑問が持たれるようになった」と。（戦史叢書「海軍軍戦備」〈2〉百七十九～百八十頁）

アメリカ海軍が作戦上の判断基準として最も重視した「犠牲と効果」、つまり〝アクセプタビリティ〟（受容性）に関しては、当初は余り深く考えず、ただ特攻突撃するだけだと言う精神主義のみが先走った主観主義的発想こそ、当時の日本人の頭脳を支配していた独特の発想であった。必中のための必死ではなく、必死そのものが自己目的となった観のある、余りにも倒錯的な発想の産物に他ならなかったと言ってよい。無論、「震洋」と言えども、後日になってその効果的使用法が検討され、「碇泊艦に対する夜間攻撃」を目指して訓練が開始されたことは事実であった。

「桜花」

以上に述べた水上・水中特攻の他に、「神風」特攻発動以前の航空機特攻として登場したのが、一九四四年八月に㊅の呼称で設計が開始され、同年九月に量産に入っていた「桜花」(頭部爆装の小型ロケット噴射式グライダー。八百七十機生産)であった。空中人間爆弾「桜花」を着想したのは、海軍の下級将校大田正一少尉らであった。大田少尉らが海軍航空本部に意見具申していたのは、四四年七月頃のことと言われる。航空本部は、直ぐ大田らの意見に飛びつき、軍令部と協議。海軍中央が大田らの意見を入れて「桜花」の研究と試作にかかったのは、大田らが意見具申した日から僅かに一ヵ月程度たったこの年の八月であったことから見て、当時、マリアナ失陥後の海軍中央が、戦局挽回の時間的余裕と手立てもなく、文字どおり藁をも掴む差しせまった事態に身を置いていたことの、なによりの証左であった。海軍航空技術廠が、「桜花」の試作機製造を開始したのは、四四年八月十六日であったと言われる。「兵器の試作命令の発出は、搭乗員の一〇〇%の戦死を意味するうえで、画期的なものであった」と「防衛庁公刊戦史」は書いている。「それは海軍が特攻作戦を採用する第二の

狼煙と言いうるものであった」と。(戦史叢書「大本営海軍部・聯合艦隊」〈6〉三百三十四頁)

周知のとおり、「桜花」は、その母機を一式陸上攻撃機とし、胴下に吊り下げて発進。戦場到達後発射される仕組みであった。そのため陸攻を含む第七二一海軍航空隊が新編され、司令に先述の特攻作戦を提唱した岡村大佐が任命されていた。最初は、茨城県百里ヶ原を基地としていたが、以後、神之池空に移り、「神風桜花特別攻撃隊神雷部隊」として開隊。以後沖縄戦に投入されていたが、〝アクセプタビリティ〟から見た戦果も少なく、その大部分は、母機とともに敵戦闘機に食われ悲劇的な最期を遂げたのであった。

もともと圧倒的な数の敵戦闘機群の邀撃するなかで、ひどく鈍速の一式陸上攻撃機を母機として海上の目標を攻撃する戦術的強襲の仕組みと発想自体に、決定的なウィーク・ポイント(矛盾)があったと言うことだ。「桜花」による特攻攻撃が成功するためには、なによりも先ず、一時的にせよ、予定戦場における味方戦闘機の制圧下での制空権の確保が大前提であった。しかし、もし、制空権が確保されている状況が常態であるとすれば、そうした戦勢下では、そもそも特攻作戦そのものを発動する必要がない、と言うのが物事の論理的帰結である。制空権が敵に取られた戦勢下で、一方向にしか滑空能力のないグライダー（空戦能力はおろか回避能力の全くない）「桜花」を使用しての特攻作戦に、成算があるとすれば、ただ一つ、混戦下で、ごく限られた「桜花」の奇襲が成功した場合だけであって、この奇襲の成功そのものが至極確算が低いことはいまさら言うまでもない事実なのである。いずれにしても「桜花」による作戦は、〝アクセプタビリティ〟のない作戦であったばかりでなく、もともと〝フィージビリティ〟のない作戦でもあったと言うことだ。

もっとも、こうした事態を予見して、鈍速の一式陸攻に替えてより性能のよい「銀河」を母機とする別のタイプの「桜花」（「桜花」二二型）の開発が実施されていたことも事実だった。だが、このタイプの「桜花」は、結局、空中投下試験に失敗。「実用の域に至らず終戦となった」のである。（戦史叢書「海軍軍戦備」〈2〉百八十七頁）

「桜花」以外にも「橘花」（終戦まで試作機一機完成）、「藤花」（終戦まで完成せず）、「神龍」（終戦まで試作機五機完成）、「若桜」（終戦まで試作機未完）等の各種の特攻機を製作する計画が立案されたが、いずれも実用には至らなかった。

いずれにせよ、上述の「桜花」を、合理的でプラグマティックな方法論をもってものを考えるアメリカ人たちが、“BAKA BOMB”と蔑称したのは、破局に追い込まれた時の日本人の発想における受容性と許容限度を考えない判断基準の驚くべき貧困さと、そこからよってきたる暴虎馮河の行動様式が、嘲笑の対象となったからに他ならない。

だが、当時、異質の文化の中に生きていた日本人にとって、そもそも特攻の世界は、論理の世界などではなかったのである。それは、生田惇がいみじくも言ったように、「合理、非合理の世界ではなく、念力の世界」と言われる世界だったのである。（生田惇「陸軍航空特別攻撃隊史」ビジネス社百十三頁）

〝トップ・ダウン〟陸軍航空特攻

ところで、陸軍の場合はどうだったのか。

陸軍が航空機による艦船体当たりの特攻戦法を検討し始めたのは、海軍よりもかなり早い一九四四年二月下旬のことであったと言われる。中央の航空関係者を中心としての検討ではあったが、検討が始められたとほぼ同時に、同年三月に入って、参謀本部は、早々とそれもいきなり航空特攻の採用を決定していた。それまで体当たり戦法に統帥上の理由から反対の強かった航空総監部の首脳人事に先ず手がつけられ、航空総監兼航空本部長安田武雄中将は外されて、軍事参議官兼多摩陸軍技術研究所長に転補され、その後任に参謀次長を兼ねる後宮淳大将が当てられると同時に、航空本部次長として陸軍航空のベテランと目されていた菅原道大中将が転補されたのである。陸軍の場合、先ず、強引に道を掃き清めてからと言った手口であった。（戦史叢書「陸軍航空の軍備と運用」〈3〉二百六十五頁）

海軍の普通機種による航空特攻作戦発動の場合、既に述べた通り、大本営海軍部は、第一航空艦隊司令長官、つまりラインの指揮官としての大西瀧治郎中将から、事前報告を受けていただけで、物事は、全て大西中将の自発的な決定を巡る責任と権限において実施され、海軍中央は、いささかリラクタントな面持ちをもって事態の推移を傍観すると言った態度であった。こうした海軍中央の態度と比べると、陸軍の場合、中央のトップ・ダウンによる、それも強引な手口をもって物事が運ばれたようだ。

たとえば、ここに一つのエピソードが語られている。当時、航空本部教育課にいた内藤進（終戦時、第三航空軍参謀）は、戦後のある座談会でこう述べているのだ。

航空総監が後宮大将に代わった後、会同があった。その会同で、「まず総監が発言され、『現戦況を打開するため、必殺体当たり部隊を編成する』ことの可否を問う趣旨の質問があったのです。ところが上の人は誰も発言しないのです。これは大変なことになると思い、私は感情が激していたのでしょう手を挙げてかなり激烈な調子で反対論を述べました。航空総監は、戦果が挙がらないのは航空がだらしないからだという発想のようですが、私は装備と用兵の問題だと主張したのです。そしたら石川少佐が立ち上がって、『内藤少佐の意見に全然同意』と言ったため、総監の命でこの会議はなかったことにせよ、御破算だということになりました」と。（田中耕二・河内山譲・生田惇編「日本陸軍航空秘話」原書房二百四十九頁）

　内藤が上述の発言の中で「上の人は誰も発言しないのです」と言った光景について語っているのはいささか興味深い。安田中将から後宮大将への航空総監の交替が、特攻作戦の制式採用の含みを持っていることを知っていた「上の人」たちは、この時、総監の意図を忖度して沈黙を守っていたのであろう。そして、総監は総監で、必殺体当たり部隊の編成と言う未曾有の事実を、この会同で少なくとも若手の参謀を交えて諮問したと言う形式をとることによって、全会一致の事実を作為しようとしたのであろう。だが、それを知らなかった内藤や石川は、作戦としての体当たりに反対した。この時、若手少佐連の反対と言う予期せぬ事実だけが、会同の場に白々とした空気を漂わせて、総監を始めとする「上の人」たちの心底に残ったのである。ちなみに、内藤がこの後直ぐ、「パレンバンの参謀」（第九飛行師団）として転勤させられたのは、恐らく偶然ではなかろう。

陸軍中央は、特攻作戦を全軍のコンセンサスとするために、このような下手な手口で事を運ぶとともに、ある事実を顕彰することで、物事を促進しようとしたのである。「防衛庁公刊戦史」が述べているように、この年の五月下旬、敵のビアク島来攻に際し、二式複戦四機を率いて独断出撃し戦死していた高田勝重少佐らの行動を巡って、「寺内南方軍総司令官は感状を与えて全軍に布告」するとともに、これを「壮挙」としてプレス・キャンペーンを実施、「国内にセンセイションを巻起こした」のであった。こうして、「この戦訓は航空特攻戦法の先駆けとなり、逐次各方面に、その気運を高めたのである」戦史叢書「陸軍航空兵器の開発・生産・補給」四百五十五頁）

次いで、陸軍は、軍中央の〝トップ・ダウン〟によって航空特攻を強引に決定。四四年七月には九九双軽と四式重など爆撃機を中心とした航空機の特攻機への改装が早々と実施されていた。その後、特攻隊の編成と特攻作戦の推進が決定されたのは、四四年九月二十五日。航空特攻に関する限り、陸軍の決定は海軍よりも三週間以上も早い。

決定がなされていたこの日の状況を、特攻に反対していた丸田文男（当時、航空本部部員。少佐）は、「大勢の赴くところどうにもならない状況でした」として、戦後、次のように語っているのである。

「九月二十五日、参謀本部からの要請で関係幕僚会議が開かれました。冒頭、参謀本部側から戦況説明があり、その結論として『もはや航空特攻以外に戦局打開の途はない、航空本部が主導して特攻隊の編成、特攻攻撃を推進してもらいたい』と要請されました。集まる者二〇数名、暫くの間沈黙が続きましたが、私は一人、猛烈に反対しました。『航空がボヤボヤしているから戦争に負ける』というような発言を腹に据えかねたのです。ところが、それから三日後の九月二十八日、特攻隊の差出に関する指示が出ました。さあ、それからというものは航空本部（教導航空軍）では教育部長や総務部長が直接各教導飛行師団に飛んで特攻隊の編成を処置したんです」と。（田中耕二・河内山譲・生田惇編「日本陸軍航空秘話」二百四十九頁）

丸田文男は、無論、陸軍中央のこの手の強引な指導に対して「強い不満」を持っていたのである。

正木少将の抵抗

後宮大将は、航空本部長に転補されるとともに、第三航空技術研究所長の正木博少将に特攻兵器の研究開発を命じた。陸軍は、航空特攻の場合、海軍に比べていささか周到に事を運んだようである。特攻戦法の採用が参謀本部で決まり、これに伴なって関連首脳人事が決定され、さらに特攻兵器の用法上の研究開発が進められる、という一連の手順が踏まれているのだ。

後宮大将の命令を受けた正木少将は、四四年七月十一日付をもって「棄身戦法ニヨル艦船攻撃ノ考察」を起案しているが、正木答申の行間と文脈に、彼の特攻攻撃に反対する良心の軌跡が、苦しい〝奴隷の言葉〟をもって語られていることを見逃してはならないのだ。正木は、彼の文書の中で、体当たり攻撃の六つの方法を数え挙げ、そのほとんどに対して慎重な表現をもって否定的見解を示しつつ、最後に消去法に基づいた言葉の上での可能性を示唆してはいるが、正木は最後に残った方法に対しても、生田惇が指摘するように、事実上は不可能な事柄を提案していたのである。

正木は、「考察」の中で述べている。

「一、胴体先端に爆弾（延期信管）を装備し、上甲板又は側面上部に激突する方法。
　この方法は航空母艦を大破炎上させる効果がある。胴体先端に装備する爆弾は少なくとも上甲板又は側壁の一層を突破する弾体強度を必要とするので、飛行機の設計から変更しなければならない。
二、胴体先端に「コ」弾（瞬発）を装備し、上甲板又は側面上部に激突する方法。
　この方法は航空母艦を大破できる望みがある。「コ」弾の、二〇粍級甲板貫徹能力は確実と思われるが、甲板貫徹後その背後に及ぼす効力は不明である。

三、胴体先端に爆弾を装備し、敵艦船近く水中に突入し水中爆発を期する方法。この方法は各種艦船に対して撃沈又は轟沈の望みが大である。しかし飛行機の構造を本案に適するように、最初から設計しなければならない。

四、前項と同様に、艦船の推進機付近において水中に突入し爆発を期する方法。この方法は各種艦船の行動を不能にするが、操縦上はなはだ困難が予想される。

五、一瓲爆弾を胴体下に装備し、上甲板又は舷側に激突するか、水中爆発を期する方法。この方法は弱艦船を撃沈でき、強艦船に対しても効果が期待できる。

六、独ミステル爆弾を胴体上部に使用し、舷側に激突させる方法。この方法は有望であるが、本弾の効力および構造が明確でないため、研究になお日時が必要である。

以上六つの方法が考えられるが、海軍における実験等の結果に照らし、戦艦、重空母を撃沈するためには、一瓲以下の炸薬では水中爆発によるほかない。空中爆発によって効果を収めるには、二瓲又はそれ以上の炸薬を用いなければならない」

正木少将は、そう分析した上で「結論」としてこう述べているのである。

「即刻可能な方法は、九九双軽に一瓲爆弾を搭載して敵艦に激突する前記五の方法である。この場合、水中に没入爆発することが望ましいが、操縦上不可能であれば、ところかまわず激突する。一瓲爆弾を胴体下に懸吊するための機体改造等は、八月末までに二〇機程度可能である。将来対策としては炸薬量を少なくとも二瓲以上とし、これに適合する飛行機を設計するとともに、爆弾を合理的に装備する方法を研究する必要がある」と。（傍点——引用者。戦史叢書「陸軍航空兵器の開発・生産・補給」四百五十五〜四百五十六頁）

生田惇が指摘しているように、九九双軽の爆弾標準搭載量はたかだか四百キロ。もしそれに正木の言うような一トンもの爆弾を搭載するともなれば、「飛行性能が極端に低下する」ばかりか、弾倉もしまらず、そんな状態で敵艦に突入することが出来ないのは自明であった。（生田惇「陸軍航空特別攻撃隊史」ビジネス社三十〜三十一頁）

正木少将は、いずれにせよ、こうした実行不可能な事柄を敢えて提案することによって、体当たり攻撃と言う不条理な戦法に抵抗したのであった。

だが、正木の〝抵抗〟にもかかわらず、陸軍中央は、九九双軽と四式重の特攻機への改装を強引に実施していた。「九九双軽の改修は機首に導爆装置を設け、これが衝突すると、爆弾が爆弾倉の中で爆発する」仕組みであり、また「四式重の改修は九九双軽と同様、機首に導爆装置を設け、爆弾倉内の一発は導爆装置の衝突により爆発し、この誘発によって他の一発（操縦室後方の通路に縛着）も爆発する」仕組みの手の込んだ恐るべき人間飛行爆弾だった。（戦史叢書「陸軍航空兵器の開発・生産・補給」四百五十七頁）

機首から突き出した一本の導爆装置を持つ飛行機。その姿は、人々に「異様」な印象を与えていた。

事実、この「異様」さは、外観ばかりではなかった。改装を巡る最初の設計は、「体当りをしない限り爆弾は投下できない」と言われる、異常と言うべき表現を超越した余りにも恐るべき設計であった。（同上書四百五十七頁）

なんらかの状況下で、目標となるべき敵艦船を発見出来ず、基地に帰投する場合、こうした設計では、飛行機が安全に着陸出来る保証はほとんどなかった。一度出撃すれば決して帰還させないと言う条件と思想が、事の初めから人為的にビルトインされていたのだ。だが、このような余りに余裕のない設計が、戦場の実相から遊離している事実に気付いていた搭乗員たちの苦情もあって、後日、「手動の鋼索を取付け、それを操縦席で引けば、電磁器が作動し、緊急時には爆弾を投下できるように」改装されていた。（同上書四百五十七頁）

私設の集団

ところで、もう一つ。海軍においてはほとんど論議の対象とならなかったようだが、陸軍で大きな問題となったのは、航空特攻隊に関する軍隊編成上の問題であった。航空特攻を天皇に上奏し裁下を仰いで制式の軍隊編成にするのかどうか。

この問題について陸軍では激しい論議が交されていたと言われる。もっとも、先の水上特攻の場合も、上奏が行なわれた事実はあるが（海軍でも、四四年七月八日、嶋田軍令部総長が参内。水中・水上特攻の編成を朧《おぼろ》げな形ではあるが、天皇に奏上している）、航空特攻に関しては、陸軍でも事はそのようには運ばなかったようだ。激しい論議の末決まったことは（結果として海軍の場合と同じことだが）、陸軍の特攻隊は、正規の軍隊編成として認知されることなく、「第一線指揮官が臨機に定めた部隊編成」と言った形をとることとなったのである。特攻と言う航空作戦の破綻から生まれた余りに残酷な〝十死零生〟の戦法を「天皇の名において命令することは適当ではない」と陸軍上層部が考えた結果の、それは文字通り苦肉の策であった。天皇を配慮しての屈折した思想と思惑と措置の中に、陸軍の上層部もまた海軍の大西瀧治郎中将同様、特攻作戦を「統率の外道」と考え、そのような作戦を天皇の名において実施することの不遜さを感じていたことの、これは隠微な証左でもあった。少なくともこの一事において、特攻が、「統率」を構成する二つの要因の一つである法的概念としての「指揮」とは別に、道徳的概念としての良好な「統御」と言われるものからして、許すべからざる必要悪であると言う潜在的認識があったものと思われる。

こうして、陸軍の特攻は、言ってみれば、陸軍内部の自発的に出来上がった私設の集団と言う形をとることとなったのだ。生田惇によれば、「特攻は、表面的には一般の軍隊に準じ、隊名、隊長などが定められているが、厳密にいえば、リーダーを有する殉国同志の集団である。隊長には、人事教育、賞罰に関する完全な統率権がなかった」と言われる中途半端な統率権が与えられていたのだ。（生田惇「陸軍航空特別攻撃隊史」ビジネス社四十三頁）

他でもなく、タテマエにこだわる日本陸軍軍官僚一流の、実は、姑息な手段に過ぎなかったのである。だが、皮肉なことに、それが陸軍軍官僚の、統帥を巡る〝輔弼〟の責任の在り方であったと言うことだ。

一方、海軍の場合も、当初、航空特攻の場合、大西瀧治郎中将の独自の責任の下で特攻隊が編成され、軍令部は「話は聞いた」といった形で、事を曖昧にしたまま、それほど明確な意思表示を与えたわけではなかったのである。

かすかな曙光の中で

ところで、既述の大西の特攻提案に対して、涙をのんで承認するとした及川古志郎大将の心的状況には、この時、ひどく複雑なものがあった、と想像される事実がある。既にこの時より二ヵ月も前の四四年八月、日本海軍の上層部において、平和への動きが極秘裡に始められており、その動きを知っていた極めて少数の人々の中に及川自身がいたからである。

日本海軍上層部の心ある人々の心底に和平への冀求《ききゅう》がはっきりとした形で芽生え始めたのは、アメリカ軍によるマリアナ諸島への侵攻の火蓋が切られた四四年四月の頃であった。この月のある日、横須賀鎮守府へ要務で出かけていた教育局長の高木惣吉少将に対して、連合艦隊司令長官豊田副武大将は彼の胸中を次のような言葉で表現していたと言う。

「僕は古賀の後を受けて、連合艦隊に出ることになったが、率直に告白すれば、戦局挽回の成算も立たないし、陸軍の飛行機を（太平洋戦線に――引用者）ふりむけたとしても、もはや時期遅れで、間にあわぬ。やっぱり思い切った外交措置を打たないとイカンように考える」と。（高木惣吉「自伝的日本海軍始末記」光人社二百六十二頁）

ちなみに、この月の二十八日、高木が、軍令部第二部長黒島亀人少将から聞かされていた敵状は、その戦力において圧倒的なものがあり、マーシャル諸島海域に展開している米空母群は二群。その数、実に二十三隻の存在が偵知され、これらの機動部隊が間もなくフィリピンに来攻することは大きな公算をもって予知されていた事実であった。さらに、当時、前線に展開されていた彼我の航空戦力パリティは、アメリカ六、日本一にも開いていると言うのが黒島らの算定であった。この日、高木に向かって「戦にならぬ」と嘆いた黒島の言葉を、高木は「すでに国力、戦力の限界を越えたことを裏書きしている」と受け取っているのだ。(高木惣吉「私観太平洋戦争」文藝春秋百四十六〜百四十七頁)

先の豊田副武大将の「外交的措置」という言葉が、和平交渉を意味していたことは、言うまでもなかった。

四四年六月二十日、周知のごとく、日本海軍の機動部隊は「マリアナ沖海戦」で壊滅的打撃を受けていた。この月の三十日、米内光政大将を私邸に訪れた高木は、「マリアナ沖海戦」を巡って米内の口から吐き出された絶望的な語調の次のような言葉を聞かされているのである。

「こまかなことは知らんが、戦争は負けだヨ。確実に負け戦さだヨ。だれが出て、何をやってもどうにもならぬ。年寄りは昼寝でもしているよりほかはあるまい」と。

（高木惣吉「自伝的日本海軍始末記」二百八十五〜二百八十六頁）

米内は、そう言って自嘲の寂しい笑い声を立てたと言う。

この年の七月七日、現地軍からの「我等玉砕以て太平洋の防波堤たらんとす」と言う悲壮な訣別電を最後に、サイパンは事実上陥落した。サイパン失陥。それは、日本の運命にとって剣が峰から足を外しての奈落への転落を意味していた。と言うのも、それ以後の日本本土は、サイパンに基地を置いていた戦略爆撃機〝スーパー・フォートレス〟B－29の魔手の中にすっぽりと搦《から》め捕られてしまったからである。日本の戦力基盤は、この時以来、音を立てて崩れて行ったのである。こうして、高木が指摘したとおり、中国大陸（満州を含む）に展開していた〝百万〟の兵力は、国土を守る上でなんの役にも立たない〝遊兵〟と化してしまっていたのであった。太平洋正面にこの時、決定的な破局が訪れていた。

こうした戦況の中で依然、政権の座に固執し、暗殺計画の対象とすらなっていた東條首相が遂に退陣。暗黒の彼方に漸《よう》くかすかな曙光が見え始めていた。

四四年七月二十二日の小磯・米内連立内閣が成立した日から間もない八月のある日（二十九日）、当時、海軍省教育局長をしていた高木は、米内海軍大臣の下で次官として起用されていた井上成美中将に呼ばれて、「戦局の後始末」の研究、つまり、和平の研究を密かに依頼されていた。当時、この和平研究を知っていた者は、海軍部内でも、高木のほかに米内海軍大臣、井上次官、それに及川軍令部総長のわずか三人でしかなかったと言われているのである。

大西に特攻作戦の承認を迫られた時、及川が涙をのんで、それを承認し、しかも、「実行にあたっては、あくまで本人の自由意思によってやってください。けっして命令してくださるなよ」と切望したのは、故なしとしない。

若者たちの生命を代償として

だが、今や和平へのほのかな兆し（主観的な）が見える中で、それとは一見裏腹の性格を持つ特攻作戦が若者たちの生命を代償として強行されようとしていた。

大西瀧治郎中将にとっては、まさにこの特攻作戦こそがその微分的可能性において、もしかしたら戦局の最後の転機となるかも知れないただ一つの、そしてそれ以外に最早全く選択の余地のない賭けであるかのように見えたのである。それが、この時代に生きた大西瀧治郎中将に代表される、〝窮鼠猫を噛む〟日本人の、意思決定の典型的なパターンであった。

大西の特攻作戦実施の決意は、彼が、歩を一歩一歩戦場に近づけるに従って、一層牢固なものへと固まって行った。恰《あたか》も「必死は必殺である」と言う未検証の先験主義から全てが演繹《えんえき》されているようであった。それは、繰り返して言えば、論理と言うべきものではなかった。だが、日本人固有の〝死の美学〟と言う異次元の心的要素によって、以後、物事は、恐ろしく粉飾されて行く。〝壮烈美〟に魅せられる日本の軍人独特の、それは、心理の陥穽《かんせい》と言ってよかった。彼らは、まさにそこに、湊川に出陣して征った楠正成の精神を見ていたのだ。だが、それこそが、明治以来、非力な国力とウオー・ポテンシャルにもかかわらず、アジアに覇を唱える新興の帝国主義国として、無理に無理を重ねてきた日本の軍国主義者たちが、導き出すべき当然の帰結（アポリア）であったのだ。

第四章　フィリピンにおける特攻作戦

レイテ決戦へ

四四年十月十八日から十九日にわたって、連合軍は、フィリピンへの進行作戦を開始。先ず、レイテ島への道を掃き清めるため、第七艦隊の艦載機群によるレイテ島所在の日本軍飛行場及び通信施設ミンダナオ島周辺の船舶や飛行場に対する航空支援のための空襲を敢行、さらにはセブ島ネグロス島及びパナイ島の日本軍飛行場を空襲する一方、第三艦隊の艦載機群をもってレイテ島、サマール島及びネグロス島を攻撃し、所在の日本軍戦力に手ひどい打撃を与えつつ、他方では、第六軍のレインジャー大隊（一個中隊基幹兵力）によるレイテ湾内の小島スルアン島とデイナガット島（四四年十月十七日）及びホモンホモン島（四四年十月十八日）に対する周到な上陸作戦の下準備を実施し、十月二十日、巨大な空海戦力の支援の下での激しい砲爆撃の後、圧倒的な兵力をもってレイテ島に対する本格的な上陸作戦を敢行していた。

W・クルーガー中将麾下第六軍（総兵力二十万人以上）のうち、F・C・サイバート少将麾下の五万三千人の兵力より成る第十軍団所属のベルネ・マッジ少将指揮下の騎兵第一師団（第五騎兵連隊及び第十二騎兵連隊の二個連隊よりなる第一騎兵旅団並びに第七騎兵連隊及び第八騎兵連隊の二個連隊よりなる第二騎兵旅団基幹兵力）及びF・A・アービング少将指揮下の歩兵第二十四師団（第十九連隊、第二十一連隊及び第三十四連隊の三個連隊兵力基幹のうち、この日上陸していたのは第十九連隊及び第三十四連隊の二個連隊。第二十一連隊は軍直属としてレイテ南部に上陸）は、タクロバン方面に、J・R・ホッジ少将麾下の五万一千五百人の兵力より成る第二十四軍団所属のA・V・アーノルド少将指揮下の歩兵第七師団（第十七連隊、第三十二連隊及び第百八十四連隊の三個連隊兵力基幹）及びジェームズ・L・ブラッドレー少将指揮下の歩兵第九十六師団（第三百八十一連隊、第三百八十二連隊及び第三百八十三連隊の三個連隊兵力基幹のうち、この日上陸していたのは第三百八十二連隊及び第三百八十三連隊の二個連隊。第三百八十一連隊は軍直属の海上予備兵力として後続）は、ドラッグ・カトマンズ正面に上陸。その総兵力はオーストラリア軍を加えて実に十万人余の大兵力となっていた。

一方、十月二十日の連合軍の第二次上陸時に、これを迎え撃つ日本軍の兵力は、牧野四郎中将麾下の第十六師団（第九連隊、第二十連隊及び第三十三連隊の三個連隊基幹兵力）の兵力一万六千人、その指揮下兵力三千人、海軍兵力一千人の計二万人。その他砲兵二個大隊と言った、連合軍の僅か五分の一に過ぎない寡弱な兵力に過ぎなかったばかりか、当の第十六師団の戦力配備は、「正面四〇粁を超え、縦深二〇粁にわたる広地域に分散」「陣地は一応構築されていたものの、資材、機械力、輸送力、労務等の関係からなお軽易な野戦陣地の程度にとどまっていた」と言われる状況であった。（戦史叢書「大本営陸軍部」〈9〉三百八十五頁）

ちなみに、〝強兵〟であるはずの〝天皇の兵士〟の肝腎の練度も、この頃になると、低下し、日本軍が最も誇りとし、かつそれに依拠したソフト戦力の精神的中核であるはずの士気もまた、ところどころでいささか破綻を見せ始めていた。

一方、第十六師団の集積すべき軍戦備も計画量を大幅に下回っていた。もともと計画量自体がひどく過少だったことを考え合わせると、アメリカ進攻軍の巨大な戦備を前にして、それは問題にならないほどの寡弱な戦備であったと言えよう。「防衛庁公刊戦史」の記録によると、師団の戦備は、弾薬で計画量一・五会戦分の僅か四〇パーセント（〇・六会戦分）、つまり、一回の会戦すら実施出来ないほどの戦備であったし、燃料に至っては、自動車用の計画量一万五千本、舟艇用の五千本に対して、これも僅かに七パーセント。言い換えれば、師団にはほとんど機動力がなきに等しい状況であった。さらに、兵馬を養う肝腎の糧秣について見れば、兵に対する糧秣の計画量である二万人・半年分に対して六〇パーセント、つまり、三・六ヵ月分、主食（米）のみは五ヵ月分。馬糧、被服、需品等は計画量の三〇パーセントが集積されていたに過ぎず、しかも、軍需品を分散集積する保管設備は計画量の五〇パーセントがやっと完成しているに過ぎないと言った有様であった。（以上数字は十月八日現在。戦史叢書「捷号陸軍作戦」〈1〉三百六十五〜三百六十八頁）

第十六師団潰滅

アメリカ軍の上陸作戦は、十月十六日の空襲から始まって、十八日の熾烈を極めた砲爆撃を前哨戦としたお決まりの事前行動によって開始されていたが、既にこの時、日本軍の要点は、「あたかも耕されたように」なり、「用務を終えて守地に帰った将兵は自己の壕の形跡がなくなっていて、呆然と立ちつくしている者が多かった」と言われる状況を呈していた。（同上書三百七十頁）

十八日に続く十九日の砲爆撃も惨烈を極め、日本軍の「砲兵陣地は全部破壊されたかとも思われ」「死傷は既に三〜四割にも達したかのようであった」と言われる地獄絵図が繰り広げられていた。(同上書三百七十一頁)

言わば、戦略的奇襲を受けた形の日本軍が、こともあろうに、寡弱な戦備をもって、しかも、水際陣地で、強大な敵を迎え撃った、それが、初動の事態であった。この頃、十月十七日の暴風が吹き荒れたことも重なって、第十六師団の通信線はバラバラに寸断されていた。

十月二十日、アメリカ軍は、先に述べたように、日本軍守備隊に五倍する十万人以上の大軍と十万トン以上の軍需品を揚陸していた。レイテ島戦をめぐる戦闘詳報を書くのは、本書の目的ではないが、行論の都合上、この日の戦況を、「防衛庁戦史」の記録に基づいて若干触れて置く。

「師団の将兵は艦砲射撃の威力に今さらのように驚愕した(生還者は、『バァンバァンというような普通の大砲の音ではないガーという連続音であった』と回想する)」と「戦史」は、圧倒的な物量を誇るアメリカ軍の上陸を巡って展開された凄まじい光景について書いている。

「数百隻の上陸用舟艇が疾駆近迫、舟艦群(舟艇群——引用者)の側面に駆逐艦とロケット搭載砲（ロケット砲搭載艦艇か——引用者）が位置して並進、数千発のロケットを注いできた。舟艇達着に引き続き多数の水陸両用戦車が進撃してきた。これに少数の歩兵が随伴していた。水陸両用戦車は、その搭載砲、機関銃、火焔をもって、疎散なわが火点を破壊焼却しつつ進む。その破壊焼却を手間どらせるわが火点には、ただちに、艦砲射撃が誘導されるのであった。陸地内部のうち、水湿地以外の地には、重戦車が出現し、同一要領で迫ってきた。その威力強大、わが三十七粍対戦車砲は効力がなく、将兵が肉迫攻撃を敢行するが、火焔と自動火器のためほとんどが失敗に終わり、わが方は減耗するのみであった。夕刻となるや、敵は適宜隔離して戦車円陣を構成し、その前方に携帯障害物を敷設し、さらにその前方に精巧な候敵機を配した。わが方は、局地ごとに小部隊をもって夜襲を行ったが、多くは不成功に終わった。かかる昼夜が続く間、わが方の兵員は逐次減耗し、わが火点は逐次蚕食された」と。

（同上書三百七十三〜三百七十四頁）

日本軍は、レイテ島北部のタクロバン地区に敵の上陸を全く予想していなかった関係から、アメリカ軍上陸第一日目に、この地区の第一線に展開していた兵力は、実質わずか三個中隊（歩兵第三十三連隊）でしかなかった。この三個中隊に襲いかかった敵の兵力は、単純に計算してもその十八倍の六個連隊の兵力であった。レイテ島中央では、日本軍のわずか一個中隊の守備する第一線陣地（歩兵第九連隊第三中隊）に、アメリカ軍のこれも十八倍の兵力を擁する二個連隊（第九十六師団）が来攻。日本軍の中隊は、数時間足らずのうちに残兵二十名を残して全滅していた。レイテ島南部では、日本軍一個大隊（歩兵第二十連隊第三大隊）の守備陣に対して、ここでは九倍の倍数に相当するアメリカ軍一個師団（第七師団）が攻撃を集中していた。

戦闘の収支決算は、まさに、戦力自乗の法則どおりであった。十八日以来のアメリカ軍の損害が、戦死及び生死不明合わせて僅かに五十五名、戦傷百九十二名であったのに対して、日本軍の損害が、実にその二十倍にものぼる約五千名に達したと言われる事実になんの不思議もない。（以上数字は同上書三百七十四～三百七十五頁）

こうして、上陸第一日目にして早くも第十六師団の水際陣地は突破され、上述のように日本軍の通信のネットワークは寸断されて、第三十五軍との間の連絡が途絶えた上、アメリカ軍にとって、レイテ島進攻作戦の眼目の一つとなっていたタクロバン飛行場が掌中に帰したことは、日本軍の以後の作戦にとって重大な出来事となっていた。しかも、これに加えて日本軍の多数の指揮官が戦死し、早々と指揮系統が崩壊。第十六師団長牧野中将は、サンタフェの指揮所を放棄する羽目となり、十月二十一日には、早々と、ダガミの複郭へと後退していた。日本軍の「レイテ作戦はその上陸防御戦闘

の初動において組織的戦闘力を失い、爾後レイテ決戦へと発展して行った」と言われる状況が生起したのだ。（防衛庁資料）

有力な火砲と戦車を持ち、その数においても日本軍を圧倒的に上回る敵を迎え撃ったレイテの第十六師団は、寡弱な兵力をもって連合軍との間に激闘を展開。上陸後三日目の十月二十三日に至って、「一挙破綻」（戦史叢書「捷号陸軍作戦」〈1〉三百七十七頁）と言われる事態に直面していた。

山下奉文大将の第十四方面軍が、遂に、本格的なレイテ地上決戦にのめり込んだのは、十月二十五日であった。だが、その後の戦局は、日本軍にとって絶望的となり、以後、日本軍は急坂を転げ落ちるごとく潰滅的打撃を受け、第十四方面軍が、打ちひしがれた日の丸の旗の下で、レイテの放棄を明らかにしていた十二月二十五日の翌日、連合軍最高司令官マッカーサー元帥は、星条旗を高々と掲げ、レイテ島における連合軍の勝利の下での作戦の終了を誇り高く宣言していた。

指名された特攻隊員

こうした事態の中での四四年十月十九日の夜。マバラカットにあった二〇一空副長玉井浅一中佐は、レイテ湾に突入する栗田艦隊を支援する企図を持っていた大西瀧治郎中将の意を受けて、二〇一空に配属されていた甲飛十期（第十期甲種飛行予科練習生）出身の搭乗員を集めて第一神風特別攻撃隊を編制していた。

しかし、栗田艦隊は、四四年十月二十五日に予定されていたレイテ湾への突入を諦め、甚大な被害を受けたまま、作戦を放棄。特攻による支援作戦は、敵護衛空母の一部を撃沈し撃破しただけで、戦略的成果を収めることはなかったのである。

ともあれ、第一神風特別攻撃隊の編制を実施していたこの時の情景を猪口力平は、玉井浅一の言葉として次のように書いている。

「集合を命じて、戦局と長官（一航艦司令長官大西瀧治郎中将――引用者）の決心を説明したところ、感激に興奮して全員双手を挙げての賛成である。彼らは若い。彼らはその心のすべてを私の前では言いえなかった様子であるが、小さなランプ一つの薄暗い従兵室で、キラキラと目を光らして立派な決意を示していた顔つきは、今でも私の眼底に残って忘れられない。（中略）これは若い血潮に燃える彼らに、自然に湧き上がった烈しい決意だったのである」と。（猪口力平・中島正「神風特別攻撃隊の記録」四十三頁）

だが、上記の叙述に対して、当時その場に居合わせていた人々のニュアンスと事実を巡っての微妙に異なった証言がある。例えば、当時その場にいた甲飛十期出身の高橋保男もその一人である。高橋は、総員集合が掛かった時、「十期生には、この総員集合がなんのためであるか見当がついていた。夜道を本部へ急ぐ途中、誰からともなく『ついに特攻か』というささやきがもれた」と述べ、「玉井副長は、われわれ十期生に体当り攻撃を命令したのだ」と彼の記憶を語っているのである。（「散る桜残る桜」三百三十五～三百三十六頁）

既に述べたように、軍令部総長及川古志郎大将が大西瀧治郎中将に言った「実行にあたっては、あくまで本人の自由意思によってやってください。けっして命令してくださるなよ」と言ったとされる言葉とは裏腹に、第一神風特攻隊の場合は志願ではなく命令によって事が運ばれたと言うことだ。「散る桜残る桜」の執筆者が指摘しているように、「体当り機の人選は、指名によって、すでにこの時より以前に玉井中佐の手許で出来上がっていたのである」と言うのである。（同上書三百三十六頁）

奇妙な話ではある。しかし、ともあれ、高橋が証言しているように、この時集まった十期生は「日本の運命を左右する重大な責任を負わされたことで、若いわれわれは非常に感激し、文句なく全員がこれに賛成した」ことは事実であった。（同上書三百三十五～三百三十六頁）

まさにそれは「寺本統帥」に言う「人間が測り知ることのできないものに対する謙

虚な随順」であり、南の言う「集団我」の心理状態の中で、この時、二十歳前後の若者たちがこうした反応を示したのは、彼らが主体的な自我と言うものを持たず、最悪の場合には「潔くあきらめるという自己訓練」の結果に支配される日本人特有の諦観に基づいての決意がそうさせたのであろう。（南博「日本的自我」岩波新書五十五頁）

一方、当時、これもその場にいた甲飛十期の井上武は、「玉井さんは、敵がレイテに上陸して来たというようなことを簡単に説明したあと、『とにかく貴様たちに特攻をやってもらうより仕方がない。たのむ――。』といった。（中略）体当り攻撃を命令したのがほかの人ではなく、親近感をもっていた玉井さんであったということが、私のように豹部隊から玉井さんと一緒だった十期生が、特攻にそれほど抵抗感をもたなかった原因で、これがほかの人からの命令であったならば必ずしもそうはいかなかっただろうと思う」と証言しているのである。（傍点――引用者。「散る桜残る桜」三百三十六頁）

上記の証言に明らかなように、玉井中佐は、第一神風特攻隊の編制にあたって、それまでの言わば師弟関係と言う義理に基づいたこれも日本人特有の人間関係を基にしつつ、特攻隊員を志願によってではなく指名によって編制したのである。この時以降に実施された特攻隊の編制がほとんど全部志願と言う形式を取っているのに比べて、この時こうした方法を取らざるを得なかったのは、十分な掩護戦闘機の傘を持たない栗田艦隊のレイテ突入が刻々と迫っていたと言う切迫した客観的状況下に置かれていたからでもあろう。

こうして列機の搭乗員が指名された後、指揮官が選定され、関行男大尉（海兵七十期）に「白羽の矢」が立てられたのである。玉井は関に向かって言った。「関、きょう長官がじきじき当隊にこられたのは『捷号』作戦を成功させるために、零戦に二五〇キロの爆弾を搭載して敵に体当りをかけたい、という計画をはかられるためだったのだ。これは貴様もうすうす知っていることだろうとは思うが……ついてはこの攻撃隊の指揮官として、貴様に白羽の矢を立てたんだが、どうか？」。そう言われた関は、一瞬、「オールバックにした長髪の頭を両手でささえて、目をつむったまま深い考えに沈んでいった」と言われるが、「ぜひ、私にやらせて下さい」と「すこしのよどみもない明瞭な口調で」答えたと言う。（猪口力平・中島正「神風特別攻撃隊の記録」四十四～四十五頁）

相剋する想念

これもまた日本人特有の諦めの潔さが関行男をそうさせたのである。だが、この時、関に何の迷いもなかったわけではなかった。
関行男。当時二十三歳。その彼が深い沈思の中で何を考えていたかについては、出撃直前、彼の談話を取材に行った同盟通信記者小野田政がその一端を明らかにしている。場所はマバラカット飛行場のかたわらを流れているバンバン川の河畔。
関は言った。「報道班員。日本もおしまいだよ。ぼくのような優秀なパイロットを殺すなんて。ぼくなら体当りせずとも敵母艦の飛行甲板に五〇番（五〇〇キロ爆弾）を命中させる自信がある」と。（「神風特攻隊出撃の日」今日の話題社二十八頁）
後でも触れるが、この関の言葉には、当時練度の高かった搭乗員であって、ただ一回限りの〝十死零生〟の攻撃を命令された人々のやり場のない不満が物語られているのである。当時、一度出撃すれば二度と帰らない一過性の特攻戦術については、戦闘機乗りであれ艦爆乗りであれ多くの搭乗員が批判的であり、海軍であれ、陸軍であれ、特攻作戦に公然と反対していた中堅幹部たちがいた。もともと航空機の搭乗員は事の初めから特攻隊員として錬成されていたのではない。ある者は空戦において敵の飛行機を撃墜する華々しい戦闘機乗りとして訓練され、ある者は敵艦に爆弾や魚雷を命中させてこれを撃沈する爆撃機や雷撃機の搭乗員として訓練され、生命のある限り何度も出撃して戦果を極大化することが彼らの本来の任務であったし、また誇りでもあったのだ。そこに航空搭乗員独特の気質が形成されていたのである。「回天」のような水中特攻の場合の搭乗員が当初から特攻一筋を目的として訓練されていたのとは大きな違いがあったと言うことだ。当時、関行男大尉が、特攻戦術に対して不満を持っていたことは至極当然ではあった。

無論、それは何も関大尉に限ったことではなかった。例えば、当時、戦闘機乗りとして勇名を馳せていた菅野直大尉（海兵七十期で関の同期）。彼は関大尉以下の第一神風特攻隊が編制されていた時、内地に零戦を取りに行っていたが、特攻の話を聞くや否や「しまった！　俺が居たならば、行ったのになあ……」と叫んでいたと言われるが、この時、菅野の顔は、彼の留守中に部下を特攻死させた悲痛な悔恨の念に歪んでいたと言われる。内地からマバラカット基地に帰ってきた菅野大尉は、部下を集めてこう言ったと言う。「われわれは今まで内地に行って、少し休養してきた。その分だけこれから一層張切って戦わなければならない。ただし、特攻は最後の最後のものだ。俺の隊からは、絶対に体当り機はださない。そのかわり今後の出撃には落下傘を着用しない」と。（甲飛十期会前掲書三百四十二）

菅野大尉はそう言って以後落下傘を着用しなかったと言われるが、これもまた特攻に対する抵抗の一つの形であったと言うことである。菅野大尉がマバラカット基地に不在であり、一方、二〇一空の先任飛行隊長であった鈴木宇三郎大尉が十月十三日の「台湾沖航空戦」で戦死していた状況の中で、この菅野・鈴木両飛行隊の中から甲飛十期出身の搭乗員が第一神風特攻隊の隊員に指名されていたのは「たんなる偶然とはいえない」と「散る桜残る桜」の執筆者は書いている。（同上書三百四十二頁）

当時、二〇一空の司令部では、既に玉井中佐らが体当たり攻撃を企図していたが、それが実施に移されなかった原因の一つは飛行隊長クラスが「歯止め」となっていたからだと言われる。（同上書三百四十二頁）

と言うのも、飛行隊長と言うのは、司令や副長や飛行長と違って攻撃時には列機とともに出撃し攻撃隊の指揮官となることから、常に生死を共にしてきた「部下を体当り攻撃隊にすることを許さないのは当然である」と言うのだ。（同上書三百四十二頁）つまり、飛行隊長がいなくなって初めて、司令部が特攻戦に踏み切ったのだと、執筆者は指摘しているのである。

関大尉の沈思の中には、艦爆乗りとしての自信と誇りを無惨にも打ち砕いてしまった不条理との葛藤が渦巻いていたことについては先に触れた。しかし、そればかりではなかったのである。

関大尉は先の小野田記者に対してさらにこうも言ったと言う。「ぼくは天皇陛下のためとか、日本帝国のためとかで行くんじゃない。最愛のKA（海軍用語でKAKAつまり奥さんのこと）のために行くんだ。命令とあらばやむをえない。日本が敗けたら、KAがアメ公に強姦されるかもしれない。ぼくは彼女を護るために死ぬんだ。最愛の者のために死ぬ。どうだすばらしいだろう！」と。（「神風特攻隊出撃の日」二十九頁）

当時の関大尉には、その年の春、結婚した新婚早々の妻満里子さんのことが胸中にあった。それに彼の母で四国の西条に一人ひっそりと暮らしているサカエさんのことが気掛かりであったに違いない。玉井中佐に「白羽の矢」を立てられた時、関大尉は数秒と言われる短い刹那の沈思の中に電光の早さで去来する彼の短い人生の全てを想起し、そして最後には一人の戦士らしく自らの内奥に相剋する想念の全てを一瞬のうちに止揚して、特攻を、他人ではなく、是非とも、この自分にやらせてくれと言ったのである。

筆者は関大尉が矛盾する想念を一瞬止揚してと書いた。言い換えれば、関大尉は特攻を命令されこれを受けた後もなお相剋する思念と闘っていたと言うことを言いたかったからである。関大尉が特攻を決意したのは、既に述べた通り一九四四年十月十九日の夜であった。小野田記者が関大尉から取材したのは、その翌日の十月二十日であった。この日の関行男はやはり異常な心的情況の中に身を置いていたらしい。

「小野田記者はマバラカット基地にかけつけると、まず関大尉の談話をとろうとして、その部屋に行くと、いきなり、どなりつけられた。

『お前はなんだ。こんなとこへきてはいかん』

関大尉が顔色を蒼白にし、けわしい表情でピストルをだして突きつけた。

小野田記者はおどろいたが、身分氏名をいうと、関大尉はピストルをおさめた。それにしても、異常な行動であった」と高木俊朗は書いているのである。（「文藝春秋」昭和五十年六月号）

第一神風隊（「敷島隊」「大和隊」「朝日隊」「山桜隊」「菊水隊」）の指名による特攻隊員の編制の場合は、既に述べた通り全員指名によって実施されていたが、それ以後は、大部分が志願の形式を踏んで実施されていたのである。

寡少な攻撃戦力

四四年十月十七日、連合軍がレイテ湾口スルアン島に上陸し、越えて同月二十日、レイテ島東岸に上陸していた時、フィリピンにあった日本軍の航空戦力は文字通り寥々たる戦力でしかなかった。一航艦（第一航空艦隊司令長官大西瀧治郎中将）の保有航空戦力は僅かに三十九機が見込める程度に過ぎず（十月二十日現在）、四航軍（陸軍第四航空軍。司令官富永恭次中将）の戦力は、これも僅かに三十機に過ぎなかった（十月十九日現在）。「防衛庁公刊戦史」が述べているように、「比島現地航空部隊の兵力は、陸海軍合わせても約七十機にすぎず、哨戒、索敵さえ思うようにできなかった」と言われる状況であった（戦史叢書「海軍航空概史」三百九十七頁）。一航艦の場合、三十九機中、実にその八七パーセントが戦闘機（三十四機）であり、四航軍の場合は、三十機中、その四〇パーセントがこれも戦闘機（十二機）であった。（戦史叢書「海軍航空概史」三百九十七頁）

巨大な戦争の嵐が吹き始めた時の、フィリピンにおける、これが、日本軍の反撃戦力の実態であり、まさにこれらの事情こそが、制空権の確保はおろか、戦闘機が爆弾を抱いて敵艦に体当たりする特攻作戦発動の直接的な動機の一つとなったものであった。

十月十八日、フィリピンでの決戦に対応した「捷一号作戦」が発動され、翌十月十九日、台湾に展開していた二航艦（第二航空艦隊。司令長官福留繁中将）にフィリピンへの進出が下令されていたが、二航艦の保有機数三百九十五機。うち実動機数は、その六割（五九・四パーセント）にも満たない二百三十五機に過ぎなかった。しかも、実動機数の大半にあたる七五パーセントは戦闘機（百七十六機）であり、「攻撃戦力（爆撃及び雷撃――引用者）がきわめて少なかった」と言うのが偽らぬ戦力の実態であった。（戦史叢書前掲書三百九十七頁）

十月二十二日、福留繁中将が、二航艦の主力を率いてマニラに進出していたのを機に、大西中将は、福留中将に対して特攻作戦の採用を説得していたが、なおこの段階では、福留中将は肯定的な返答を与えていなかったものの、十月二十五日、一航艦の特攻攻撃が成功した後、同日夜、一航艦と二航艦が合体しての第一聯合基地航空部隊が編制され、大西中将は、福留中将を司令長官に推すことで、特攻作戦を推進する手筈を整え、二航艦もまた特攻作戦に踏み切っていた。

特攻戦発動

十月二十一日、一航艦に所属する最初の海軍特攻機が進発。多くの特攻機は天候不良のため引き返していたが、この日、「大和隊」の爆装「零戦」一機がセブ島の九十度百八十五浬において空しく散華していた（以下に示す出撃機数は出撃し散華したもののみ）。

この特攻機に搭乗して出撃していたのは、二〇一空飛行長中島正少佐に、「私を特攻隊か除外されることはないでしょうね」と言い、夕食の後、士官室でピアノを弾いていた久納好孚中尉であった。同中尉は出撃にあたって、「空母が見つからなかったらレイテへ行きます。レイテに行けば目標は必ずいますから、決して引き返すことはありませんよ」と言っていたと言われる。（猪口力平・中島正前掲書八十四頁）

この日、アメリカ軍艦船の特攻機による損害は記録されていないものの、レイテ方面において、オーストラリア海軍の重巡「オーストラリア」が特攻機によって損傷を受けていた。オーストラリア海軍の史料によると、同艦は連合軍の艦船の中で最初に特攻機の体当たりを食らっていた艦艇であったと記録されているが、この特攻機が久納中尉の搭乗機であったかどうかは、時間的な不整合性と機種（オーストラリア海軍の史料では、この「特攻機」は九九艦爆とあり、久納中尉機は零戦である）から特定出来ない。（"ROYAL AUSTRALIAN NAVY 1942-45" P.511）ともあれ、戦果は別にして、久納中尉こそが特攻第一号となっていたのである。

この同じ日、関行男大尉の率いる第一神風特攻隊が出撃していたが、悪天候のために敵機動部隊を発見することが出来ず、一機を除いて全機が基地に帰投していた。この一機は「朝日隊」の搭乗員磯川質男の搭乗機であった。当時、磯川は一旦戦死と認定され、連合艦隊の「告示」に彼の名が記載されていた。しかし、その後、「告示」

の中から磯川の名は消されていた。と言うのも、彼が、後日、生還していたからであった。磯川の生還がその後、彼の悲劇となっていたと言う事実について、「散る桜残る桜」は、当時の海軍の非人間的な所業について以下のように告発しているのである。「この日の攻撃隊は、敵空母を発見出来ず指揮官関大尉は攻撃を断念して、列機を引きつれて引き返していた。基地へ向かう悪天候の中で磯川は列機とハグれてしまった。ただ一機で基地へ急ぐ磯川は、突然雲の中から現れた数機の敵艦載機の襲撃をうけた。あっという間の急襲であったという。かろうじて一撃をかわして彼は、二五〇キロ爆弾を落として敵機との空戦に入った。磯川は執拗に追いすがる敵機をふりきった。このまま彼が基地に帰還したら問題は起らなかったのだが、燃料がなくなって不時着した。爆弾で滑走路がデコボコだらけのひどい飛行場だった。そのため着陸の時、飛行機の脚を折ってしまった。何という飛行場であったか判らないが、通信設備も破壊されたままで、本隊へ連絡する術もなかった。彼は徒歩で、ゲリラが出没するなかを非常な苦労をしてマバラカットに帰ってきた。彼が出撃した日から約一ヵ月位経ってからであった。そしてことの顚末を某指揮官に報告した。（中略）

ところで磯川は、すでに特攻戦死を公表されてしまっていた。これから彼の不幸がはじまった。同期生たちはすでに特攻出撃しなくなっていたときに、彼だけは何回も特攻を命ぜられた。そして十一月下旬、もとから二〇一空にいた搭乗員が内地に引き揚げることになった。当然彼もその中に含まれるはずであった。同期生たちと輸送機に向かっていた彼の背後から、『磯川、待て』と、某指揮官の声が飛んだ。ギクリとして立ち止まった一同の前で、『貴様は、特攻で死んで貰わなければならない。』といわれて内地帰りからはずされた。

同期生を乗せて北の空へ飛んで行く輸送機を、ただ一人飛行場の片隅で手を振りながら見送っていた磯川の姿は、今も同期生の胸に焼きついている。磯川はその後内地に帰り、二十年（昭和）五月二十八日、大村湾上空で敵夜間戦闘機と交戦中戦死した。（中略）磯川に対するこの処遇を、十期生は自分たち全体に対する処遇として受け取った。そして、指揮官、ひいては特攻そのものに対する不信感を強く植えつける一つの原因となった」。（甲飛十期会前掲書三百五十七〜三百五十八頁）

「これには後日譚がある」と「散る桜残る桜」の執筆者はこの後書いている。「比島の航空戦も完全な敗北で終焉して、全搭乗員が比島から引き揚げることになったとき、二十年一月六日クラーク基地で、『あとに残って最後まで戦い、比島に骨を埋める』覚悟を述べた指揮官たちが、なんと搭乗員より先に台湾に引き揚げていて、輸送機から降りた搭乗員たちの前に現れるという放れ業をやって、不信と顰蹙を買った。その

なかに某指揮官もいたのである」と。（同上書三百五十八～三百五十九頁）

これが、「外道の統率」と言われた特攻作戦の、死そのものが自己目的となっていた、悲劇の一断章であった。

以下、繁雑を省みず、出撃していた特攻隊の名称、機種、それに散華していった特攻隊員の名を記録するのは、そのこと自体がひとつひとつ重い意味合いを持つからに他ならない。

十月二十三日、海軍特攻「大和隊」の爆装「零戦」一機がスルアン沖において、戦果を見ず空しく散華していた。

十月二十四日、栗田部隊による「レイテ湾殴り込み」に呼応して、航空総攻撃が発動されていた。この段階で、大本営海軍部が見込んでいた集中可能な航空兵力は一航艦が五十機、二航艦が三百九十五機（第三航空戦隊、第四航空戦隊の航空機を含む）、T攻撃部隊が百機、第三航空艦隊が七十機（第二航空艦隊の残部を含む）、機動部隊本隊が百十六機の合計七百三十一機であったが、実働兵力は、その三分の二と見積もられていた。一方、陸軍の航空兵力は七百十六機（戦闘機三百二十機、爆撃機二百七十二機、偵察機二十四機、その他百機）と見られていた。（戦史叢書「大本営海軍部・聯合艦隊」〈6〉五百七～五百八頁）しかし、これらの戦力は統一的な作戦の下で調整攻撃を実施していたわけではなかった。

十月二十四日の航空総攻撃において、一航艦の特攻機と、さらに二航艦の二次にわたる通常攻撃の任務を帯びた攻撃隊が発進していたが、日本軍側の史料によれば、天候に妨げられて、特攻の戦果はなく、また二航艦の場合も、第一次攻撃隊の百八十九機のみが敵を発見してこれを攻撃。さらに、栗田部隊の「レイテ殴り込み作戦」の囮部隊となっていた小澤治三郎中将の機動部隊が、ルソン島北東端エンガノ岬から二次にわたる攻撃隊を発進させていたが、第一次攻撃隊（三十二機）は敵を発見せず、第二次攻撃隊（十八機）のみが「奇襲に成功」していたものの「総じてこの日の航空攻撃は、期待を裏切るものであった」と言われる状況であった。（同上書五百八頁）

この日、アメリカ軍側の史料によると、日本軍の基地航空部隊がボーガン少将の率いるアメリカ軍第三十八・三任務部隊を攻撃していたが、一機の日本軍機がアメリカ軍側の水も漏らさぬ防禦陣を濾過して突入していた。戦闘がほぼ終了していた頃、この闖入者が軽空母「プリンストン」の飛行甲板に命中弾を与え、同空母は火災を起こして誘爆が続き、それが、同空母を支援しようとしていた軽巡「バーミンガム」、駆逐艦「ガットリング」、同「アイアウイン」に飛び火して二百名以上の兵員が戦死していた。「バーミンガム」はこの時、沈没を免れていたものの、兵員の被害は甚大となり、戦死二百二十九名、戦傷四百二十名の損害を被っていた。この日の午後、「プリンストン」は味方の魚雷によって処分され沈没していた（沈没地点。北緯十五度十二分、東経百二十三度三十六分）。この他、同日生起していた別の戦闘において、駆逐艦「ロイツ」、同「アルバート・W・グラント」、油槽船「アシュタブラ」、戦車揚陸艦「五五二号」が日本軍機によって損傷を被り、その他、戦車揚陸艦「六九五号」が機雷によって沈没していた（触雷と見られる）。しかし、上述の日本軍側史料とは別に、この日、アメリカ軍側史料には、艦隊曳船「ソノマ」、歩兵揚陸艇「一〇六五号」が特攻機の攻撃によって沈没（「ソノマ」の沈没地点。北緯十五度十七分、東経百二十五度二分）。貨物船「トーマス・オーグスタ」が損傷していたと記録されているのである。（アメリカ軍側の損害については以下安延多計夫「あゝ神風特攻隊」光人社、“A Chronology of The U.S. Navy 1775-1965”“UNITED STATES Naval Chronology, World War II”及びデイス・ウォーナー、ペギーウォーナー「神風」時事通信社による）

この日、特攻出撃して散華していた特攻隊は日本軍側の記録にはない。

十月二十五日、レイテ湾のアメリカ軍を撃摧する任務を帯びていた栗田健男中将の指揮する第二艦隊がレイテ湾口への突入を断念して反転。西村祥二中将指揮下の第二戦隊及び志摩清英中将指揮下の第五艦隊が湾口への突入を企図していたが、西村艦隊はレイテの手前のスリガオ海峡においてオルデンドルフ提督の艦隊の手で全滅。志摩艦隊も打撃を被って退却し、日本海軍の企図は惨めな挫折を経験していた。

この栗田部隊の「レイテ殴り込み」に呼応して実施されていた航空作戦は、統一を欠き、日本海軍はばらばらな作戦に終始していたが、しかし、この日、海軍特攻「敷島隊」の爆装「零戦」五機、直掩「零戦」一機がタクロバンの八十五度三十五浬の地点、「大和隊」の爆装「零戦」二機及び直掩「彗星」一機がバダブの百三十七十浬の地点、「朝日隊」の爆装「零戦」一機がMDAの二十八度二百三十七浬の地点、「山桜隊」の爆装「零戦」二機がMDAの二十五度二百八十五浬の地点、「菊水隊」の爆装「零戦」二機がスリガオ海峡東方四十浬の地点、「若桜隊」の爆装「零戦」一機がダバオの百三十度七十浬の地点、「彗星隊」の「彗星」一機がレイテ湾に出撃し散華していた。アメリカ軍側の史料によれば、アメリカ第七艦隊の護衛空母「サンティ」に一機命中、さらに同艦には「伊五十六潜」の魚雷一本が命中、同「スワニー」に一機命中、同「サンガモン」に一機至近弾、同「ペトロフ・ベイ」に一機至近弾、同「セント・ロー」に一機命中（沈没地点。北緯十一度十分、東経百二十六度五分）、同「カリニン・ベイ」に二機命中、同「ホワイト・プレーンズ」に一機至近弾、同「キトカン・ベイ」に一機命中等の損害を与えていた他、護衛駆逐艦「リチャード・M・ローウェル」が銃撃によって損傷を被っていた。この日、敵艦艇に突入し戦果を挙げていたのは、「菊水隊」の爆装「零戦」二機に搭乗して出撃していた加藤豊文一飛曹、宮川正一飛曹、「敷島隊」の爆装「零戦」五機、直掩「零戦」一機に搭乗して出撃していた関行男大尉、中野磐雄一飛曹、谷暢夫一飛曹、永峰肇飛長、大黒繁男上飛、菅川操飛長であった。

陸続として続く特攻攻撃

この日の特攻隊の挙げた戦果は、大西中将に特攻作戦についての確信を与え、以後、日本の若者の掛け替えのない生命を代償とした〝十死零生〟の特攻攻撃が陸続として続いて行った。

翌十月二十六日、海軍特攻「大和隊」の爆装及び直掩「零戦」七機がスリガオ東方洋上に出撃し散華していた。この日、護衛空母「スワニー」に一機が命中、爆弾一発が命中していた他、魚雷艇「一三二号」がレイテ湾において急降下爆撃機により爆弾一発を食らっていた。この日、戦果を挙げていたのは「大和隊」の爆装及び直掩「零戦」七機に搭乗して出撃していた植村真久少尉、五十嵐春雄二飛曹、日村助一二飛曹、勝又富作一飛曹、塩田寛一飛曹、移川晋一一飛曹、勝浦茂夫飛長のうちのいずれかであった。

明けて十月二十七日、海軍特攻「大和隊」の爆装「零戦」一機がスリガオの八十七度二十浬の地点、「忠勇隊」の「彗星」三機、「義烈隊」の「彗星」二機、「純忠隊」の「九九艦爆」一機、「誠忠隊」の「九九艦爆」三機がレイテ湾に出撃し、このうち、「忠勇隊」と「誠忠隊」は戦果を報じていた。この日、商船「アレクサンダー・メイジャーズ」、同「ベンジン・イード・ホイラー」が特攻機により損傷していた他、戦艦「カリフォルニア」、救難護衛哨戒艇「八四八号」が日本軍機の通常攻撃によって損傷を被っていた。

上述の「忠勇隊」「義烈隊」「純忠隊」はいずれも二航艦の特攻機であり、この日から二航艦も特攻攻撃に参加していた。

この日、戦果を挙げていたのは、「忠勇隊」の「彗星」三機に搭乗して出撃していた山田恭司大尉、茂木利夫飛曹長、竹尾要一飛曹、山野登一飛曹、玉森武次二飛曹、岩下栄太郎二飛曹、「誠忠隊」の「九九艦爆」三機に搭乗して出撃していた五島知勇喜中尉、浦田末次郎一飛曹、佐藤早生一飛曹、安永晃三二飛曹、辻幸三飛長、三上良作飛長のうちのいずれかであった。

次いで十月二十八日、「純忠隊」の「九九艦爆」一機がレイテ湾に出撃し散華していた。この日、軽巡「デンバー」が特攻機により損傷していたと言われ、この特攻機が「純忠隊」の深堀直治大尉と松本賢飛曹長の搭乗機であることは明白である。

この前日の十月二十七日、深堀直治大尉は「純忠隊」の指揮官として出撃していたが、風車止め引上装置（爆弾の安全解除装置）が故障し、一度レガスピー基地に不時着して、これを修理した後、レイテ島上空に到着していたが、日没のため目標の捕捉が困難となり、戦果の確実を期してセブ基地に一旦不時着。十月二十八日、中島正飛行長が別の機会に列機を率いて攻撃を再興することを説いていたにもかかわらず、「列機がもう決行しておりますからなあ！　やはり明朝を期して出撃したいと思います」と言って従容として出撃して行ったと言う。（猪口力平・中島正前掲書九十六頁）

越えて十月二十九日、海軍特攻「初桜隊」の爆装「零戦」三機、「忠勇隊」の「彗星」一機、「義烈隊」の「彗星」一機がマニラの七十四度百八十浬の地点、「至誠隊」の「九九艦爆」二機、「零戦隊」の「零戦」二機がマニラの八十度二百浬の地点、「神武隊」の「九九艦爆」三機、「神兵隊」の「九九艦爆」三機、「零戦隊」の「零戦」一機がマニラの七十四度百八十浬の地点に出撃し散華していた。この日、正規空母「イントレピッド」に一機の特攻機が命中していたが、これは、「忠勇隊」の「彗星」に搭乗して出撃していた野々山尚一飛曹及び小林裕吉一飛曹の挙げていた戦果と見られる。

翌十月三十日、海軍特攻「葉桜隊」の爆装及び直掩「零戦」八機がスルアン島百五十度四十浬の地点に出撃し散華していた。この日、レイテ沖周辺において、正規空母「フランクリン」、軽空母「ベロー・ウッド」にそれぞれ一機命中、同「サン・ジャシント」に一機至近弾となっていた。「葉桜隊」の爆装及び直掩「零戦」八機に搭乗して出撃していたのは、新井康平上飛曹、崎田清一飛曹、広田幸宜一飛曹、山下憲行一飛曹、山沢貞勝一飛曹、大川善雄一飛曹、鈴木鐘一飛長、桜森文雄飛長等であり、このうちのいずれかが体当たりに成功していた。

明けて十一月一日、特攻攻撃は続行され、この日、海軍特攻「至誠隊」の「九九艦爆」一機、「神兵隊」の「九九艦爆」一機がタクロバン付近、「天兵隊」の「九九艦爆」三機、「零戦隊」の「零戦」一機がタクロバンの百五十度五十浬の地点、「桜花隊」の爆装「零戦」一機がスリガオ海峡、「梅花隊」の爆装「零戦」一機がスリガオ海峡南方洋上に出撃し散華していた。この日、レイテ湾において、駆逐艦「アブナー・リード」に一機命中（沈没地点。北緯十度四十七分、東経百二十五度二十二分。戦死二十二名、戦傷不詳）、同「クラックストン」に一機命中（戦死四名、戦傷二十四名）、同「アンダーソン」に一機命中（戦死十八名、戦傷二十一名）、同「アメン」が損傷を被っていた他、同「ブッシュ」、同「キレン」が空爆により損傷していた。この日、戦果を挙げていたのは、「天兵隊」の「九九艦爆」三機に搭乗して出撃していた土屋和夫中尉、江口源七上飛曹、児玉雄光上飛曹、伊達喬上飛曹、遠藤博文上飛曹、有馬敬二飛曹、小林浩一飛曹であった。

越えて十一月五日、二隊の海軍特攻隊が出撃。「左近隊」の爆装「零戦」二機、「白虎隊」の爆装「零戦」二機がエンガント岬の九十度百四十浬の地点において散華していた。この日、ルソン沖において、正規空母「レキシントン」に一機命中、兵員に甚大な損害を与えていた（戦死四十七名、戦傷百三十一名）。これは、「左近隊」の爆装「零戦」に搭乗して出撃していた大谷寅雄上飛曹あるいは三浦清三九二飛曹のいずれか一機の挙げていた戦果とみられる。この同じ日、レイテ沖において、魚雷艇「三二〇号」が日本軍機の空爆によって沈没していた。

翌十一月六日、海軍特攻「鹿島隊」「香取隊」「神武隊」「零戦隊」の爆装及び直掩「零戦」五機がカングラン基地の八十度百二十浬の地点に出撃し、戦果を見ることなく空しく散華していた。

明けて十一月七日、第四航空軍の陸軍特攻が初めて特攻攻撃に加入。「富嶽隊」の

「四式重」一機がラモン湾東方洋上に出撃し、戦果を見ず空しく散華していた。

その二日後の十一月九日、海軍特攻「第二朱雀隊」の爆装「零戦」二機がラモン湾に出撃し、これも戦果を見ず空しく散華していた。

その二日後の十一月十一日、海軍特攻「神崎隊」の「九九艦爆」一機、「鹿島隊」の「九九艦爆」二機がスルアン島南方二十浬の地点、「神武隊」の「九九艦爆」一機がスルアン島南方洋上に出撃し、これらの隊も戦果を見ず空しく散華していた。

翌十一月十二日、海軍特攻「第二桜花隊」の爆装「零戦」四機がドラッグ沖、「第二白虎隊」の爆装及び直掩「零戦」七機、「第五聖武隊」の爆装「零戦」三機、「第六聖武隊」（同隊の詳細は不明）の爆装「零戦」数機がレイテ湾、「時宗隊」の爆装及び直掩「零戦」四機がタクロバン沖、「梅花隊」の爆装「零戦」四機がタクロバン水道に出撃し散華していた。一方、陸軍特攻「万朶隊」の「九九双軽」三機、「飛行第二十四戦隊独立飛行中隊」の「一式戦」一機がレイテ湾に出撃し散華していた。この日、レイテ沖において、上陸舟艇修理船「エジェリア」、同「アキリーズ」、商船「ジェレミア・M・デイリ」、同「レオニダス・メリット」、同「モリソン・R・ウェイト」、同「トーマス・ネルソン」が特攻機によって損傷を受けていた。この戦果は、「第二桜花隊」の爆装「零戦」四機に搭乗して出撃していた一戸忠郎上飛曹、西牟礼晃上飛曹、松岡良典上飛曹、福田武雄一飛曹、「第五聖武隊」の爆装「零戦」三機に搭乗して出撃していた馬場俊夫上飛曹、石岡義人上飛曹、関根利三郎二飛曹、「時宗隊」の爆装及び直掩「零戦」四機に搭乗して出撃していた達川猪和夫中尉、安田昇少尉、船岡睦雄二飛曹、原武貞己飛長のいずれかが挙げた戦果と思われる。

翌十一月十三日、海軍特攻「正行隊」の爆装「零戦」四機がマニラの六十度百四十浬の地点に突入し、戦果を報じていたが、連合軍側の史料には特攻機による損害は記録されていない。一方、陸軍特攻「富嶽隊」の「四式重」一機がクラーク東方四百キロの地点でグラマン戦闘機によって撃墜され、一機が目標に向かっていたが、その消息は不明であった。

明けて十一月十四日、海軍特攻「山本隊」の爆装「零戦」二機がラモン湾に出撃し、戦果を挙げることなく空しく散華していた。この日、「烈風隊」の「銀河」二機が出撃していたが未帰還となっていた（戦闘行動の詳細は不明）。

翌十一月十五日、陸軍特攻「富嶽隊」の「四式重」一機がミンダナオ北東洋上、「万朶隊」の「九九双軽」一機がレイテ湾に出撃し、戦果を見ず空しく散華していた。

その二日後の十一月十七日、連合軍側史料によれば、この日、商船「ギルバート・スチュアート」、兵員揚陸艦「アルパイン」が特攻機により損傷を受けていたと記録されているが、この特攻機は特定し得ない。

次いで十一月十八日、海軍特攻「第八聖武隊」の爆装「零戦」三機がタクロバン沖、陸軍特攻「第二百戦隊」の爆装「四式戦」四機がレイテ湾に出撃し散華していた。この日、商船「アルコア・パイオニア」、同「ケイプ・ロマノ」、同「シルベス・アルミランテ」が特攻機により損傷を被っていた。この戦果は、「第八聖武隊」の爆装「零戦」三機に搭乗して出撃していた小原俊弘上飛曹、二木弘上飛曹、吉原久太郎二飛曹の挙げていた戦果であることは確実である。

翌十一月十九日、海軍特攻「高徳隊」の爆装「零戦」一機がマニラ東方洋上、「第九聖武隊」の爆装「零戦」三機がタクロバン沖、「攻撃第五〇一飛行隊」の「銀河」三機が比島東方海面に出撃し、「第九聖武隊」は戦果を報じていたが、連合軍側の史料には特攻機による損害は記録されていない。

その二日後の十一月二十一日、海軍特攻「第二高徳隊」の爆装「零戦」六機、直掩「零戦」六機が出撃していたが、同隊の戦闘詳報は不明である。この同じ日、「疾風隊」の「銀河」三機がダバオの六十八度二百八十浬に出撃し、戦果を報じていたが、連合軍側史料にはその記録はない。

その二日後の十一月二十三日、アメリカ軍側史料によれば、兵員揚陸艦「オハラ」

が特攻機により損傷を被っていたと記録されているが、この日、日本軍側の史料では特攻出撃は記録されていない。

翌十一月二十四日、陸軍特攻「靖国隊」の爆装「一式戦」一機がレイテ湾に出撃し、戦果を見ることなく空しく散華していた。

明けて十一月二十五日、海軍特攻「第三高徳隊」の爆装「零戦」五機がナガ岬の十度百浬の地点、「吉野隊」の爆装「零戦」六機、「彗星」二機、直掩「零戦」二機、「笠置隊」の爆装「零戦」五機がクラークの七十五度百五十浬の地点、「強風隊」の「銀河」二機がサマール島北方、「疾風隊」の「銀河」三機（この機数は不確実）がラモン湾東方に出撃し散華していた。この日、正規空母「ハンコック」に特攻機の破片が命中、同「イントレピッド」に二機命中、同「エセックス」に一機命中、軽空母「キャボット」に一機命中、一機至近弾となっていた他、軽空母「インディペンデンス」が味方機の着艦失敗によって損傷を被っていた。この特攻機の挙げていた戦果は、「吉野隊」の爆装「零戦」六機、「彗星」二機、直掩「零戦」二機に搭乗して出撃していた高武公美中尉、田辺正中尉、工藤太郎少尉、池田末広上飛曹、布田孝一上飛曹、長谷川達上飛曹、河内山精治上飛曹、村松文雄上飛曹、山口善則一飛曹のいずれかによるものである。

「薫空挺隊」による「義号作戦」

越えて十一月二十六日、かねてから準備され、しかし、徒労の作戦以外の何物でもなかった「薫空挺隊」による「義号作戦」が強行され、同「空挺隊」は、飛行第二百八連隊のDC輸送機四機に分乗、レイテ島ドラッグ及びブラウエンのアメリカ軍に対する擾乱作戦（胴体着陸による斬り込み）を敢行していた。「防衛庁公刊戦史」が述べているように、この作戦の効果は「大局から見て、（中略）全軍の敢闘決意の振起以外には多くを期待できなかった」と言われる体のものであった。このような作戦は、当時、レイテにおいて破断界に直面していた第三十五軍に対しての支援作戦としては、軍事科学上の意味を持つものではなかった。まさに、これが、「沖縄戦」を巡って強行されていた「義烈特攻隊」による敵中斬り込みと類似した、破局を迎えての日本戦争指導部の蟷螂の斧に似た作戦に他ならなかったのである。この作戦に投入されていた兵力は、中重男中尉以下僅かに約三十名と言われる程度のものであり、そのうち、約二十名が台湾出身の勇猛をうたわれていた高砂族であった。（戦史叢書「捷号陸軍作戦」〈1〉五百一頁）

不可逆的作戦となった特攻

この同じ日、レイテ島周辺に対する特攻作戦は、まさに不可逆的様相をもって続行され、海軍特攻「右近隊」の爆装及び直掩「零戦」四機、「第十聖武隊」の爆装及び直掩「零戦」四機がタクロバン水道南口、陸軍特攻「靖国隊」の爆装「一式戦」一機がレイテ湾に出撃し、「右近隊」は戦果を報じていたが、連合軍側史料によれば、この日、特攻機による損害はなく、空しく散華していた。

翌十一月二十七日、海軍特攻「春日隊」の爆装及び直掩「零戦」五機、「彗星」二機、陸軍特攻「八紘隊」の爆装「一式戦」十機がレイテ湾に出撃し散華していた。この日、レイテにおいて、戦艦「コロラド」に一機命中、一機至近弾、軽巡「セント・ルイス」に二機命中、同「モンペリア」に一機至近弾、駆潜艇「七四四号」に一機命中(沈没地点。北緯十四度十四分東経百二十五度七分)していた。この戦果は陸軍特攻「八紘隊」の爆装「一式戦」十機に搭乗して出撃していた田中秀志中尉、藤井信少尉、森本秀郎少尉、白石国光少尉、道場七郎少尉、馬場駿吉少尉、善家善四郎少尉、武内建一少尉、寺田行二少尉、細谷幸吉少尉のいずれかによるものと思われる。なお、本書の「プロローグ」の冒頭に記した「もし、貴様が生き残ったなら、戦闘機が爆弾を抱えて体当たりしなければならなかった事実を、きっと後生に伝えてくれ」と言う言葉は上記の馬場駿吉少尉の言い残した言葉である。

その二日後の十一月二十九日、陸軍特攻「靖国隊」の爆装「一式戦」六機がレイテ湾に出撃し散華していた。この日、レイテ湾において、戦艦「メリーランド」、駆逐艦「ソウフリー」、同「オーリック」が特攻機により損傷を被っていた。この日、「靖国隊」の爆装「一式戦」六機に搭乗して出撃していたのは、大坪明少尉、秦音二郎少尉、河島鉄蔵伍長、寺島忠正伍長、石井一十四伍長、松井秀雄伍長であった。（図書刊行会「特別攻撃隊」によれば、「靖国隊」の出撃は十二月五日とあるが、これは誤りであろう）

アメリカ軍機動部隊の対特攻「新機軸」

その二日後の十二月一日、J・S・マッケーン中将は、麾下の第三十八任務部隊の戦力再編を実施。日本軍特攻機に対する防御能力を強化していた。第三十八・四任務部隊は解隊され、残りの任務部隊に対空戦闘能力が強化されていた。これらの任務部隊は次のごとき編制となっていた。すなわち、A・E・モンゴメリー少将隷下の第三十八・一任務部隊は、正規空母二隻（「ヨークタウン」「ワスプ」）、軽空母二隻（「カウペンス」「モンテリー」）、戦艦二隻（「マサチューセッツ」「アラバマ」）、重巡三隻

（「サンフランシスコ」「バルティモア」「ニューオルリーンズ」）、防空軽巡一隻（「サンディエゴ」）、駆逐艦十八隻。G・F・ボーガン少将隷下の第三十八・二任務部隊は、正規空母三隻（「レキシントン」「ハンコック」「ホーネット」）、軽空母二隻（「インディペンデンス」「キャボット」）、戦艦三隻（「ニュージャージー」「アイオワ」「ウィスコンシン」）、軽巡四隻（「パサデナ」「アストリア」「ヴィンセンス」「マイアミ」）、防空軽巡一隻（「サンファン」）、駆逐艦二十隻。F・C・シャーマン少将隷下の第三十八・三任務部隊は、正規空母二隻（「エセックス」「タイコンデレガ」）、軽空母二隻（「ラングレー」「サン・ジャシント」）、戦艦三隻（「ノースカロライナ」「ワシントン」「サウスダコタ」）、軽巡三隻（「モービル」「ビロキシー」「サンタフェ」）、駆逐艦十八隻等の艨艟から成っていた。（"A Chronology of The U.S. Navy 1775-1965" P.355）

この時、マッケーン中将が編み出していた特攻機に対する「新基軸」の戦法と言われるものについて「ニミッツの海戦史」はこう述べているのである。すなわち、同提督は、空母の急降下爆撃機の数を半減し、これに代わって艦上戦闘機の数を二倍以上に増勢するとともに、「ヘルキャット」及び「コルセア」（戦闘機）には九百キロの爆弾を搭載出来るように改善して、事実上、空母の攻撃威力を増加していた。一方、反撃手段としての対空砲火及び戦闘空中哨戒隊を集中するために、機動群の数を上述のごとく従来の四隊から三隊に減らし、さらに現に攻撃が進行している間、レーダー警戒駆逐艦が、日本軍機の近接を事前に早く通報し得るように、目標方位線の両側方上に、機動部隊からの距離六十浬の地点に配備されていた。しかも、この警戒隊は自隊の空中哨戒隊を持ち、攻撃から帰投するアメリカ軍機は必ず指定された警戒艦の周囲を旋回するように定められていた。この警戒隊の空中哨戒隊は、アメリカ空母群を発見する戦法として、アメリカ軍の帰投機に紛れこんで闖入してくる特攻機を一機残らず捕捉殲滅することが出来るようになったと言われる戦法がそれであった。そのお陰で、第三十八任務部隊の上空に到達し得た日本機は「ただの一機もなかった」と言うのである。(ニミッツ他前掲書四百四頁)

ちなみに、「比島戦」が終結し、「沖縄戦」を巡って再び強行された特攻作戦において、特攻の命中率が大幅に低下していたのは、アメリカ人の戦訓を直ちに生かしたこの手の対応のお陰であった。

依然として続く十死零生の攻撃

その三日後の十二月四日、海軍特攻「怒濤隊」の「銀河」がパラオ、コッソル水道に出撃し散華していたが、その戦果は不明であり、アメリカ軍側史料にも記録はない。

翌十二月五日、海軍特攻「第十一聖武隊」の爆装「零戦」二機がスリガオの百度百十浬の地点、陸軍特攻「石腸隊」の「九九襲」七機、「一宇隊」の爆装「一式戦」三機がスリガオ海峡、「鉄心隊」の「九九襲」三機がスルアン島付近に出撃し散華していた。この日、アメリカ軍は、レイテ島オルモック湾に対して、四隻の駆逐艦及び十一隻の上陸用舟艇をもって上陸作戦を敢行していたが、その直後、特攻機の攻撃を受け、駆逐艦「ドレイトン」に一機命中、同「マグフォード」に一機命中（戦死十名、戦傷十六名）、中型上陸用舟艇「二三号」が損傷を受け、同「二〇号」が沈没していた。この日、戦果を挙げていたのは、「第十一聖武隊」の爆装「零戦」二機に搭乗して出撃していた永島真上飛曹、宮田實飛長の特攻機であり、「一宇隊」の「一式戦」三機に搭乗して出撃していた天野三郎少尉、大谷秋夫少尉、愛敬理少尉の特攻機であった。

明けて十二月六日、〝十死零生〟の特攻攻撃は続いていたが、海軍特攻「第一桜井隊」の爆装「零戦」二機がスリガオ海峡に出撃していたものの、戦果を見ず空しく散華していた。

次いで十二月七日、海軍特攻「千早隊」の爆装「零戦」四機、「彗星」二機（機種、機数不確実。出撃機数は爆装「零戦」四機、「彗星」四機）がカモステス海峡、「颶風隊」の「銀河」五機がカモステス——オルモック湾（以上二隊の直掩「零戦」六機）、「第五桜井隊」の爆装及び直掩「零戦」五機がアルベラ西方、「第七桜井隊」の爆装及び直掩「零戦」六機がカモステス湾、陸軍特攻「勤皇隊」の「二式双襲」十機、「一宇隊」の爆装「一式戦」二機、「護国隊」の爆装「一式戦」七機、「八紘隊」の爆装「一式戦」一機、「靖国隊」の爆装「一式戦」一機がオルモック湾に出撃し散華していた。この日、駆逐艦「マハン」に三機命中（駆逐艦「ウォーク」の魚雷により処分。沈没地点。北緯十度五十分、東経百二十四度三十分）、高速輸送艦「ワード」に一機命中（駆逐艦「オブライエン」の砲撃により処分。沈没地点。北緯十度五十分、東経百二十四度三十分）、駆逐艦「ラムソン」に一機命中（戦死二十一名、戦傷五十名）、高速輸送艦「リドル」に一機命中、戦車揚陸艇「七三七号」が損傷、中型揚陸艇「三一八号」が沈没していた。この日、戦果を挙げていたのは、「千早隊」の爆装「零戦」四機、「彗星」一機に搭乗して出撃していた横林高文上飛曹、池淵真上飛曹、篠崎福四郎上飛曹、金高菊雄一飛曹、佐藤繁雄一飛曹、稲垣茂二飛曹、「第五桜井隊」の爆装及び直掩「零戦」五機に搭乗して出撃していた矢野徹郎中尉、尾谷保上飛曹、本田今朝美一飛曹、脇坂寅雄飛長、広瀬静飛長、「勤皇隊」の「二式双襲」十機に搭乗して出撃していた山本卓美中尉、二瓶秀典少尉、東直次郎少尉、林長守伍長、入江真澄伍長、大村秀一伍長、片野茂伍長、白石二郎伍長、増田良次伍長、勝又満伍長、「一宇隊」の爆装「一式戦」二機に搭乗して出撃していた喜田川等少尉、田中穣二少尉、「護国隊」の爆装「一式戦」七機に搭乗して出撃していた遠藤栄中尉、西村正英少尉、宮田淳作少尉、瀬川正俊少尉、三上正久少尉、牧野顕吉少尉、黒石川茂伍長のいずれかであり、これらの特攻隊の戦果確認機は過大な戦果を報じていたが、実際の戦果は上述のようなものであった。

次いで十二月八日、陸軍特攻「石腸隊」の「九九襲」一機がオルモック湾に出撃し、戦果を見ず空しく散華していた。

その二日後の十二月十日、陸軍特攻「勤皇隊」の「二式双襲」三機、直掩一機がオルモック湾等、「丹心隊」の爆装「一式戦」六機がレイテ湾に出撃し散華していた。

この日、レイテ島周辺において、駆逐艦「ヒューズ」が特攻機により損傷、魚雷艇「三二三号」、戦車揚陸艇「一〇七五号」、貨物船「ウイリアム・S・ラッド」が沈没していた。この日、戦果を挙げていたのは、「丹心隊」の爆装「一式戦」六機に搭乗して出撃していた石田國夫中尉、石村政敏少尉、梅原彰少尉、大石栄少尉、佐々田真三郎少尉、永塚孝三少尉のうちのいずれかであった。

　翌十二月十一日、海軍特攻「第一金剛隊」の爆装及び直掩「零戦」六機がスリガオ水道西口に出撃し散華していた。この日、駆逐艦「レイド」に三機が命中（沈没地点。北緯九度五十分、東経百二十四度五十五分）、同「コールドウエル」が損傷を受けていた他、駆潜艇「一〇五九号」がバハマ島沖で坐礁した後、沈没していた。この日、戦果を挙げていたのは上述の「第一金剛隊」の爆装及び直掩「零戦」六機に搭乗して出撃していた鈴木清中尉、朝倉正一中尉、滝野彦次郎中尉、杉尾忠中尉、松葉三美上飛曹、澳博二飛曹等のうちのいずれかであった。

　明けて十二月十二日、陸軍特攻「八紘隊」の爆装「一式戦」一機、「石腸隊」の爆装「一式戦」一機、「丹心隊」の爆装「一式戦」一機がバイバイ沖に出撃し散華していた。この日、レイテ沖において、駆逐艦「コールドウエル」が一機の特攻機により損傷を被っていたが、戦果を挙げていた特攻隊は特定出来ない。

　次いで十二月十三日、海軍特攻「第二金剛隊」の爆装及び直掩「零戦」四機がシキホール島の二百三十度二十浬の地点、陸軍特攻「一宇隊」の爆装「一式戦」一機、「飛行第二十七戦隊」の「二式双襲」二機がミンダナオ海に出撃し散華していた。この日、駆逐艦「ハラデン」、軽巡「ナッシュヴィル」がミンドロ島に対する侵攻部隊の護衛の間、それぞれ一機の特攻機が体当たりを敢行、「ナッシュヴィル」は兵員に甚大な損傷を被っていた（戦死百三十五名、戦傷百八十名）他、駆逐艦「コールドウエル」が損傷を被っていた。この日、戦果を挙げていたのは、「第二金剛隊」の爆装及び直掩「零戦」四機に搭乗して出撃していた小松弘中尉、上原登上飛曹、松沢諭一飛曹、池田三義飛長のうちのいずれかであった。

翌十二月十四日、海軍特攻「第三金剛隊」の爆装「零戦」三機、直掩「零戦」二機がバコロド島の二百四十度八十浬の地点、「第五金剛隊」の爆装「零戦」三機がシキホール島南方十浬の地点、「第六金剛隊」の爆装「零戦」七機、「彗星」三機がズマゲテ南方洋上、陸軍特攻「菊水隊」の「百式重」九機がネグロス島近海に出撃し散華していた。「第五金剛隊」は戦果を報じていたが、この日、連合軍側史料によれば、特攻機によって損害を受けていた艦船の記録はない。

この日の「百式重」九機をもってする「菊水隊」の出撃に関しては戦術上大きな問題があった。同隊は第五飛行団に所属していたが、第五飛行団長は、鈍速の「百式重」を特攻攻撃に投入すると言う第四航空軍の富永恭次中将の決定に対して、昼間での特攻攻撃ではなく、夜間における通常攻撃の反復を意見具申していたが、航空作戦についてずぶの素人であった富永中将は、これを拒否していた。案の定、戦場に向かった「菊水隊」は敵戦闘機の恰好の餌食となって空しい最期を遂げていた。（戦史叢書「比島捷号陸軍航空作戦」四百八十七頁）まさに、軍司令官の無知が生んだ特攻の悲劇の中の悲劇であったと言ってよい。

特攻志願

ところで、既にこの頃までに、上述のように、陸海軍の多くの特攻隊員が、〝十死零生〟の特攻作戦に出撃し散華していたが、一体、彼らは、どのような人間の条件の中で特攻を志願し、かつ待機の時間を過ごしていたのか。

第一神風隊（「敷島隊」「大和隊」「朝日隊」「山桜隊」「菊水隊」）の指名による特攻隊員の編制の場合は、既に述べた通り全員指名によって実施されていたが、それ以後は、大部分が志願の形式を踏んで実施されていた。

特攻志願。一体、この瞬間、人間はどのような心理状態に置かれるものなのか。

特攻作戦が発動された当時、ルソン島クラーク・フィールドのマルコット基地にあった三四一空（紫電戦闘機隊）に所属し、二回の爆装（体当たり特攻機）と二回の直掩（特攻機の掩護機）を敢行して、死に神に見離され生き残った海保博治（当時二十歳）は、その時の情景と彼の心理について、こう書き残している。

四四年十一月初旬の夕方、海保博治はマルコット基地の搭乗員宿舎にいた。その時、突如として「搭乗員全員集合」が伝えられた。本部宿舎に集まった四十数名の搭乗員たちを前にして、舟木司令が心なしか重い口調で言った。「皆に集合を命じたのはこの三四一空からも特別攻撃隊（二〇一空）を出すよう艦隊司令部から要請があったからである。司令としてこのような命令を伝えるのは残念でならない。この重大な時に当たり生死を共にして戦闘に参加している諸君のうちから特攻隊員にとても指名することは出来ない。大義に殉じようとする者は志願してもらいたい。私は決して強制はしない。志願しないからと言って卑怯者ではない。諸君は立派な戦闘機乗りだ。しかし、特攻志願は緊急を要するのだ。そのまま数分間時間を与える。悔いのないようよく考えて決めてもらいたい」（甲飛十期会「散る桜残る桜」五百二十九頁）

「何と急を要することだろう」と海保博治は驚く。「さすがに私語する者さえない」と海保は書いている。「ある者は首をうなだれ、ある者は天井の一点を見上げ、ある者は目をつぶっている。私の目は突然現れた〈死〉に焦点を合わすように前方を直視していた」と。二十歳の海保博治は考える。「今までにも〈死〉は私の意識から離れたことはない。だが、それはあくまでも戦闘行為の一部としてであった。心臓を撃ち抜かれても、愛機が火ダルマになっても、自分の腕と心に納得出来るものなら悔いはない。（中略）敵のグラマン戦闘機の大群を相手に大空を血に染めて戦い、そして散ってこそ誇り高き新鋭戦闘機である紫電搭乗員の本懐ではないのか。正直言って私は自分の命を自分で断つと言う気持ちにはなれなかった」と。（同上書五百二十九～五百三十頁）

こうした戦闘機乗りとしての海保博治の心理は彼だけの例外ではなかった。日野弘高（甲飛十期）も同じであった。彼はボルネオのバリックパパンからマバラカットに飛来して、初めて特攻隊が編制されたことに仰天する。「とうとう私にも年貢の納め時が来た」と日野は思う。しかし、「それにしても、自分は戦闘機乗りだ。戦闘機乗りは、それにふさわしく、華々しい空戦で最後を飾りたい。いまここで特攻出撃しようとしている同期生には申し訳ないが、爆弾を縛り付けて敵艦に飛び込む、そんな死に方は、とても出来ない」と。（同上書三百三十四頁）

日野は、この時、特攻隊員ではなく、特攻と言うものを外在的に見られる立場にいたのである。その彼が見た同期の特攻隊員たちは〝十死零生〟の運命の中に身を置いているにもかかわらず、内心はともかくとして表面では何の変哲もない表情で雑談しており、その情景は不思議であったと言う。（同上書三百三十四頁）

この頃、日野弘高は、一週間ばかりの間、マバラカットにいたのだが、記憶のよい彼にしては、一体、自分が何をしていたのか一切覚えがないと言うのである。日野弘高のこうした自我の忘却状態に関して「散る桜残る桜」の執筆者はこう書いているのだ。考えられることは、特別攻撃隊について日野弘高に説明してくれた同期の「山桜隊」の宮原田賢一（四四年十月二十五日、「山桜隊」の一員としてダバオ基地を出撃、戦死）が、「貴様も特攻に使われるといけないから、目につくところにいるな」と言った言葉が、日野弘高のこの頃の行動になんらの影響を与えていたのであろうと。（同上書三百三十四頁）

こうした事実と関連して、上記の記録が記述している次のような事実は特に興味深い。この頃、特攻部隊となっていなかった飛行隊搭乗員の間では、たとえ燃料の不足で不時着しなければならないようなことがあっても、特攻基地となっていたセブ基地やマバラカット基地に着陸することは〝タブー〟となっていたと言われる事実がそれである。当時、下士官兵の搭乗員たちは、彼らが別の隊の隊員であっても何処かの基地に着陸した場合、その基地の指揮官の指揮を受け、特攻に使われることがしばしばあったからである。「日野が、特攻隊に使われなかったのは奇蹟的幸運であったというべきであろう」と「散る桜残る桜」の執筆者は書いているのである。（同上書三百三十五頁）

話を海保博治の場合に戻す。

特攻志願を巡って自殺的行為を否定する海保の理性に対して、今度は死を正当化しようとする悟性が頭を抬《もた》げる。戦闘機乗りとして戦うのが祖国のためであり、戦士の名誉であるとしても、この危急存亡の折りに特攻に志願しないと言うことは、果たして軍人としての正しい選択であると言えるのだろうか。また一方、「自分が納得できる死と、不本意な死との違いはあっても死にかわりはない。遅かれ早かれ死ななければならないのだ」と海保は思うのである。（同上書五百三十頁）

「日本の兵士には自己犠牲がポテンシャルとなって存在していた」と言うベルナール・ミローの規定は、当時確かに普遍的なものであったと筆者も思う。

「この祖国興亡の時に、死を恐れるわけではないが、まだ生きて戦いたいと願う人間の本能のために、自分だけが志願しないことはとても出来たものではない」と海保博治は考えるのである。「時は容赦なく過ぎて行く、早く自分の一生にピリオドを打つ死を決めなければならない。他の搭乗員達はどう思い、どう考え、どう決意したのであろうか。果たしてこの短い時間に悔いのない自分を掴みとることができるであろうか」と。（同上書五百三十頁）

「『志願者は手を挙げろ！』」

藤田飛行長が叫んだ。

瞬間、静寂を破りサーッと風をきる音と共に全員の右手が上がった。無意識のうちに私の手も挙がっていた。（中略）なにがそうさせたのであろうか。私にも分からない。
『よし、諸君の決意はよく分かった。あとの人選はこの司令に任してもらいたい』と舟木司令が言った」（同上書五百三十頁）
この時以降、海保ら四十数名の搭乗員は、他人の手に自己の死へのスケジュールを預けた特攻要員となったのである。

特攻待機

海保の話を続ける。

翌朝、海保らはマルコット基地の搭乗員待機所で待機していた。

「突然、要務士より声が掛かった。

『海保上飛曹！　すぐ本部宿舎まで行くように』ドキーンとした」と海保は書いている。

「〈来たか……〉瞬間ジーンと胸が詰まり、肌寒さを感じた。その時、自分をどうしたらいいのか、わけの分からない気持ちに襲われた。無言のうちに全員の眼差が私を

直視している」（同書五百三十頁）

海保はトラックに飛び乗って本部宿舎に行く。まさかこの自分が、爆装隊員に……と思うのである。もしかすると、特攻以外の別の要件で呼び出されたのではなかろうかと。それが、海保博治の一縷の望みであった。

だが、本部宿舎に着くと、その一縷の望みは無惨にも掻き消され、海保は二〇一空への特攻隊員に指名される。「頭がくらくらした」と海保は書いている。生への僅《わず》かな期待が外れた絶望の瞬間であった。

出発は今夜と言われ、彼は身の周りの整理のために誰もいない宿舎に帰った。

「一人でいると、どうしようもない淋しさが襲ってくる。だがこの死に対する恐怖は、不思議と、全然感じなかった。遺書を残そうかとも思ったが、改まって書く気にもならなかった。ゴロリと横になりなんとなく天井をみつめていた……。母の顔がはっきりと映った〈笑顔で私を迎えるような眼差で〉。

『お母さん！』よびかけようと思った時、母の顔はスーと消えてしまった。深いため息だけが残っていた。そして、楽しかった数々の出来ごとが脳裏を掠《かす》めていく。何故なのだろう。俺のこの肉体から魂が抜けて行くのだろうか、とも思った。遠く離れた祖国日本へ――」（同上書五百三十一頁）

強制された死を見詰めていた人間の命の落魄とも言うべき心理現象である。

この日、三四一空戦闘四〇一飛行隊から二〇一空の特攻隊員として指名されていたのは、海保博治の他に彼と同期の河内山精治がいた。

この日の夕方。海保と河内山の二人は、この日の戦闘任務を終えて宿舎に帰ってきた四〇一飛行隊の戦友たちに出会う。彼らは口々に二人に激励の言葉を送るのだが、今や海保たちは「特別扱い」である。しかし、海保の肚《はら》の底には「特別攻撃隊に選ばれた誇りなど毛頭なかった」と言うのである。

この後、舟木司令以下三四一空の幹部たちを交えた壮行会が開かれるが、この壮行会には四〇二飛行隊の搭乗員四名がいた。三四一空から選抜された特攻隊員は彼らを合わせて六名となっていたことを海保は知るのである。

「本部宿舎を出、顔を挙げると空に星がなく、暗澹たる暗さがあたり一面を覆っている。本部宿舎の明りがほのかに滲んでいるだけの暗い道路上で、我々隊員を見送るべく、指名にもれた搭乗員達が集まっていた」と海保はこの時の情景を書いている。彼らの激励の言葉を浴びてトラックに飛び乗った海保の耳には「明日の戦果を期待する声だけがどこまでも聞こえて来るようであった」と言う。(同上書五百三十二頁)

恐らくそれは空耳だが、この時、海保は自分に背負わされた任務の重さを実感していたのであろう。

指揮官の異常心理

この後、海保たちはマバラカットにある二〇一空の本部に到着する。そこには各航空隊から派遣されていた搭乗員たちが集まっていた。海保はそこで二〇三空戦闘三〇三飛行隊から派遣されていた同期の松岡良典や一戸忠郎や西牟礼晃等に出会う。「三人とも元気で烈々たる闘志をみなぎらしていた」(同上書五百三十二頁)

彼ら三人は遠く千島の基地からフィリピンの戦場に派遣されていた搭乗員たちであり、彼らはこの後の四四年十一月十二日、「第二桜花隊」としてアンヘレス基地を出撃、ジラッグ沖において特攻死した搭乗員たちであった。

この日、二〇一空の本部に集合していた搭乗員は二十数名。彼らは第三特別攻撃隊として編制された搭乗員であり、既に第一特別攻撃隊と第二特別攻撃隊が〝十死零生〟の攻撃に出てこの時までに帰らぬ人となっていたのである。

整列を命じられていた搭乗員たちの列の中央に設けられていた台の上に海保がかつて松山基地で出会ったことのある二〇一空司令玉井浅一中佐が上った。玉井中佐は全員を見渡した後、海保たちが予想もしていなかった激烈な言葉をもって搭乗員たちを迎えた。

「私は、二〇一空海軍航空隊司令玉井中佐である。貴様達は、二〇一海軍航空隊をなんと心得ておるか！　酒気をおび、こんなだらしない搭乗員は見たこともない。そんな気持で必死必殺！　敵艦に体当り攻撃が出来ると思うか！　そんな搭乗員は預かることは出来ない。直ちに、各飛行隊に帰れ！」

そう叱咤した後、玉井中佐は、今度は静かな口調で言葉を継いで言った。

「貴様達が各飛行隊より選抜され、実戦も積んだ優秀な搭乗員であることは知っている。私は、貴様達が祖国のため悠久の大義に殉ずる血気溢れた気魄を持って、この二〇一海軍航空隊に来て貰いたかったのだ。先程までの貴様達には、そんな気魄は毛頭なかった。特別攻撃隊に選ばれた今、今更おめおめと原隊へ帰ることもできないだろう。一応、身がらは私が預かる。だが、だらしない行為は絶対許さない。充分自重し、来るべき日に備えて行動して貰いたい」（同上書五百三十三頁）

この後、宿舎に帰っていた搭乗員たちの間で、この玉井中佐の訓示とも叱責とも言える言葉に対して「不満がささやかれていた」と海保は書いている。搭乗員たちが酒気を帯びていたのは、それぞれの原隊で訣別の壮行会をやってくれたからであって、彼らが自分勝手に酒を飲んだからではない。玉井中佐は何故このことを寛大な気持で受け入れることが出来ないのだろうかと言うのが彼らの不満であった。搭乗員の中には「そんな、だらしない俺たちなら、すぐ原隊に帰せばいいのだ。まだまだ戦い抜いてみせるぞ」と言う者があり、「激しい戦闘機乗り魂をみなぎらせていた」者があったと言う。（同上書五百三十三〜五百三十四頁）

繰り返すまでもなく、彼らはこの段階においてもその本心の中で本来の戦闘機乗りとして戦いを続行したいと言う念願を持ち続けていたのである。

海保は触れていないが、玉井中佐が彼らを叱責したのは、同中佐が特攻のメッカとなっていた二〇一空で、既に多くの特攻隊員を出し、その凄烈な出撃の光景を何度も見、戦場から直掩機が打電して来る敵艦への突入と言う余りにも凄惨な電報を受け取っていた数々の事実を巡って、極度の精神の緊張状態に置かれていたからであろう。不思議なことは、〝十死零生〟の運命を背負っていた特攻隊員よりも、その特攻を命令する指揮官の方がむしろ異常な心理の中に自らを措定していたと言うことである。

〝十死零生〟か〝九死一生〟か

海保にとって特攻待機の日々が続いていた。この頃、彼はマバラカットの町で偶然、同期生の日光安治に出会う。日光は二〇一空に所属しているのだが、彼もまた特攻要員だと言うのである。しかし、日光は特攻隊員ではなく、これから司令の命令で内地に向け飛行機を取りに行くと言う。二〇一空に所属しているのに何故彼が特攻隊員ではないのか。〈運の良いやつだ〉と海保は自分の身を振り返って思うのである。

翌日夜、いよいよ第三神風特攻隊の結成式が行なわれた。本部に集まった者三十数名。

「緊張のためか、恐怖のためか、体の震えが止まらない。胸の鼓動が激しくなる」と海保博治は書いている。（同上書五百三十五頁）

死刑を言い渡された時の人間の衝撃。

この時、攻撃隊（体当たり任務）と直掩隊（特攻機の直掩任務）ごとに階級と姓名が読み上げられた。だが、なんと言うことだろう。海保は、攻撃隊ではなく、達川猪和夫中尉とともに「時宗隊」の直掩隊を命じられたのである。一縷の望みが、海保の胸に甦る。

攻撃隊に指名されたのは安田昇少尉と船岡睦雄二等飛行兵曹、それに原武貞己飛行兵長の三名である。海保の場合、爆弾を抱いた体当たり機ではないのだ。

「ハッとした瞬間、緊張しきっていた私は、ファーと胸に詰まっていた空気を一気に吹きだした。まさか、必死必中の特別攻撃隊に直掩隊があろうなどとは夢にも思っていなかったのである。そのあろうはずがない直掩隊を命ぜられた瞬間、死を覚悟してきた緊張が僅かにとけて〈生〉への執着が芽ばえたのであろう」（同上書五百三十五頁）

死に向かってこちこちに固まっていた彼の意識の中で、その時ふと、死が氷解現象を起こし生への回帰現象が起こったのである。爆装攻撃隊は〝十死零生〟だが、直掩隊には生還の可能性がある。爆装攻撃隊を掩護し、戦場到達後、体当たり機の戦果を確認して帰還することが出来るのだ。とは言っても、直掩隊の任務は「必ず迎撃して来るであろう敵戦闘機群を回避しながら、攻撃隊を目標地まで掩護すること。万一、爆装隊が攻撃されれば、爆装隊の楯となり、その特攻攻撃を達成させなければならない。もし生還でき得れば、攻撃隊の戦果をよく確認し帰還すること」であった。（同上書五百三十六頁）

だが、それにしても、直掩隊には〝九死一生〟の可能性が残されているのだ。しかし、この場合ですら生還の確率はひどく少ないと言うことである。事実、四四年十一月十二日に出撃していた「時宗隊」の場合、海保博治と同じ直掩任務についていた達川猪和夫中尉は戦死しているのである。

しかし、とは言え、爆装に任命されるか、直掩に任命されるかによって、意識の深層に大きな落差があったことは確かである。

当時、マバラカットの二五二空にいて、四四年十月三十一日、「葉桜隊」の直掩にあたった角田和雄が、筆者の言う直掩と爆装の心理の違いについて、筆者の質問に答えこう語ったことがある。

「『葉桜隊』の直掩の場合は、ちょっと緊張しましたが、当時の自分の技倆から見て、先ず九分九厘撃墜されることはない。任務を完遂して帰れると言う気持がありました。(出撃時に出された)昼飯がちょっと喉へ通るのが重かったくらいで、特攻隊ではありますが、先ず生きて帰れるだろうと言う気持がありました。爆装の人たちから比べたら、最初の場合は、普通の戦闘に出るのと変わった気持はなかったですね」と。

筆者はさらに角田に対して、全機が戦闘機として通常の戦闘に出撃するのと比べて、爆装隊を突入させねばならない使命を背負った場合、それが重荷となって戦闘行動に支障が出るのではないかと質問したのだが、この質問に、角田はこう答えていた。

「直掩の場合には、普通の空戦をやる制空戦の場合と違ったものがありました。とにかく自分が護衛して行く特攻の人たちが突っ込むんだと言う……。自分が突っ込むんじゃなくて、突っ込む人たちを連れて行くんだと言う感じには、ちょっとまた別なつらい気持がありました。直掩と言うのは、敵に遭った場合、空戦は絶対にしないで、自分が先に弾を受けて、（爆装隊を）前進させる任務を課せられていました。普通の護衛の場合、敵を見たら空戦に入る。一般に戦闘機乗りの性分としてはそう言うものがある。しかし、それをやっちゃいけないので、護衛の戦闘機が楯になって、弾は全部自分が受けられるだけ受けて、その暇にいくらかでも爆装隊を敵に近付けると言う方法を命じられて征ったわけです。自分にもその方法しかなかったと言うことは確かに判っておりました」

まさに角田が述べているように、直掩とは言っても、死の確率は〝十死零生〟に近いものがあったのだ。しかし、角田は、直掩が〝十死零生〟ではないことを次のような言葉で語っていた。

「ただ、その時、自惚れかも知れませんが、私は視力が非常にいいんです。大体、（相手が）戦闘機ですと、三万メートル（前方）で発見出来ます。大型機ですと、大体、四万メートル以上離れていても発見出来ます。電探にかかっても、敵が邀撃して来ても、それをこちらで早く発見して、（敵を）躱《かわ》して（爆装隊）を誘導すると言う自信が九分九厘あった。それと、（味方が）大部隊ですと、これが出来ませんが、小部隊の四機くらいの特攻機ですと、敵の邀撃機が来た場合にもこれを外してやる自信を持っていました」

角田のこの証言には技倆優秀な戦闘機乗りの自信とともに、その自信の下で生きて生還出来ると言う確信に近いものが語られているのである。同じ戦闘機乗りでも直掩任務についた戦闘機乗りと爆装任務を与えられた戦闘機乗りとの間に決定的な意識の落差があったことについては、改めて後で述べる。

「九死一生をもって限度とする」

ここで海保博治の話に戻る。

海保らは、第三神風特攻隊の結成式で、特攻要員から特攻隊員に任命されたのである。この時の彼らの心的状況を海保はこう書いているのだ。

「解散が告げられても、口をきこうとする者もいなかった。それぞれ自分自身の心に、納得ゆくよう、納得させるよう、悟り知らせていることであろう。やがて二人、三人と何かを思い、何かを考えるように本部を去って行く。宿舎に帰っても、志気旺盛であったとは、どう見てもいえるものではなかった。ある者はただ沈黙。重苦しい沈黙あるのみであった」と。(「散る桜残る桜」五百三十六頁)

これも当時、二〇一空で爆装攻撃隊の直掩任務についていた村上忠広が筆者に言った次のような印象的な言葉がある。特攻と言う戦術は当時の戦局から見て他にもっとよい方法があるとは思えなかったが、「必ず死ななくてはいけないと言う宿命は、士気を非常に低下させるものだ」と。

人間と言うものは、一〇〇パーセント死ぬかも知れないとは分かってはいても、どこかに生への窓口が開かれていてこそ、死にもの狂いで戦えるものだと言うことを村上は言ったのである。直掩であれ、爆装であれ、特攻出撃を経験して生き残った一人の日本人の、これは極めて重大な歴史に向かっての証言であると言えよう。海保もまた上記の文章の中でそのことを書いているのである。戦士と言えども一個の人間である。いや、戦士は戦士である前に生身の人間なのだ。人間が人間であるためには生きていなければならない。死によって縛られた人間は戦士としても力を発揮することは出来ないのである。

そもそも日本海軍には、伝統的に、命令は「九死一生をもって限度とする」と言う思想があった。「連合艦隊の最後」を書いた伊藤正徳は、後日の沖縄戦での特攻を巡って、当時の首相鈴木貫太郎海軍大将が、軍令部の参謀を官邸に招き、次のように言ったと書いている。「生還の見込みが全然無い用兵は厳正な意味では作戦とは言い難い。日本海軍の用兵不文律は九死に一生を得ることを限度として来た」と。

「蛇の生殺し」のような時間

第三神風特別攻撃隊の結成式を終えた翌日、「時宗隊」の海保博治は屋根と床だけの簡易な待機所で出撃命令を待っている。彼の目の前二十メートルほどのところを流れるバンバン川。そのせせらぎの音。両岸に生えた白い芒の穂が風に揺れている。そして、澄んだ大空。

出撃待機の特攻隊員には、通常の場合の厳格に統制されていた待機とちがってささやかな〝自由〟が与えられていた。床の上にゴロリと横になってもいいし、本を読んでもかまわない。書き物をしてもいいし、散歩をしてもよい。彼らに与えられた最後の自由である。食事もまた特別食だ。戦場では滅多にお目に掛かれないボタモチや稲荷寿司が出される。これもまた最後の〝御馳走〟である。

出撃待機中の特攻隊員たちの前に、その時、玉井浅一司令がやってきた。隊員たちがどうしているのか、玉井中佐にとっても気掛かりであったらしい。中佐は一人一人に向かって質問した。「躰は大丈夫か」「両親は健在か」「故郷は何処か」「お前は予科練の何期生か」「以前は何処の飛行隊にいたのか」。そう言いながら、玉井中佐は「ではまた来る」と言って帰って行った。（同上書五百三十六頁）

「待機中の一日の長いこと、時間はなかなか過ぎさらない」と海保は書いている。バンバン川の妙に静寂な風光の中で、「ふと内地のことが思い出されてくる。そして、考えまいと思っても、考えざるをえない、一日、一日と迫って来る体当たり攻撃の日を。死を意識しながら、必ず死ななければならないその突入の瞬間を」（同上書五百三十六頁）

刻々と迫り来る死。自分は今生きている。しかし、死は眼前にある。生と死の狭間に置かれた人間の解くことの出来ないパズル。自分はその絶対矛盾を克服出来るのだと思っても死の恐怖は去らない。「祖国の興亡を賭けたこの一戦、我々、若者がやらねばならぬのだと、分かっている。しかし、人間、死を意識し、時間がありすぎると、私ばかりではなく誰しも今まで以上に生きたいという本能が暴れだす」と海保は書くのである。「一度でいい。たった一度でいい。内地へ帰りたい。そして、親、兄弟に、もう一度会って死にたい」と彼は思う。（同上書五百三十七頁）

待機している隊員たちの顔に目ばかりがギョロギョロしている。生と死の狭間に置かれた心の中の葛藤をのみこんで、誰一人そのことを口に出して言おうとはしない。だが、彼らも一個の人間として人並みに苦悩しているに違いないのだ。

「考えれば、結成式以後、神になったのか、仏になったのか知らないが自分はもう死んでいるのだ。そしてあとは、肉体が何時まで持ちこたえられるかだけなのだが

……」（同上書五百三十七頁）

死を見詰めて、己れを千々に苛む極限の心理。苦悩が肉体を痩せ細らし、目ばかりがギョロギョロとなった極限の人間状況を海保は語るのだ。「この苦悩をふりきることのできないこの地上から、そして、このやりきれない待機から、一日も早く脱出するためには、出撃命令が下ることを願うしかなかった」と。同上書五百三十七頁）

当時、これも二〇一空にいて特攻隊の直掩戦闘機として出撃していた海保博治と同期の笠井智一が筆者に語ったように、特攻待機を命じられていた特攻隊員たちは、「十人が十人とも」一刻も早い死への出撃を待ち望んでいた。彼らにとって待機そのものが「蛇の生殺し」のような時間であった。

確かに、死を眼前にした時の特攻隊員の顔には、当時、共通の表情があった。海保博治の言う目ばかりギョロギョロしていたと言う表情がそれだが、先に触れた小野田同盟通信記者の写した特攻出撃直前の関行男大尉の顔もそうであった。高木俊朗はその写真を見て「あれほど、暗く沈痛な表情をした人の写真はすくない」（「文藝春秋」前掲論文）と言っているが、その時の関大尉の顔は、暗く沈痛なと言った表情を通り越して、化石のように硬直し瞳が焦点を失って禍々《まがまが》しい死相を浮かべているのである。

鬼気迫る光景

ところで、特攻隊員には、昼と夜との顔があった。このことについて、「比島戦」当時、直掩戦闘機の搭乗員として爆装機の掩護にあたっていた先述の角田和男や笠井智一も、その心象風景を筆者にこう語ったものであった。

角田は言った。「昼間、攻撃に出る場合、見た目にも、また話していても、（隊員たちの様子は）変わりないいんですが、やはり一番辛いのは夜じゃないでしょうか。静かになって（様々なことを）考えた場合……。『葉桜隊』の場合もそうなんですが、夜になると皆の顔が暗くなりますね」

この「葉桜隊」と言うのは、既述のとおり、四四年十月三十日一三三〇、爆装「零戦」六機及び直掩「零戦」五機をもってセブ基地を発進。スルアン島の百五十度四十浬の地点において、正規空母「フランクリン」に一機命中、軽空母「ベロー・ウッド」に一機命中、同「サンジャシントン」に一機命中。出撃機十一機のうち八機が帰還しなかった特攻隊であった。

また笠井もこう言った。「私の経験でも昼の間は別に何とも言うことはないが、夜になると、自分の心を律し切れないと言うか、うまく表現は出来ないいんですが、われわれ下士官の場合、心を紛らわすものはやはり酒より他になかったと思います。私たちの同期でも、また同じ二〇一（空）でマバラカットにいた人間全てが、飲めない酒をあおってみたり高歌放吟していた。そして蛇の生殺しは堪忍だ。特攻を指名したならば早く行かせてくれと言うことは、十人が十人とも言っておりました」

出撃命令を受けて、昼間、晴れ晴れとした顔付きで死地に赴いて逝った特攻隊員。だが、夜、宿舎で待機していた彼らの顔には鬼気迫るものがあったと言うことを角田和男は、彼の戦後の手記にこう書き記している。

四四年十月三十日、角田は、「葉桜隊」の直掩と戦果確認の任務を終えて基地の士官宿舎に戻る。角田の脳裏にはこの日の特攻攻撃の余りにも凄絶な情景が依然として消えることなく刻印されていた。高度千五百メートルと思われる空中で敵艦艇の対空砲火に絡め取られ火を吹いていたあの四番機。機は火の玉となって一条の黒煙の尾を引きながらそのまま真っ直ぐ急降下を続け、見事敵空母の甲板に命中したのだ。果たして、同機の搭乗員は体当たりの直前まで生きていたのであろうか。そうだとすれば、「実に人間とは思えない凄まじい気力である。被弾して着陸した操縦者が既に何分か前に死んでいた筈だった」と思えるのに、よくも着陸出来たものだと言う話を聞いたことのある角田は「これはだいぶ誇張された話だと思っていたが、この時はじめて真実に精神力の物凄さを見せられた」と言う。（第二〇一海軍航空隊元隊員共著「二〇

一空戦記」百七十二頁）

その夜、セブの山中にしつらえられていた士官宿舎で、「葉桜隊」の戦果を祝って、二〇一空飛行長中島正少佐が音頭を取り、「天皇陛下万歳」を三唱し、その後、ビールで乾盃が行なわれ、話が賑々しく弾んでいた。しかし、角田は、「下座の片隅で何か一同にとけ込めない心のわだかまりを持っていた。昼間のあの光景が未だ眼底に焼き付いていて、笑う気にも成れなかった」。文字通り鬼神も哭く凄絶な特攻戦士の死。その情景を知らずしてただ戦果にのみ酔う士官室の祝杯の様相。角田は余りにも隔絶した人間の行為に対するひどい違和感を覚えながら、下士官兵のいる搭乗員宿舎の方へ足を運んだ。その日、「葉桜隊」第二小隊の直掩の任務についていた第十二期予備学生出身の藤井中尉も角田と同じ気持でいたらしく、「角田さん、どうも今夜は此処（士官室引用者）では眠れそうもないですね」と言ったのが切っ掛けだった。（第二〇一海軍航空隊元隊員共著前掲書百七十二頁。但し角田の著書「修羅の翼」今日の話題社には、第十二期予備学生出身の藤井中尉ではなく、第十一期予備学生出身の畑井中尉とある）

角田が搭乗員宿舎に近付いた時、突如、「此処は士官の来る所では有りません」と言って角田を押し返した者がいた。見れば、顔見知りの倉田上飛曹だ。角田は何故士官がくるところではないと言ったのか怪訝《けげん》に思いそのわけを訪ねた。

「搭乗員宿舎の中を士官に見せたくないのです。特に飛行長には見られたくないので、交替で立番をしているのです。飛行長が見えた時は中の者に直ぐ知らせるのです。しかし分隊士（角田のこと――引用者）ならよいから見て下さい」。（第二〇一海軍航空隊元隊員共著「二〇一空戦記」百七十二〜百七十三頁）

そう倉田に言われて、角田は宿舎の中を覗く。角田が見たものは一体どのような光景だったのか。

「そこには電灯もなく、罐詰の空罐に廃油を灯したのが三、四個置かれた薄暗い部屋の正面に、ポツンポツンと十人ばかりが飛行服の儘《まま》あぐらをかいている。そしてじろっと此方を見つめた眼がぎらぎらと異様に輝いている。左隅には、十数人が一団となってひそひそ何か話している」

一体、これはどう言うことか。驚いた角田は倉田に尋ねた。

「正面にあぐらをかいているのは特攻隊員で、隅にかたまっているのはその他の搭乗員です」と倉田が答えた。

角田がそこに見たものは余りにも暗く余りにも名状し難い搭乗員たちの姿であった。これが、自分があの昼間に見た特攻隊員と同じ人間たちなのか。鬼哭啾々として迫り聞こえる光景。今朝、角田と一緒に出撃して征った搭乗員たちは「皆明るく喜び勇んでいた様に見えたが」……。

角田はこの日の朝のことを思い出し、倉田にそう言った。

「そうなんです。だが彼等も昨夜はやはりこうしていました。眼をつむるのが恐ろしいんだそうです。色々と雑念が出て来て、それでほんとうに眠くなるまであぁして起きているのです。毎晩十二時頃には寝るのですが、他の搭乗員たちも遠慮して、彼等が寝る迄はあぁして皆起きて待っているのです。しかし、こんな姿は士官に見せたくない。特に飛行長には絶対にみんな喜んで死んで行くと、信じていて貰いたいのです。だから朝起きて飛行場に行く時は、皆明るく朗らかに成ります。今日の特攻隊員たちと少しも変わらなく成りますよ」

倉田の説明に角田は驚く。この日の朝、角田と一緒に出撃して征った爆装機の搭乗員たちの悠揚として迫らぬあの態度。喜々として見えたあの笑顔。「あれが作られたものであったとすれば、彼等は如何なる名優にも劣らない。しかし、昼の顔も、夜の顔も、どちらも本心であったかも知れぬ」と角田は思う。（同上書百七十三頁）

割り切れない統率の在り方

角田が書いているもう一つの話がある。「比島戦」を巡って特攻作戦が漸《ようや》く末期を迎えていた頃のことである。第十三期予備学生と思われる一人の士官が、夕食後、飛行長中島正少佐が行なう恒例の精神講話を聞く際、彼はかならず暴れ出すのであった。「これが酒を呑まずに居られるか。何が楠公精神だ。親は死ねといって俺を大学迄出してくれたんじゃ無いんだ」と言うのがこの士官の言い分であった。

だが、と角田は書いている。「この人も翌二十年（昭和――引用者）一月、リンガエン湾の敵輸送船団に突入すべく飛び立つ時は何等思い残すことも無いような態度で、特攻隊の歌を歌いながら、大きな肩をゆすりつつ、自分の飛行機の方へ歩いて行った。微塵も思い残す事は無い様に」と。（同上書百八十頁）

しかし、「比島戦」の最後の頃には、特攻隊員を募っても志願する者が少なくなっていたと角田は書いているのである。四五年一月二十五日、ツゲガラオ基地で士官一名と下士官兵三名計四名から編制される特攻隊の募集が行なわれていた。同基地には十数名の搭乗員がいたが、彼らは特攻作戦が発動されていた初期の頃、一人残らず両手を挙げて志願していた頃と違って、最早、志願する気持を持ち合わせていなかったようであった。こうした事態が生起していたのは、この日の夜、搭乗員の台湾への転進が決定されていたからであった。しかし、そんな状況の中でも、やはり四名の搭乗員が志願していた。だが、この頃になると、飛行機の整備が完全に行なわれていなかったことから、二番機が離陸直後辛うじて飛行場内に不時着、四番機も不時着して幸運にも命を拾っていたが、三番機は行動不明となり、この日、リンガエン湾に向け故障機を駆って出撃していたのは、「どうせ台湾迄行っても早いか遅いかの差でしょう。私がやります。みんなは一休みして、後から来て下さい」と言い残して征った「神風特攻第二十七金剛隊」の指揮官住野英信中尉ただ一人であった。この隊が二〇一空最後の、そしてフィリピンにおける最後の神風特攻隊となっていた。台湾に向けて生きて転進する者、戦場に向けて〝十死零生〟の攻撃に出る者。こうした統率の在り方について「甚だ割り切れないものを感じた」と角田は書いているのである。（同上書百八十頁）

〝美談〟

ここで統率の在り方と言われるものに関連して、一航艦参謀猪口力平大佐、二〇一空飛行長中島正少佐の場合について触れて置く。

中島は特攻隊員を指名し送り出した側の指揮官であったが、作戦としての特攻に対して割り切れない気持を沈澱させていた、と思われるふしがある。
戦後、書かれた本の中で、中島は「私は来訪する友人達から、『貴様は特攻隊員に出発を命ずる時は、さぞ辛いだろうな⁉』といわれたのに対して、「進発に際して私の感じていたものは、友人達のいう『辛い』とか、『苦しい』とかいうような気持ちではなく、説明しがたいある種の感動であった」と言っている。しかし、彼のいう「感動」は死に逝く若者たちを外在的に見ていた送る側のいわば美学的観照にかかわる「感動」であろう。
中島正はまた猪口力平との共著「神風特別攻撃隊の記録」の中で、特攻志願や特攻待機時の特攻隊員たちの示した行為に関して美談のみを取り上げ、さらにこう書いている。「彼ら特攻隊員の多くは、もの静かな若者であった。数日中に死と直面することを運命づけられたときにおいても、その冷静さを決して失わなかった。彼らの残していった遺書のなんと冷静なことか」と。(猪口力平・中島正「神風特別攻撃隊の記録」百九十三頁)
ところで、猪口力平や中島正がこうした美談をことさら叙述しなければならなかったのは、彼らが指名し送り出した特攻隊員に対する負い目が裏返しになって、彼らの心理をむしろ苛んでいたからでもあろう。中島の場合、美談を強調することで自己の複雑な心理と立場を弁護する筆法を執ったと言うことである。
またその一方、猪口と中島は、「記録」の中で彼らが送り出した特攻隊員たちについてこうも書いているのである。
「彼らがもし今に生きていたならば、必ずや日本のために大いに働いたことであろう。そのような有為の人材を戦争のために失ったことは惜しみてもあまりある。その意味においては、そのような若者たちを死所に追いやったわれわれは大いに責められてよい」と。（同上書百九十三頁）
猪口と中島が〝美談〟によって自己の〝未必の故意〟を弁護する一方、自責の念に駆られていたのは、この一文によって明らかだ。ここに日本的ニヒリズム（南博）に縛られていた指揮官たちの複雑な心の葛藤があったのである。だが、猪口力平や中島正は、特攻隊員に謝して自刃した大西瀧治郎中将と違って、当時の日本人の武士道に貫徹していた作法に基づき身を処したのではなかった。玉井浅一の場合もそうだが、彼らは死に場所を失ったのである。何故、死に場所を失ったのか。彼らはその心底において、必ずしも作戦としての特攻に全一的に賛成していたのではなかったと筆者には思われる。にもかかわらず、彼らが特攻作戦を実施しなければならなかったのは、彼らが当時の皇国史観に貫徹していた特殊のパラダイムに支配されていたからである。

その意味では、彼らもまた「魔性の歴史」に翻弄されたある種の犠牲者であったのだ。

自己目的となった特攻

ところで、ここで改めて明らかにしておきたいのは、実は「比島戦」の後半において、当初特攻が発動された時と比べて特攻作戦の在り方自体が変わっていたという事実である。

フィリピンの戦場で特攻作戦が発動されて間もなく、事実、特攻作戦はそれ自体が自己目的となって行った。四四年十月から十二月のフィリピンにおける特攻作戦にももっぱら爆装攻撃隊の直掩機として参加した先の角田和男は、筆者につぎのように証言しているのだ。

「私はついていったこと（爆装機を直掩していった）があるんですが、タクロバン（レイテ島）の桟橋に特攻をかける命令をされたことがある。そのときの隊長は、いくらなんでも桟橋にぶつかるのはいやだ。空振りでもいいので、（タクロバンには）船がいるんだから、目標を輸送船に変えてくれと頼んでいましたが、そのときに中島飛行長（二〇一空飛行長）は、文句を言うんじゃない、特攻の目的は戦果にあるんじゃない、死ぬことにあるんだと怒鳴りつけていました。（中略）あのときには二十機近く出たんですが、あまり成功しなかった。目標が桟橋ではいくらなんでもひどいなあと思って私も聞いていました」と。

桟橋に体当たり攻撃するというのは余りにもひどいケースではあるが、いずれにせよ、それが事実であったことに変わりはないのである。

以上の角田の言葉に対して、これも当時、二〇一空にいた「零戦パイロット笠井智一は筆者につぎのように述べているのである。

「私たちが肌で感じたのは、特攻に行くことによって、日本が救えるんだ、死のうという気持には、みんな変わらなかったと思うんです」と。

先に述べた特攻を命ずる者の、特攻は、部下に与える〝大愛〟と〝大慈悲〟であるとする価値観の対極に、特攻を命じられる者の、ともかくも死によって日本を救えるとする、戦後の今日においては全く〝受容〟出来ないであろう、この時代の「受容性」が存在していたのである。

特攻の〝戦略〟

ところで、「比島戦」の頃は、特攻作戦にそれなりの〝大戦略〟があったことについて、角田和男は筆者にこう語ったことがある。以下の言葉は、角田が一航艦参謀長小田原俊彦大佐から大西瀧治郎中将の真意として聞かされた言葉であったと言う。

「この特攻作戦の目的は終局的には三つあるんです。第一番は、とにかく講和を早めること。その講和を早める手段としての特攻でありまして、そのためには先ず敵に対してはあくまでも最後の一兵になるまで日本人は戦うんだという気魄を示しておかねばいけないということが一つ。（日本が）占領された場合には、アメリカの一州の中に組み込まれてどこに行ったか分からないような日本民族になってしまうんだという心配があったわけです。それを防ぐために最後まで頑張って敵に日本人恐るべしという印象を与えておいて講和に早く持ち込む。それと講和に持ち込むためには、特攻をかけて、先ず天皇陛下はじめ側近の人たちが、もうここまできたんだから、とにかくどんな条件でもいいから講和しなくてはいけないんだという気持に早くなってもらうことと、その結果、たとえどんな条件の講和になっても、この若者たちが日本民族を救うために特攻をかけたということを天皇陛下が聞かれて、講和に持ち込まれたという歴史が残る限り、五百年、一千年の後において、必ず日本民族は再興するだろうということが、大西中将の訓示の三つの骨子だったわけですが、そのうちの敵に対して与えた日本人恐るべしということは成功したんじゃないか。そのために戦後のアメリカの占領政策にも恐らく（日本にとって）相当いい影響を残したんじゃないかと思います。それと今の状況からして、長い目で見た、五百年、一千年の歴史の上においては、将来に対して必ずいい精神的な歴史を残すことができる。この二つの目的だけは私は達したと思います」

筆者は、この角田の証言の後半の部分にはいささか疑問を持つが、ここではそれを取り上げない。

しかし、いずれにしても、海保博治が筆者に言ったように、「特攻攻撃はフィリピンだけで止めてもらいたかった」という言葉には十分領《うなず》けるものがある。事実、大西瀧治郎は、事の当初は、この〝統率の外道〟を「比島戦」だけで止めたいと考えていたようだが、しかし、全ての戦略的予想ははずれ、時は残酷に過ぎ行き、戦捷の機会は摑めず、四五年一月、大西がフィリピンから台湾へ後退した後も、特攻作戦は、日本の若者の命を代償として今や日常的作戦として再興されて行ったのであった。

連合軍ミンドロ島上陸

四四年十二月七日、連合軍は、レイテ島の要点オルモック付近に上陸した後、同年十二月十五日、今度は嵩にかかって、レイテ島北西三百哩《マイル》にあるルソン島直下のミンドロ島に新たな上陸作戦を推進していた。この時、キンケイド提督麾下の六隻の護衛空母、三隻の戦艦、六隻の巡洋艦、その他数隻の小型艦船によって護衛され、レイテ島から出撃していたアメリカ軍の第十九歩兵師団及び第二十四歩兵師団の二個師団基幹一万二千名の地上戦闘兵員、九千五百名の航空部隊兵員及び六千名の管理部隊兵員より成る第七艦隊進攻船団部隊〝西部ビザヤン任務部隊〟が上陸地点として選定していたのは、サンホセ付近（カミナウイット・ポイントとサン・オーガスチンの中間地帯）であったが、この島を防衛していた日本軍の兵力は、集成の二個中隊に過ぎず、それも所々方々に分散配置されていたに過ぎなかった。（以上兵員数はニミッツ他前掲書四百三頁）

アメリカ軍の上陸部隊と護衛艦船を邀撃すべき日本軍の艦艇が、「フィリピン沖海戦」（日本軍側呼称「レイテ沖海戦」）で被っていた甚大な損害のため、手も足も出せない状況におかれていた中で、この日、海軍特攻「第一草薙隊」の「銀河」二機がスルー海、「第七金剛隊」の爆装「零戦」五機がナソ角の九十度四十五浬の地点、「第十金剛隊」の爆装「零戦」二機がナソ角の二百三十度二十浬の地点、「第九金剛隊」の爆装「零戦」十二機、「彗星」一機がミンドロ島周辺洋上、陸軍特攻「旭光隊」の「九九双襲」一機がミンドロ島南方洋上に出撃し散華していた。この日、護衛空母「マーカス・アイランド」に一機至近弾、駆逐艦「ポール・ハミルトン」、同「ホーワース」、同「ラルフ・タルボット」、魚雷艇「三二三号」が損傷、戦車揚陸艦「四七二号」、同「七三八号」がそれぞれ沈没していた。この日、戦果を挙げていたのは、「第九金剛隊」の爆装「零戦」十二機に搭乗して出撃していた青木進大尉、太田雄三中尉、梶原一郎中尉、鈴木稔中尉、松岡英雄中尉、生嶋治人中尉、荒木輝夫中尉、井出政義中尉、石塚茂上飛曹、宇野勇上飛曹、恒岡喜代則一飛曹、山本俊夫二飛曹、大桑健見二飛曹、松本岩視二飛曹、「第十金剛隊」の爆装「零戦」二機に搭乗して出撃していた小野光重中尉、山岡哲生上飛曹のいずれかであった。

翌十二月十六日、海軍特攻「第十一金剛隊」の爆装「零戦」十二機、「彗星」一機がスミラフ島付近、陸軍特攻「富嶽隊」の「四式重」二機、直掩「一式戦」二機がミンドロ島南方洋上、「旭光隊」の「九九双軽」一機、「鉄心隊」の「九九襲」二機がミンドロ島付近に出撃し、戦果を見ず空しく散華していた。

明けて十二月十七日、陸軍特攻「丹心隊」の爆装「一式戦」二機、「精華隊」の爆装「一式戦」一機がミンドロ島付近に出撃し散華していた。この日、魚雷艇「八四号」が一機の特攻機によって損傷を受けていた。この日、戦果を挙げていたのは、「丹心隊」の爆装「一式戦」二機に搭乗して出撃していた加治木文男少尉、斉藤行雄少尉のいずれかであった。

次いで十二月十八日、陸軍特攻「鉄心隊」の「九九襲」一機がミンドロ島付近に出撃し散華していた。この日、ミンドロ島沖において、魚雷艇「三〇〇号」が特攻機によって沈没していた。同魚雷艇を撃沈していたのは「鉄心隊」の「九九襲」に搭乗して出撃していた長尾熊夫曹長であろう。

この日、フィリピン島東岸沖に吹き荒れていた台風によって、アメリカ軍艦艇に甚大な損害が発生していた。アメリカ軍側史料によれば、駆逐艦「ハル」、同「スペンス」、同「モナガン」が沈没していた他、損傷を被っていた艦艇は、軽空母「カウペンス」、同「モンテリー」、同「キャボット」、同「サン・ジャシント」、護衛空母「アルタマハ」、同「ネヘンタ・ベイ」、同「ケープ・エスペランス」、同「クエゼリン」、同軽巡「マイアミ」、駆逐艦「アイルウイン」、同「ベンハム」、同「ブキャナン」、同「ディウェイ」、同「ダイソン」、同「ハイコック」、同「マドックス」、護衛駆逐艦「メルヴィン・R・ノーマン」、同「タベラー」、同「ワッターマン」、油槽船「ナンタハラ」、艦隊曳船「ジカリラ」等、多数の艦艇に及んでいた。

無論、当時の日本海軍はこの事実を知るよしもなかったのである。

「桜花」投入の失敗

敵の主動下での戦勢におされ、戦局に追従を余儀なくされていた連合艦隊は、「桜花」を、フィリピン戦線に投入することで、戦勢の挽回を図ろうとしていた。しかし、「桜花」等（車輌、爆弾、兵器及び兵員千五百名）搭載の、駆逐艦三隻に護衛され、佐世保を出航していた空母「雲龍」は、〝死の海〟と化していたシー・レーンのまっただ中で、十二月十九日、宮古島北北西二百三十浬付近の地点において、敵潜水艦によって撃沈されるという悲惨な運命を味わっていた。地上も、空中も、海上も、そして水中も、それら全てが、日本軍にとっては、最早、死の世界と化していたのである。

「桜花」を搭載した神雷部隊によるフィリピン戦線での作戦は、「雲龍」の沈没によって、発進基地を台湾とする作戦に変更されていたが、重量の重い「桜花」を搭載した、もともと鈍速の「一式陸攻」を台湾から飛来させ、フィリピン上空で、第一聯合基地航空部隊所属の戦闘機を護衛につけて、作戦を遂行するなどと言ったことは、当時のフィリピンにおける制空権が日本軍の手中にあるならまだしも、作戦の大前提となるこの制空権が完全に敵に掌握されていた状況下において、それは、明らかに状況を無視し軽視した、臨場感のない連合艦隊司令部の誤判断に他ならなかった。フィリピンに対する「桜花」作戦は、現地の第一聯合基地航空部隊参謀猪口力平大佐の反対によって中止されていたが、戦後、詫間（猪口）力平が筆者に語ったように、当時の海軍中央や連合艦隊司令部には、最早、決定的に切迫していたはずのフィリピンの戦況に対する大きな認識の欠落があったのである（この事実に関しては戦史叢書「大本営海軍部・聯合艦隊」〈9〉九十六頁にも指摘されている）

ともあれ、連合艦隊は、フィリピン戦線にその後もつぎつぎと特攻隊を送り込むとで、既倒に逆らって戦局の挽回を図ろうとしていた。四四年十二月十八日、松山基地を発進、筆者がこの本の冒頭で触れた、中支江南の基地経由で、十二月二十一日、フィリピンに進出していた「神武特別攻撃隊」もその中の一隊であった。

日本軍は微弱な反撃を繰り返していたが、戦局を挽回するには、事態は余りにも不可逆的な様相を深めていた。

こうした中での十二月二十日、陸軍特攻「精華隊」の爆装「四式戦」二機がサンホセ付近、「万朶隊」の「九九双軽」一機、「若桜隊」の「九九双軽」一機がレイテ湾に出撃し、戦果を挙げることなく空しく散華していた。既にこの日、レイテ島における日本軍の組織的抵抗はその終幕を迎えていた。

翌十二月二十一日、この日も陸軍特攻「殉義隊」の爆装「一式戦」五機がミンドロ島、「旭光隊」の「九九双軽」一機がバコロド西方二百キロの地点、「小泉隊」の一機がバコロド付近に出撃し散華していた。この日、ミンドロ沖において、戦車揚陸艦

「四六〇号」、同「七四九号」が特攻機の体当たりを受けて沈没（地点、北緯十一度十三分、東経百二十一度四分）、駆逐艦「フート」が損傷を被っていた。この日、戦果を挙げていたのは、「殉義隊」の爆装「一式戦」五機に搭乗して出撃していた敦賀眞二中尉、日野三郎少尉、若杉是俊少尉、山崎武夫軍曹、門倉好也伍長、「旭光隊」の「九九双軽」一機に搭乗して出撃していた小林智軍曹のうちのいずれかであろう。

明けて十二月二十二日、この日も陸軍特攻「殉義隊」の爆装「一式戦」二機がミンドロ島、「石腸隊」の「九九襲」一機がサンホセ付近に出撃し散華していた。この日、ミンドロ沖において、駆逐艦「ブライアント」が一機の特攻機の体当たりを受けて損傷していた。この特攻機は、上述の「殉義隊」の爆装「一式戦」に搭乗して散華していた桶野三男雄少尉か、林与次伍長のいずれかである。

次いで十二月二十六日、この日、アメリカ軍は、レイテ島及びサマール島における作戦の終了を公式に発表していた。

この同じ日、海軍特攻「金鵄隊」の爆装「零戦」二機がマニラ上空において、B-24に体当たり攻撃を敢行していた。

越えて十二月二十八日、海軍特攻「第十四金剛隊」の爆装「零戦」三機がシキホール島東方海面、「月光隊」の「月光」一機がミンダナオ海西部海面に出撃し散華していた。この日、戦車揚陸艦「七五〇号」が、ネグロス沖において、日本軍機の魚雷を受けて損傷、この後、味方の航空機によって処分されていた(沈没。地点、北緯九度一分、東経百二十二度三十分)他、リバティ型輸送船「ウイリアム・シャロン」、同「ジョン・バーク」にそれぞれ特攻機一機が命中、陸軍油槽船一隻が「ジョン・バーク」の爆風の煽りを受けて沈没。「ジョン・バーク」自体も瞬時のうちに沈没し、乗員全員が戦死。この他駆逐艦「ブライアント」が損傷を被っていた。

戦車揚陸艦「七五〇号」に突入していたのは、「月光隊」の「月光」一機に搭乗して出撃していた高橋安吉一飛曹と大友緑郎一飛曹であることは確実であり、また輸送船「ウイリアム・シャロン」及び同「ジョン・バーク」に突入していたのは、「第十四金剛隊」の爆装「零戦」に搭乗して出撃していた星野政己中尉、大塚明上飛曹、川淵静夫一飛曹のうちの二名であることも確実である。

翌十二月二十九日、海軍特攻「第十五金剛隊」の爆装「零戦」四機、陸軍特攻「旭光隊」の「九九双軽」一機がミンドロ島南方海上、陸軍特攻「鉄心隊」の「九九襲三機、「殉義隊」の爆装「二式戦」一機、「一誠隊」の爆装「一式戦」一機がミンドロ島付近に出撃し、戦果を見ず空しく散華していた。

明けて十二月三十日、陸軍特攻「進襲隊」の「九九」五機がミンドロ島付近、「皇華隊」の「二式双襲」一機がサンホセ付近に出撃し散華していた。この日、ミンドロ島沖において、補助油槽艦「ポーキュパイン」、駆逐艦「プリングル」、同「ギャンスヴァート」、魚雷艇母艦「オレスティーズ」が特攻機により損傷。「ポーキュパイン」は、味方の手によって処分され、沈没の憂き目を見ていた（地点、北緯十二度二十一分、東経百二十一度二分）。この日、戦果を挙げていたのは、「進襲隊」の「九九襲」五機に搭乗して出撃していた久木元延秀少尉、大石豊少尉、沢田源二准尉、天池孝志軍曹、向瀬忠男軍曹であった。

年が明けた四五年一月一日、海軍特攻「金鵄隊」の爆装「零戦」一機がマニラ空にてB-24に対して体当たり攻撃を敢行していた。

その二日後の一月三日、海軍特攻「第三十金剛隊」の爆装「零戦」二機、同隊の戦果確認機であった「月光隊」の「月光」一機がミンダナオ海（ネグロス島南方）に出撃し散華していた。一方、この同じ日、ダバオを発進していた「彗星」一機がミンダナオ海西部において特攻攻撃を敢行していた（同「彗星」については戦史叢書「海軍捷号作戦」〈2〉六百一頁参照）。この日、給油艦「コワネスク」に一機が至近弾となっていた（戦死二名、戦傷一名）。この特攻機は特定出来ない。

連合軍ルソン島に上陸　特攻　死の乱舞

四五年一月早々、連合軍は、巨大な兵力を投入して、ルソン島攻略のための作戦行動を開始していた。上陸地点として措定されていたルソン島リンガエン湾への道は、しかしながら、連合軍にとっても平坦な道程ではなかった。オルデンドルフ中将麾下のリンガエン湾に対する先鋒部隊は、旧式戦艦六隻、護衛空母十二隻、輸送駆逐艦十隻及び掃海艇六十三隻を含む百六十四隻の大部隊であった。（ニミッツ他前掲書四百七頁）

一月四日、オルデンドルフ部隊に、最初に挑みかかったのは、ここでもまた、〝十死零生〟の特攻隊であった。連合軍の支援部隊は、特攻隊の激越な攻撃の前に無傷でルビコンを渡ることは到底出来なかった。「太平洋海戦史」が書いているように、特攻隊の恐るべき死の乱舞の中で、オルデンドルフ部隊は散々な目に出会っていた。（同上書四百七頁）

この日、海軍特攻「旭日隊」の爆装「彗星」一機がレイテ島スリガオ海峡、陸軍特攻「一誠隊」の爆装「二式戦」二機がキュウヨウ島付近、「進襲隊」の爆装「九九襲」一機がルソン島西方海面に出撃し散華していた。この日、護衛空母「オマニイ・ベイ」の飛行甲板に特攻機が突入、同艦は、炎上した後、内部爆発を引き起こし、味方の手によって処分されていた（沈没。地点、北緯十一度二十五分、東経百二十一度十九分）、さらに貨物船「リューイス・L・ダイチ」が沈没していた他、油槽船「ペコス」が空爆を受けて損傷、駆逐艦「ベル」が衝突により損傷を被っていた。「オマニイ・ベイ」は、この戦闘で戦死九十三名、戦傷六十五名の被害を受けていた。（ニミッツ他前掲書四百七頁）この日、「オマニイ・ベイ」に突入していたと推定出来るものは、「旭日隊」の爆装「彗星」一機に搭乗して出撃していた風間万年中尉、長谷川弘房一飛曹であり、貨物船「リューイス・L・ダイチ」に突入していたのは、「一誠隊」の爆装「一式戦」二機に搭乗して出撃していた都留洋中尉、石川誠司少尉であると思われる。

翌一月五日、陸軍特攻「進襲隊」の「九九襲」一機、「一誠隊」の爆装「一式戦」三機、「石腸隊」の「九九襲撃」三機、海軍特攻「第十八金剛隊」の爆装及び直掩「零戦」十七機がルソン島西方海面、「第十九金剛隊」の爆装「零戦」十三機がリンガエン湾、「旭日隊」の爆装「彗星」一機がイバ沖に出撃し散華していた。この日、凄絶なスペクタクルが展開され、護衛空母「マニラ・ベイ」に一機命中、一機至近弾（戦死十五名、戦傷五十一名）、同「サヴォ・アイランド」に一機至近弾、重巡「ルイスヴィル」に一機命中（戦死一名、戦傷五十八名）、駆逐艦「ヘルム」に一機至近弾

（戦傷九名）、護衛駆逐艦「スタフォード」に一機命中（戦死二名、戦傷十二名）、小型水上機母艦「オルカ」に一機至近弾、掃海艇「スクリナイジ」に一機命中、艦隊曳船「アパッシュ」に一機至近弾（戦傷三名）、歩兵上陸用舟艇「七〇号」に一機命中（戦死二名、戦傷三十名）、オーストラリア重巡「オーストラリア」に一機命中（戦死二十五名、戦傷三十名）、同駆逐艦「アトランタ」に一機命中していた（戦死二名、戦傷四名）。この日、戦果を挙げていたのは、「第十八金剛隊」の爆装及び直掩「零戦」十七機に搭乗して出撃していた金谷真一大尉、北川直隆中尉、丸山隆中尉、桜井幹男中尉、船津安男中尉、長井正二郎中尉、井上啓中尉、市川猛中尉、江口博上飛曹、福崎貞二上飛曹、杉田肇上飛曹、中川一男上飛曹、梶原喬由上飛曹、篠山高一飛曹、藤山義彦一飛曹、出津正平一飛曹、谷清源二飛曹、「旭日隊」の爆装「彗星」一機に搭乗して出撃していた井上茂夫一飛曹、幡野孝司一飛曹、「第十九金剛隊」の爆装「零戦」十三機に搭乗して出撃していた青野豊大尉、福山正通中尉、山下省治中尉、永富雅夫中尉、磯部豊中尉、富沢幸光中尉、伊藤勝美上飛曹、串原麟八上飛曹、真崎義男上飛曹、山田正文上飛曹、黒木典次二飛曹、青野国輝二飛曹、和田可臣飛長、「一誠隊」の爆装「一式戦」三機に搭乗して出撃していた大河原良之少尉、伊藤進少尉、進藤龍己少尉等のうちのいずれかである。

だが、特攻隊による攻撃はこれで終わったわけではなかった。「ニミッツの太平洋海戦史」が続いて書いているように、翌一月六日、連合軍の大型艦艇がリンガエン湾に進入し始めていた時、特攻隊による一連の猛攻が開始され、この日の午前十一時四十五分から日没までの間に、連合軍は、十一隻の艦艇に損傷を受け、一隻が沈没の憂き目を見ていた。

この日の日本軍の特攻攻撃は、「参加機数に比例して、この戦争中もっとも効果をあげたものであった」と言われるものであった。（同上書四百七頁）

この日、海軍特攻「第二十金剛隊」の爆装「零戦」五機がサンフェルナンド沖、「第二十二金剛隊」の爆装「零戦」四機、「八幡隊」の「天山」一機、「金鵄隊」の爆装「零戦」一機がリンガエン湾、「第二十三金剛隊」の爆装及び直掩「零戦」十四機がイバ沖、「旭日隊」の「彗星」二機がミンダナオ海峡・リンガエン湾、「第三十金剛隊」の爆装「零戦」三機がミンダナオ海に出撃し散華していた。一方、陸軍特攻「鉄心隊」の「九九襲」二機がルソン島西方海面、「石腸隊」の「九九襲」一機がサンフェルナンド沖、「皇魂隊」の「二式双襲」一機、「皇華隊」の「二式双襲」一機がリンガエン湾、「旭光隊」の「九九襲」一機がルソン島西方海面に出撃し散華していた。

この日、高速掃海駆逐艦「ロング」に一機命中、二機至近弾（沈没。地点、北緯十六度十二分、東経百二十度十一分。戦死一名、戦傷三十五名）、戦艦「ニュー・メキシコ」に一機命中（戦死三十六名、戦傷八十七名）、同「カリフォルニア」に一機命中（兵員の損害多数）、重巡「ルイスヴィル」に二機命中（戦死不詳、戦傷百二十六名）、同「ミネアポリス」に一機命中、オーストラリア重巡「オーストラリア」には前日に続いて一機命中（戦死十四名、戦傷二十六名）、アメリカ軽巡「コロンビア」に一機命中、一機が至近弾となっていた。さらに駆逐艦「ニューコム」（戦死二名、戦傷十五名）、同「アレン・M・サムナー」（戦死十四名、戦傷二十九名）、同「ウォーク」（戦死十三名、戦傷三十四名）、同「オブライエン」、同「リチャード・P・リーリィ」にもそれぞれ一機命中。これ以外にも、高速掃海艇「ポプキンズ」、高速輸送艦「ブルックス」、高速掃海駆逐艦「サウザード」、それに水上機母艦にもそれぞれ一機が命中、さらに掃海駆逐艦「ホウヴェイ」が航空魚雷を受けて沈没、駆逐艦「ローリー」が混戦の中で味方の艦艇による誤射を受けて損傷を被る等、壮絶な地獄絵図が繰り広げられていた。この日、戦果を挙げていたのは、「第二十金剛隊」の爆装「零戦」五機に搭乗して出撃していた中尾邦為中尉、中野勇三少尉、後藤喜一上飛曹、千原昌彦上飛曹、谷内善之二飛曹、「第二十二金剛隊」の爆装「零戦」四機に搭乗して出撃していた三宅輝彦中尉、吉原晋中尉、広田豊吉中尉、黒沢厚一飛曹、「第二十三

「金剛隊」の爆装及び直掩「零戦」十四機に搭乗して出撃していた大森茂中尉、園田勇中尉、綿引芳男中尉、平島仁中尉、加藤米雄中尉、児玉西治上飛曹、南里昭敏上飛曹、奥井一郎上飛曹、石井隆上飛曹、小池富士夫一飛曹、佐々木輝雄一飛曹、玉腰俊光一飛曹、倉松房太二飛曹、井上義輝二飛曹、「八幡隊」の「天山」一機に搭乗して出撃していた磯野博之少尉、藤田紀久夫二飛曹、繁縄精一飛長、「金鵄隊」の爆装「零戦」一機に搭乗して出撃していた福田良亮一飛曹等のうちのいずれかであった。

「ニミッツの太平洋海戦史」によると、レイテ湾出動以来、オルデンドルフ部隊が、特攻機によって受けていた兵員の被害は、戦死三百二十五名、戦傷八百名にも上っていたと言われる。（同上書四百八頁）

特攻機の乱舞に、行く手を阻まれるかに見えた連合軍は、動員可能なあらゆる航空戦力を挙げて、ルソン島所在の日本軍基地を叩いていた。この航空撃滅戦に動員された連合軍の航空戦力は、第三艦隊の正規空母群と第七艦隊の護衛空母群、それに陸軍航空隊の航空戦力であった。激烈を極めた連合軍の航空撃滅戦の効果によって、「一月七日以後は、連合軍部隊に対する組織的な空襲はほとんど跡を絶ち、ただ、ときどき一機か二機が思いついたように連合軍の船舶を攻撃する程度であった」と言われるまでに、日本の特攻戦力は文字通り底をついてしまっていた。（同上書四百九頁）

しかし、それでもなお、日本軍は、なけなしの残存兵力を投入して執拗な反撃に出ていた。日本軍の反撃の矢面に立ったのは、第一軍団の兵員を輸送していたバーベィ提督指揮下の第七水陸両用部隊の艦船であった。

明けて一月七日、海軍特攻「第二十八金剛隊」の爆装「零戦」四機、「第二十九金剛隊」の爆装「零戦」三機、「旭日隊」の「彗星」一機、陸軍特攻「殉義隊」の爆装「一式戦」一機、「若桜隊」の「九九双軽」三機がリンガエン湾に出撃し散華していた。

「一月七日の早朝バーベィ提督の部隊はミンドロ海を抜けて南支那海に入ろうとしたとき、待ち受けていた日本機の空襲を受けて旗艦『ボイス』はもう少しでやられるところであった」と「ニミッツの太平洋海戦史」は書いている。「その日の午後、一機の神風機は猛烈な対空砲火をくぐり抜けて戦車揚陸船（「九一二号」――引用者）に命中した。つぎの朝、バーベィ部隊がルソン沖にさしかかるや、爆弾を抱いた戦闘機が護衛空母『カダシャン・ベイ』に突入してこれを戦闘不能にしてしまった。その直後には、別の神風機が陸兵を満載した輸送船に命中粉砕した」（同上書四百九頁）

この日、以上の他にも兵員輸送船「キャラウェイ」に特攻機一機が命中、高速掃海艇「ハビ」、同「パーマー」が爆撃を受けて沈没していた（地点、北緯十六度二十分、東経百二十度十分）。

特攻機の被害を被ったのは、バーベイ部隊の艦船ばかりではなかった。第十四軍団の輸送を任務とする第七水陸両用部隊のウィルキンソン部隊も例外ではなかった。

この日、戦果を挙げていたのは「第二十八金剛隊」の爆装「零戦」四機に搭乗して出撃していた遠藤晴次中尉、熊倉三夫中尉、高杉英彦中尉、勝原道春一飛曹、「第二十九金剛隊」の爆装「零戦」三機に搭乗して出撃していた真鍋重信上飛曹、佐藤栄夫上飛曹、諸戸清司二飛曹等のうちのいずれかであった。

次いで一月八日、海軍特攻「八幡隊」の「天山」一機、陸軍特攻「皇魂隊」の「二式双襲」三機、「精華隊」（第三十戦闘飛行集団）の爆装「一式戦」三機がリンガエン湾、「石腸隊」の「九九襲」三機、「一誠隊」の爆装「一式戦」三機、「進襲隊」の「九九襲」二機がルソン島西海面に出撃し散華していた。この日、護衛空母「キトカン・ベイ」に二機命中（戦死三十名、戦傷二十名）、同「カダシャン・ベイ」に一機命中していた他、オーストラリア重巡「オーストラリア」が二回にわたる特攻機の体当たりを受けて損傷、同歩兵揚陸艦「ウエストラリア」がこれも損傷を被っていた。

この日、戦果を挙げていたのは、「皇魂隊」の「二式双襲」三機に搭乗して出撃していた三浦恭一中尉、倉知政勝曹長、寺田増生伍長の特攻隊であった。

ルソン島への上陸日となった四五年一月九日、連合軍は、リンガエン湾において、その戦力は微弱ながら、またまた、特攻という名の地獄からの使者の執拗極まる出迎えを受けていた。

この日、海軍特攻「第二十四金剛隊」の爆装「零戦」二機、「第二十五金剛隊」の爆装「零戦」二機、「第二十六金剛隊」の爆装「零戦」二機、直掩「零戦」一機、陸軍特攻「一誠隊」の爆装「一式戦」二機がリンガエン湾に出撃し散華していた。

この日、戦艦「ミシシッピー」に一機命中（戦死三十六名、戦傷六十三名）、軽巡「コロンビア」に一機命中、駆逐艦「ホッジス」に一機命中、オーストラリア重巡「オーストラリア」が甚大な損害を被っていた他、兵員輸送艦「ウオー・ホーク」が特攻艇により損傷、戦艦「コロンビア」が混戦の中で味方の誤射により損傷、戦車揚陸艦「九二五号」、同「一〇二八号」が爆雷により損傷、油槽船「グアダループ」が衝突により損傷していた。この日、戦果を挙げていたのは、「第二十四金剛隊」の爆装「零戦」二機に搭乗して出撃していた郡井弘中尉、児島茂二飛曹、「第二十五金剛隊」の爆装「零戦」二機に搭乗して出撃していた村上淳中尉、鈴木真造二飛曹等であった。

海軍特攻は、ほぼこの日をもって、その作戦を終了していたが、その後、既述のように、一月二十五日、「第二十七金剛隊」の爆装「零戦」に搭乗して出撃していた住野英信が、角田和男らに「先に征きます」という言葉を残して、その戦果は不明ながら、単機、リンガエン湾の露と消えていた。

一方、海軍が「比島戦」での特攻作戦を止めた後も、四四年一月十二日まで、陸軍は、少数の特攻機を駆り出して甲斐なき作戦を続行していた。

一月十日、「富嶽隊」の「四式重」一機、「皇魂隊」の「二式双襲」一機、「精華隊」（「第三十戦闘飛行集団」）の爆装戦闘機四機、「皇華隊」の「二式双襲」一機がリンガエン湾、「護国隊」の爆装「一式戦」一機がルソン島西海面に出撃し散華していた。

この日、兵員輸送艦「デュページ」、護衛駆逐艦「リレィ・ウイルソン」が特攻機により損傷していた他、戦車揚陸艦「六一〇号」が特攻艇により損傷、さらに駆逐艦「ウイックス」が空爆により損傷、混戦の中で、兵員輸送艦「ラティマー」、高速輸送艦「クレムソン」、戦車揚陸艦「五六九号」が衝突により損傷していたが、この日、戦果を挙げていた特攻隊は特定困難であるが、出撃していたのは、「富嶽隊」の「四式重」一機に搭乗していた曽我邦夫大尉、「精華隊」の爆装戦闘機四機に搭乗していた橋本精少尉、高橋金吾少尉、乃村敏一少尉、大室喜美雄伍長、「皇華隊」の「二式双襲」一機に搭乗していた池内貞男中尉、「護国隊」の「一式戦」一機に搭乗していた田辺茂雄伍長等であった。

翌一月十一日（アメリカ軍採用の現地時間によるものと思われる）、この日、アメリカ軍側史料によれば、高速輸送艦「ベルクナップ」が特攻機により損傷、戦車揚陸艦「七〇〇号」が味方の誤射、同「二七〇号」、同「九一八号」が日本軍の沿岸砲によりそれぞれ損傷していたとの記録が見られる。

明けて一月十二日、陸軍特攻「富嶽隊」の「四式重」一機、「旭光隊」の「九九双軽」五機、「精華隊」（「第三十戦闘飛行集団」）の爆装戦闘機二十二機、「皇華隊」の「二式双襲」二機、「小泉隊」の爆装戦闘機一機がリンガエン湾に出撃し、散華していた。この日、戦車揚陸艦「七〇〇号」、護衛駆逐艦「リチャード・W・スーセンズ」、同「ギリガン」、貨物船「オーティス・スキナー」、同「カイル・V・ジョンソン」、同「エドワード・N・ウエストコット」、同「デイビッド・デュドリ・フィールド」、兵員輸送艦「ウオー・ホーク」、同「ザイリン」等多数の艦船が特攻機によって損傷を被っていた他、戦車揚陸艦「七一〇号」、同「七七八号」が混戦に紛れての味方の誤射によって損傷を被っていた。戦果を挙げていた特攻隊を確認することは困難だが、この日、出撃していたのは、「富嶽隊」の「四式重」一機に搭乗していた進藤浩康大尉、根木基夫大尉、宇田富福伍長、「旭光隊」の「九九双軽」五機に搭乗していた長

幹男少尉、大山豊司軍曹、石毛秀夫伍長、小池聖伍長、笹田亮一伍長、「精華隊」の爆装戦闘機二十二機に搭乗していた林正信少尉、浅井四郎少尉、大木健少尉、太田義晴少尉、鹿児島澄行少尉、加藤昌一少尉、小池義太郎少尉、三浦広四郎少尉、鎌田孝少尉、酒井久雄少尉、新田新太郎少尉、中尾孫二郎少尉、上田与志則曹長、近江正軍曹、小川定雄軍曹、片江好軍曹、植木秀五郎軍曹、渡辺与史夫軍曹、小林拾春伍長、三堀一作伍長、田中二郎伍長、遠藤正七伍長、「皇華隊」の「二式双襲」二機に搭乗していた中尾義一曹長、斉藤碩二軍曹、「小泉隊」の爆装戦闘機一機に搭乗していた久住国男准尉等であった。

次いで一月十三日、「精華隊」の爆装戦闘機二機がリンガエン湾に出撃し、十死零生の彼岸に向かって旅立っていた。この日、護衛空母「サラモア」が一機の特攻機により損傷を被っていた。この特攻機が「精華隊」の爆装戦闘機二機に搭乗して出撃していた吉田修少尉、梶田七之助伍長のいずれかであることは確実である。

その三日後の一月十六日、連合軍側史料よれば、この日、中型揚陸艦「三一八号」が特攻機によって沈没、戦車揚陸艦「七〇〇号」が損傷を受けていたと記録されているが、この特攻隊は特定出来ない。

特攻舟艇の戦果

ルソン島上陸作戦を巡って、立ちはだかる日本軍の特攻の壁を突き崩すことに成功していた連合軍は、目指すルソン島リンガエン湾近くの日本軍陣地と目される地点に激しい砲爆撃を加えた後、上陸作戦を開始していた。ルソン島上陸作戦に投入された連合軍の地上兵力の主力は、マッカーサー元帥を総指揮官としたクルーガー中将麾下の軍直属の兵員を含めた十九万一千名の兵員よりなる第六軍であった。上陸部隊を支援していたのは、第七艦隊司令長官キンケード中将隷下の第七十七任務部隊であった。上陸軍の二個軍団、すなわち、ブッシュ少将指揮下の第四十師団（三個歩兵連隊基幹、以下同じ）及びベイトラ少将指揮下の第三十七師団より成る、グリスウッド少将隷下の第十四軍団、それに、パトリック少将指揮下の第六師団及びウイング少将指揮下の第四十三師団より成る、スイフト少将隷下の第一軍団は並進して上陸。四四年一月十日には、第六軍の予備兵力、ミリウス少将指揮下の第二十五師団、第百五十八連隊戦闘団、第十三装甲団等が投入されていた。

だが、この時、既に持久戦をもって敵に当ることを決めていた山下奉文大将の第十四方面軍は、連合軍の巨大な砲戦力を意識して、水際での甲斐ない決戦を避け、後方に後退していた。連合軍の上陸地点付近に配備されていた日本軍は、サンフェルナンドの第十九師団（師団長尾崎義春中将）とリンガエン湾北東方山麓の第二十三師団（師団長西山福太郎中将）麾下の二個兵団であった。

一方、ルソン島上陸作戦を成功裡に遂行するため、この日、連合軍は、遠くルソン島を取り巻く形の日本軍の航空基地や港湾、それに日本本土にある航空機工場等をシラミ潰しに叩くことを忘れなかった。南支那海に出撃したマッケーン提督の第三十八機動部隊による台湾、澎湖列島及び琉球に対する戦略的目的を持った激しい空襲が行なわれたのはそのためであった。日本軍の基地や港湾に対する空襲は、機動部隊艦載機のみによって実施されたのではなかった。日本軍の後方支援戦力を叩き潰すための徹底的な作戦が実施されていた。台湾に対して行なわれた、第二十戦略爆撃司令部所属のB－29戦略爆撃機による空襲、硫黄島に対して行なわれた第七航空軍による空襲の続行がそれであり、その一方で、散発的ではあるが、東京の武蔵野にある航空機製造工場に対する爆撃等がそれであった。ルソン島の外郭に対する連合軍の攻撃は、その後も間断なく持続されていた。まさに、戦局を主動した連合軍の行動こそ、三面六臂の阿修羅のごとき縦横無尽の働き振りと言ってよかった。

だが、一方、微弱かつ散発的とは言え、日本軍の反撃も時に功を奏することがあった。一月九日、リンガエン湾にあった連合軍艦船に数隻の陸軍特攻艇が襲いかかり、連合軍の歩兵揚陸艇一隻を沈め、他の一隻と輸送船一隻、それに戦車揚陸艦四隻に損害を与えていた。ニミッツ他の「海戦史」の訳注によると、これらの特攻艇は、「震洋」と記されているが、「そのうちの数隻は艦船の舷側に爆薬を放つことに成功して退散した」と書かれていることから見て、これらの特攻艇は、海軍の「震洋」ではなく、陸軍の㋹であった。もし、「震洋」であれば、避退せずに敵の艦船に直接激突していたはずだからである。

この当時、同方面に配備されていた㋹は、ラモン湾に配備されていた木暮第一基地隊の百八十隻、バタンガス州の海岸に配備されていた堤第二基地隊の二百二十隻、マニラ湾に配備されていた川越第三基地隊の百三十隻、リンガエン湾スアルに配備されていた高橋戦隊の七十隻ないし八十隻、合計六百隻ないし六百十隻であった。

一月九日、敵艦艇に対して特攻攻撃を敢行していたのは、スアルに配備されていた高橋功大尉の率いる海上挺進第十二戦隊（七十八名）の特攻隊であった。アメリカ海軍年誌（"UNITED STATES Naval Chronology World warII"）によれば、この日、特攻艇によって損害を受けていた艦艇は、護衛駆逐艦「ホッジス」（地点、北韓十六度二十二分、東経百二十度十二分）、兵員輸送艦「ウオー・ホーク」（地点、北緯十六度二十分、東経百二十度十分）、戦車揚陸艦（地点、北韓十六度二十分、東経百二十

度十分）等であった。（図書刊行会「特別攻撃隊」百九頁）

この日の特攻艇による攻撃は夜半から開始され、翌一月十日にわたって、歩兵揚陸艇「三六五号」、同「六七四号」、同「九七四号」が沈没、駆逐艦「フィリップ」、同「ロビンソン」、同「イートン」、兵員輸送艦「ウオー・ホーク」、戦車揚陸艦「五八八号」、同「六一〇号」、同「九二五号」、同「一〇二八号」、貨物船「アルサイアニ」が損傷を被っていた。

特攻艇による戦果は、その後、散発的なものとなっていたが、連合軍側の記録によると、一月十三日には、戦車揚陸艦「五五四号」が損傷を受け、また二月十五日から十六日に掛けて、海軍水上特攻「第十二震洋隊」により大型上陸支援艇「二七号」がコレヒドール島付近において沈没、二月十七日には、大型上陸支援艇「二六号」が沈没していたと言われる。

連合軍のルソン島上陸作戦がはじまった一月九日以来、特攻機が中心となって挙げた戦果は、連合軍艦船撃沈四隻、大破十八隻、損傷四十三隻の少なからぬ数字となり、兵員に与え戦果も、戦死七百三十八名、戦傷千四百名に上る無視出来ない数字となっていた。（ニミッツ他前掲書四百十二頁）

リンガエン湾での戦闘を巡る局地的な収支決算からすれば、損害のパリティは、連合軍の側に明らかに不利となっていたことは確かであったが、太平洋戦争を巡るマクロの数値から見れば、この程度の打撃をもってして、日本軍が戦局を挽回出来るには、連合軍と日本軍の間の相対戦力は余りにも大きく乖離していたのである。

「比島戦」の特攻作戦において、散華していた海軍航空隊の特攻隊員の数は四百十七名(以上)、特攻機数四百六十三機、陸軍のそれは二百五十一名、二百二機、合計六百六十八名(以上)、六百六十五機であった。

富永中将の〝逃亡〟

フィリピンで特攻戦を発動していた大西瀧治郎中将の第一航空艦隊は、福留繁中将の第二航空艦隊が、一月八日、戦時編制から除外されたことで、その司令部要員と航空兵力を編入され、大西中将は、一月十日、空路、台湾に移動。福留中将は、第一南遣艦隊司令長官に親補されて、一月十一日、「水偵」に搭乗し、仏印を経由、シンガポールに移動していた。(戦史叢書「海軍捷号作戦」〈2〉六百四頁)

一方、マニラの死守を叫んでいたはずの第四航空軍司令官富永恭次中将は、中央の正式承認を得ずして事実上〝逃亡〟に近い形で、一月十七日、ツゲガラオから台湾に移動していたが、この〝事件〟について、南方軍司令部は、「統帥ノ神聖ヲ保持スル所以ニ非ズ」として、同中将を糾弾していたものの、この〝事件〟は「事後承認」という形で以後うやむやのうちに葬られていた。（戦史叢書「比島捷号陸軍航空作戦」五百六十六～五百七十頁）言うまでもなく、この富永中将の行為は、特攻作戦を巡って、統帥上の大きな汚点を残すものであった。

こうして、「比島戦」の大局は既に決し、日本軍は、甲斐なき持久戦の中で、再び沖縄において、全軍特攻の下、「比島戦」を上回る大規模な特攻作戦にのめり込んで行く。

第五章　沖縄における特攻作戦

沖縄を巡る戦闘の序幕

「比島戦」の戦局を巡って既にその大勢が決した後、連合軍は、四五年二月一九日の硫黄島への上陸作戦を経て（三月十七日、硫黄島日本軍守備隊の組織的抵抗は終了）、その鋭い矛先を、日本軍にとって太平洋戦争の最後の複郭となっていた沖縄に向けていた。フィリピン島から日本本土を攻撃するには、距離が遠過ぎることから、連合軍は、航空基地の最終的な足場を沖縄に求めていたのである。

この間の四四年十一月二十七日、日本海軍は、「第一御盾隊」の「零戦」十一機をもってサイパン島のアスリート飛行場に対する一過性の特攻攻撃を敢行していた。

その後の四五年二月二十一日、「第二御盾隊」の「天山」六機、「彗星」十一機、爆装「零戦」六機が硫黄島周辺の敵機動部隊に突入し散華していた。この日、身の毛もよだつ地獄絵図が展開され、護衛空母「ビスマーク・シー」に二機命中、同艦は沈没し、兵員にも劇甚な損害を被っていた（沈没。地点、北緯二十四度三十六分、東経百四十一度四十八分。戦死三百五十名、戦傷不詳）。さらに同日、正規空母「サラトガ」に四機命中、二機至近弾、護衛空母「ルンガ・ポイント」に一機命中、防潜網輸送艦「キオクック」に一機命中、戦車揚陸艦「四七七号」、同「八〇九号」が損傷を受けていた他、特攻機の攻撃による混戦の中で、駆逐艦「ウイリアムソン」、貨物船「ヤンシー」、戦車揚陸艦「三九〇号」が衝突により損傷していた他、駆逐艦「レンショー」が潜水艦の魚雷によって損傷を被っていた。（但しアメリカ軍現地時間二月二十日〜二十一日。アメリカ軍側の損傷については安延多計夫前掲書、"A Chronology of The U.S. Navy 1775-1965""UNITED STATES Naval Chronology, World War II" 戦史叢書「沖縄・台湾・硫黄島方面陸軍航空作戦」付表第六、戦史叢書「沖縄方面海軍作戦」、デニス・ウォーナー、ペギー・ウォーナー前掲書による）

この日、壮絶な体当たりを敢行、戦果を挙げ、無き数に入っていたのは上述の各隊の特攻機に搭乗して出撃していた村川弘大尉、飯島晃中尉、桜庭正雄中尉、茨木速中尉、佐川保男少尉、木下茂少尉、中村吉太郎少尉、原田嘉太男飛曹長、小島三良上飛

曹、石塚元彦上飛曹、小石政雄上飛曹、村井明夫上飛曹、志村雄作上飛曹、岩田俊雄上飛曹、青木孝充上飛曹、牧光広上飛曹、小松武上飛曹、中村伊十郎上飛曹、窪田高市上飛曹、幸松政則上飛曹、小山照夫上飛曹、戸倉勝二上飛曹、下村千代吉上飛曹、森川博上飛曹、三宅重男一飛曹、池田芳一一飛曹、大久保勲一飛曹、田中武夫一飛曹、原口章男一飛曹、稗田一幸一飛曹、鈴木辰蔵一飛曹、伊藤正一一飛曹、清水邦夫二飛曹、叶之人二飛曹、信太広蔵二飛曹、川原茂二飛曹、竹中友男二飛曹、長与走二飛曹、小山良知二飛曹、北爪円三二飛曹、和田時次二飛曹、岡田金三二飛曹、水畑辰雄二飛曹等四十三名に上る日本の若者たちであった。

その後の三月一日、「第二御盾隊」の少数機（機種不明）が硫黄島周辺洋上において散華していた他、この間の二月十八日、「天山」二機が特攻攻撃を敢行。高速輸送艦「ブレスマン」、駆逐艦「ギャンブル」に損傷を与えていた（この特攻機は特定されていない。アメリカ軍側史料では通常の航空攻撃による損傷と記録されている）。

沖縄に対する連合軍の攻撃は、「比島戦」を巡るレイテ島攻略の支援攻撃として、既に四四年十月十日に始まり、この日、マーク・A・ミッチャー中将麾下空母九隻を基幹としたアメリカ第三艦隊が、同島に対する大規模な空襲を敢行する一方、マリアナを基地としていた〝スーパー・フォートレス〟B－29をもってしての戦略爆撃が実施されていた。

その後、ルソン島に対しての上陸作戦が実施される数日前の四五年一月三日から四日に掛けて、再び沖縄に対する第三艦隊による空襲が実施される一方、同年三月一日には、スプルアンス大将麾下の第五十八任務部隊艦載機の空を覆うての大編隊による南西諸島に対しての空襲及び沖大東島に対する艦砲射撃が実施され、これらの小さな島々を一瞬のうちに恐怖の生地獄と化していた。天地を震撼させての凄まじい百雷による、荒々しい大殺戮戦の、それが序曲であった。

一方、四五年二月から三月に掛けて、マリアナから発進していた、これもB－29による南西諸島に対しての大空襲が敢行されていた。戦史叢書「沖縄方面海軍作戦」七百八十～七百二十八頁）

この間の四五年一月十五日、台湾方面では、敵機動部隊に対する特攻攻撃が敢行され、この日、「第一新高隊」の爆装「零戦」一機が馬公の百九十五度百五十浬の地点において戦果を挙げることなく空しく散華していた。

その六日後の一月二十一日、「第三新高隊」の爆装「零戦」四機が台湾東方（ツゲガラオ基地から出撃）、「一航艦零戦隊」の爆装「零戦」二機が台東の九十三度九十三浬の地点、「新高隊」の「彗星」八機が台東の百十五度六十浬の地点に出撃し散華していた。この日、正規空母「タイコンデロガ」に二機命中、同艦は甚大な損傷を被っていた（戦死百四十二名、戦傷百九十九名）。さらに同日、軽空母「ラングレー」に一機命中、駆逐艦「マドックス」に一機命中（戦死七名、戦傷三十三名）していた他、正規空母「ハンコック」が爆発事故により損傷していた。

この日、戦果を挙げていたのは、「一航艦零戦隊」の爆装「零戦」二機に搭乗して出撃していた堀口吉秀少尉、藤浪良信飛兵長、「第三新高隊」の爆装「零戦」四機に搭乗して出撃していた川添実大尉、斉藤精一大尉、小川昇一飛曹、右松岩雄一飛曹、「新高隊」の「彗星」八機に搭乗して出撃していた西田幸三中尉、高島陸人少尉、平井孝二少尉、安留亀一一飛曹、新田四郎一飛曹、沢田光雄一飛曹、杉山喜一郎一飛曹、宮野健次郎二飛曹、山下信博飛長、福島昇飛長のうちのいずれかであった。

越えて四五年三月十一日、当時、アメリカ機動部隊の一大泊地となっていた西カロリンのウルシー島に対して、日本海軍は、「第二次丹作戦」を発動。五航艦（第五航空艦隊）の「菊水部隊梓特別攻撃隊」の「銀河」二十四機による特攻攻撃が強行されていた。この時、長駆目標に到達していた「銀河」十三機が挙げていた戦果は、ウリチ環礁において正規空母「ランドルフ」に一機命中（戦死二十七名、戦傷不詳）と言うものであった。

当初、「第二次丹作戦」は、三月十日に実施される予定で、この日の朝、攻撃隊は離陸していたが、司令部からの「引き返せ」の無電によって、一旦、基地に帰投していた。こうした事態が惹起していたのは、第四艦隊の偵察機によるウルシー偵察写真判読の報告が三部に分かれて発信され、その最後の部分が先ず基地の指揮所に届いていたが、その報告には空母の所在に関しての「稍不明の点」があったからであった。しかし、この後、五航艦司令長官垣纏中将が庁舎に帰り、三部の電報を総合判定したところ、敵空母の所在が判明していたものの、それは後の祭りであった。敵情判断に付き纏う錯誤と混乱の結果、この日の攻撃決行は一日延期されていた。五航艦首席参謀宮崎隆大佐の戦後における回想が物語っているように、この事実が特攻隊員に与えていた心理的影響には少なからざるものがあったと言われる。

これについて、同大佐はこう述べている。

「これがため、前夜訣別の宴を済まして気負って発進した攻撃隊も気勢を削がれた感があったと同時に、特攻隊員としての精神的緊張と苦悩との交錯が一日間続いたことが翌日の戦力に相当影響したのではあるまいか」と。（戦史叢書「大本営海軍部・聯合艦隊」〈7〉二百三十四頁）

三月十日の出撃を期して、眠れぬ夜を過ごしていた特攻隊員に、さらに一日の「蛇の生殺し」に似た煩悶の夜が続いていたのである。

この日、戦果を挙げていた特攻機を特定することは困難であるが、無き数に入っていた隊員は福田光悦大尉以下五十三名にも達していた。

三月十四日、第五十八任務部隊の艦が大挙してウルシー環礁を出撃。三月十八日、空母十六隻、搭載機約一千機の大兵力をもって、九州所在の日本軍航空基地を荒らしまわっていた。この敵の攻撃に対して、日本海軍は、三月十七日から十八日に掛けて、作戦機四百四十一機、うち特攻機五十九機を動員。九州南東海面において、これを邀撃していたが、未帰還機七十九機（損耗率一七・九パーセント）、うち特攻機三十二機の少なからざる損害を出していた。（戦史叢書「沖縄方面海軍作戦」二百八十頁）

三月十八日、海軍特攻「菊水部隊彗星隊」の「彗星」十九機、「零戦」五機、「菊水部隊銀河隊」の「銀河」八機が九州南東海面において敵艦艇に突入し散華していた。

この日、正規空母「イントレピッド」に一機至近弾（及び味方の誤射）、同「ヨークタウン」、同「エンタープライズ」が爆弾一発を受けて損傷を被っていた。

この日出撃していた特攻隊員のどの搭乗機が戦果を挙げていたかを特定することは困難であるが、「菊水部隊彗星隊」の隊長平田博一中尉以下四十一名、「菊水部隊銀河隊」隊長宇野篤大尉以下二十四名が無き数に入っていた。

翌三月十九日には、第五十八任務部隊は、呉、広島、神戸等を攻撃して、日本軍の所在航空戦力及び船舶等に対して多大の損害を与えていた（日本軍の損害は、呉軍港において、沈没、敷設艦二隻。中破、重巡「大淀」、敷設艦二隻。小破、戦艦「日向」、空母「天城」、同「龍鳳」、同「海鷹」、重巡「利根」）。（同上書二百九十一頁）

この日、日本海軍は、百十九機の作戦機、うち特攻機三十一機をもって敵を邀撃。未帰還機二十五機（損耗率二一パーセント）、うち特攻機十九機の被害を被っていた。（同上書二百八十三頁）

同日、海軍特攻「菊水部隊彗星隊」の「彗星」十四機、「菊水部隊銀河隊」の「銀河」五機、「偵察第四付属隊」の「彩雲」一機が九州南東海面において敵機動部隊を攻撃し散華していた。この日、正規空母「フランクリン」に爆弾三発が命中（戦死八百三十二名、戦傷不詳）、同「ワスプ」に一発命中（戦死三百二名、戦傷不詳）、これらの空母は劇甚な損傷を受けていたが、ことに「フランクリン」の場合、爆弾を受けて甲板にあった航空機が誘爆、沈没寸前の憂き目に出会っていたものの、卓越した応急対策のお陰で辛うじて沈没を免れ本国に帰還していた。（ニミッツ他前掲書四百三十三頁）

これらの他、この日、空母「エセックス」が、四国沖において味方の誤射によって損傷を被っていた。

この日も出撃していた特攻隊員のどの搭乗機が戦果を挙げていたかを特定することは困難であるが、「菊水部隊彗星隊」隊長柏井宏大尉以下二十八名、「菊水部隊銀河隊」隊長金指勲大尉以下十五名、「偵察第四付属隊」隊長高田満少尉以下三名が無惨な人柱となって無き数に入っていた。

翌三月二十日、日本海軍は、作戦機四十五機、うち特攻機二十機をもって、敵機動部隊を再度攻撃。未帰還機十三機（損耗率二八・八パーセント）、うち特攻機九機の被害を出していた。（戦史叢書「沖縄方面海軍作戦」二百八十六頁）

この日、海軍特攻「菊水部隊彗星隊」の「彗星」七機、「菊水部隊銀河隊」の「銀河」二機が九州南東海面に出撃し散華していた。同日、駆逐艦「ハルゼイ・ホウエル」が空中分解した特攻機の発動機の落下によって損傷を被り、特攻機による攪乱の中で、正規空母「エンタープライズ」が味方の誤射によって損傷を受けていた（この日、硫黄島沖で、潜水艦「デビルフィッシュ」が特攻機により損傷を被っていたと記録されている）。

同日、九州方面において、特攻機により直接の損傷を被っていた艦船は上述の「ハルゼイ・ホウエル」のみとなっているが、恐らくこの日のアメリカ軍側の反撃は猛烈を極め、特攻機が敵の対空砲火や戦闘機による邀撃を濾過して体当たりすることは困難となっていたものと思われる。この日、「菊水部隊彗星隊」隊長熊沢孝飛曹長以下二十八名、「菊水部隊銀河隊」隊長坂口昌三大尉以下六名が群青の水底にその姿を掻き消していた。

次いで、三月二十一日、海軍は、作戦機九十機、うち特攻機六十七機を動員して敵機動部隊に対する執拗な攻撃を続行。無謀な場当たりの作戦指導の下で、五十五機にも上る特攻機が未帰還となり、多数の特攻隊員が「犬死に」に追いやられていた（損耗率六一・一パーセント）。（同上書二百八十八頁）

同日、海軍は、「菊水部隊銀河隊」の「銀河」十二機の特攻機とともに、「第一神雷桜花隊」の「桜花」十五機、「第一神雷攻撃隊」の「一式陸攻」十八機を戦場に投入。これに「第一神雷戦闘隊」の制空「零戦」十一機、直掩「零戦」十九機の僅かな掩護をつけ、同攻撃隊指揮官野中五郎海軍少佐の「湊川だよ」との絶望の響きを宿した重い呟《つぶや》きを残して出撃していたが、重い「桜花」を抱き、本来鈍速の「一式陸攻」を連ねた無謀な攻撃に勝算のあろうはずもなく、「一式陸攻」のすべてが、「桜花」とともに、鹿屋の百六十度三百六十浬の地点において、群がる敵戦闘機の編隊の攻撃の餌食となって無惨にも全滅。さらに「零戦」十機が未帰還となる非運に見舞われつつ、何らの戦果をも挙げるには至らなかったのである。

この「神雷」攻撃が如何に無謀なものであったかについて、当時、先の宮崎隆大佐は、戦後、慙愧《ざんき》の念を込めつつ、こう回想しているのである。

「神雷攻撃が失敗せし原因は、敵機動部隊が敗退行動中にして、上空警戒機も配しあらず、との索敵機報告電により、当司令部が敵の戦意は低下し、防衛力も激減したるものと誤判断せるところに根本原因があるのではないかと、自責の念に堪えない所である。神雷攻撃の威力は期待する処あり、対機動部隊撃滅の最終の戦果は、之に依らねばならぬと司令部においては考えており、好機使用の機を覘《うかが》っていたのである。また神雷部隊としては、絶対の制空権下攻撃を主張していたので、作戦中相当の論議をされたが、二十一日決行した。掩護戦闘機五五機の筈《はず》が整備完からずして三〇機に過ぎずまた神雷攻撃の着想と威力は奇にして甚大であったが一式陸攻の防禦力が余りに貧弱であった。加うるに、当日の索敵機の発進が遅れ、従って敵情の捕捉が遅れ、また敵の電探哨戒の巧妙と相俟って、敵の邀撃配備を完全ならしめたことも一因である」と。（傍点――引用者。同上書二百九十三頁）

ここに言われているように、神雷部隊が要望していた「絶対の制空権下攻撃」は、戦術上至極当然のことであったが、僅かの戦闘機を護衛につけただけで攻撃が決行されていたのである。しかも、僅か数機の「一式陸攻」の低空での出撃なら、敵の電探哨戒の目を韜晦《とうかい》出来たかも知れないが、数十機の大編隊では捕捉されることは目に見えていたのである。さらに「一式陸攻」の「防禦力が余りにも貧弱」と言う所与の条件の下で、「神雷攻撃の着想と威力は、奇にして甚大」と言う作戦思想自体に決定的な矛盾があったと言うことだ。にもかかわらず、攻撃の意志決定がなされていたのは、上述のごとく敵情判断を巡って重大な誤算があったからである。

この日、多くの特攻隊員が出撃していたが、上述のごとく戦果は見られず、「菊水部隊銀河隊」隊長河野清二中尉以下三十六名、「第一神雷桜花隊」隊長三橋謙太郎以下十五名、「第一神雷攻撃隊」隊長野中五郎少佐以下百三十五名、「第一神雷戦闘隊」隊長漆山睦夫大尉以下十名、合計百九十六名にも上る特攻隊員が甲斐なき戦闘で掛け替えのない尊い生命を失っていたのであった。まさにそれは、軍事科学上の無謀な作戦の中で「実現可能性」すら存在しなかった成算なき「湊川」への出陣であった。

当時、五航艦は、連合艦隊司令部の兵力温存思想と現地部隊の焦りを込めた積極戦法とのアポリアの中で作戦を実施し、そのため、三月十八日から二十一日の間に、当初の作戦可能兵力約三百五十機のうち、早くもその六〇パーセントを喪失していた。（戦史叢書「大本営海軍部・聯合艦隊」〈7〉二百五十三～二百五十四頁）

一方で、温存戦法を執り、他方で、攻撃を焦る、この二律背反の対応が、結局は兵力の消耗に繋がって行った事実は、既に「比島戦」において実証されていたが、寡弱な兵力を基盤としての作戦を巡って、日本の戦争指導部は、戦訓を省みる余裕を持っていなかったのである。

三月二十三日、アメリカ機動部隊は、前日、洋上補給を実施した後、再び、沖縄を空襲していた。この空襲は、目標に対する直接的な戦略的準備制圧のための作戦行動であった。この二十三日から二十五日に掛けて、日本海軍は、第一機動基地航空部隊の作戦機二十四機、うち特攻機八機の微弱な兵力をもって攻撃を実施していたが、未帰還機五機（損耗率二〇・八パーセント）、うち特攻機五機の損害を被っていた。（戦史叢書「沖縄方面海軍作戦」三〇二頁）

この間の三月二十四日、海軍特攻「小禄彗星隊」の「彗星」一機が出撃し戦果を挙げることなく空しく沖縄付近において散華していた。

翌三月二十五日、これも「小禄彗星隊」の「彗星」一機、「忠誠隊」の「彗星」一機、「勇武隊」の「銀河」三機が沖縄付近において敵艦艇に突入し散華していた。この日、駆逐艦「キンバリー」に一機命中（戦死四名、戦傷六十七名）、敷設駆逐艦「ロバート・H・スミス」、高速輸送艦「ギルマー」にもそれぞれ特攻機が命中、これらの艦艇が損害を受けていた他、高速輸送艦「ヌードセン」が爆撃により損傷、護衛駆逐艦「セダーストロム」が衝突により損傷していた。少数機の特攻出撃の場合、むしろ成功の確率が高いこともあると言うことを、この事実が実証していた。

この日、戦果を挙げていたのは、「小禄彗星隊」の「彗星」一機に搭乗して出撃していた石川貫二中尉、石淵利也少尉、「忠誠隊」の「彗星」一機に搭乗して出撃していた軽部哲夫飛曹長、吉川正志飛長、「勇武隊」の「銀河」三機に搭乗して出撃していた脇坂春雄上飛曹、深井末雄一飛曹、中村隆逸一飛曹、石井伸男一飛曹、薄井栄一飛曹、高橋耕一一飛曹、竹岡明男二飛曹、桑田利平二飛曹、西村勇飛長であり、これらのうら若い戦士たちが、祖国の行方を信じて、凄烈な人柱となっていたのである。

こうした戦況の下での三月二十九日、太平洋戦争の最終的局面となった「沖縄戦」を巡る雲霞のごとき連合軍の上陸作戦が開始され、この日の〇九〇〇、先ず、アメリカ軍は、空からの空襲と海からの艦砲射撃の掩護の下に、慶良間列島座間味島に上陸を開始。三月三十一日には、那覇を指呼の間に臨む神山島とその前島に上陸し、沖縄本島攻略の布石を着々と固めていた。

この間の三月二十日、軍令部は、「当面作戦ノ重点ヲ東支那海周辺特ニ南西諸島ニ指向シ　特ニ航空兵力ノ徹底集中竝ニ局地防衛ノ緊急強化ヲ計リ　来攻スル敵主力ノ撃滅ヲ期ス」ため「天号作戦」を下令していたが、三月二十六日、連合艦隊（司令長官豊田副武大将）は、これに基づいて「天一号作戦」発動。五航艦、第一機動基地航空部隊、第五基地航空部隊（台湾）等、台湾及び九州を基地とした特攻戦力を基幹としての戦力をもって巨大な敵に当たろうとしていた。一方、第十方面軍（軍司令官安藤利吉大将）もまた、第六航空軍（軍司令官菅原道大中将）、第八飛行師団（師団長山本健児中将。在台湾）の航空戦力を動員して、これに呼応していた。

「天号作戦」。まさにそれは、日本の運命を天に委ねる作戦であり、非力な戦力にもかかわらず、ただただ強気の炎を燃やして戦い、結局は強大な敵の餌食となるだけの、モノマニア的攻勢主義に陥っていた、日本軍部一流の「小敵の堅は大敵の擒なり」（「孫子」）と言われるものであった。

上陸破砕戦闘（三月二十五日〜四月五日）

三月二十六日から二十七日の両日、上陸破砕戦闘を巡って、海軍は、第一機動基地航空部隊及び第五基地航空部隊の作戦機百八機、うち特攻機十九機を投入。未帰還機二十五機（損耗率二三・一パーセント）、うち特攻機十四機の損害を被っていた。（同上書三百十頁）

三月二十六日、第八飛行師団の陸軍特攻「誠十七飛行隊」の「九九襲」四機、「独立第二十三中隊」の爆装「三式戦」六機が那覇南西洋上に出撃し散華していた。

翌三月二十七日、海軍特攻「第一銀河隊」の「銀河」五機が沖縄東方海面、「第二菊水彗星隊」の「彗星」九機が沖縄付近、第八飛行師団「誠第三十二飛行隊」の「九九襲」九機、「赤心隊」の「九九軍偵」二機が慶良間列島北東海面に出撃し散華していた。

この日、戦艦「ネバダ」、同「テネシー」、軽巡「ビロクシー」、駆逐艦「ポーターフィールド」、同「オブライエン」、同「キンバリー」、同「カラハン」、護衛駆逐艦「フォアマン」、敷設駆逐艦「ロバート・H・スミス」、高速掃海駆逐艦「ドーシー」、同「サウザート」、機雷敷設艇「スカーミッシュ」、中型揚陸艦「一八八号」、高速輸送艦「ヌードセン」、同「ギルマー」、軽敷設艦「アダムス」が特攻機により損傷を受けていた他、駆逐艦「ハリガン」が触雷によって沈没。混戦の中で、正規空母「エセックス」が味方の航空機によって損傷を受けていた他、駆逐艦「マレー」が爆弾を受けて損傷していた（以上三月二十六日から二十七日）。

この日、戦果を挙げ、祖国の人柱となって無き数に入っていたのは、「第二菊水彗星隊」の「彗星」九機に搭乗して出撃していた佐藤一義少尉、藤丸哲上飛曹、高橋紫

寿雄上飛曹、広田繁次郎一飛曹、青木清一飛曹、船橋良三一飛曹、武士精三一飛曹、木場愛二飛曹、内田続二飛曹、田中巽二飛曹、横山作二二飛曹、正木広二飛曹、細江志郎二飛曹、菱沼一二飛曹、「誠第三十二飛行隊」の「九九襲」九機に搭乗して出撃していた広森達郎中尉、清宗孝巳少尉、林一満少尉、今西修軍曹、今野勝郎軍曹、島田貫三軍曹、出戸栄吉軍曹、伊福孝軍曹、大平定雄伍長等であった。

三月二十八日から三十一日、敵の大部隊を迎えて、第二次上陸破砕戦闘の作戦が実施され、三月二十八日、第八飛行師団の陸軍特攻「赤心隊」の「九九軍偵」五機が慶良間西方洋上において戦果空しく散華していた（この日、掃海艇「スカイラーク」が機雷によって沈没、貨物船「ワイアンドット」が日本軍機の爆弾で損傷していた）。

翌三月二十九日、海軍特攻「第二菊水彗星隊」の「彗星」二機が種子島南方洋上において散華するとともに、第八飛行師団の陸軍特攻「誠第十七飛行隊」の「九九襲」一機が奥武島付近において散華。「誠第四十一飛行隊」の「九七戦」三機が嘉手納西方洋上において散華し、水底の帰らぬ骸となっていた。

次いで三月三十一日、第八飛行師団の「誠第三十九飛行隊」の「一式戦」三機が沖縄西方洋上において散華していた。特攻機によって損害を被っていたのは、三月三十日の戦闘での重巡「インデアナポリス」、三十一日の戦闘での敷設駆逐艦「アダムス」、兵員輸送艦「ヒンスデール」、戦車揚陸艦「七二四号」、同「八八四号」であった。この他に重巡「ペンサコラ」が衝突により損傷していた（この特攻の戦果は出動機数から見て疑問がある）。

連合軍沖縄へ上陸

四五年四月一日〇八〇〇、連合軍は、遂に沖縄本島に上陸を開始していた（一部は久米島に上陸）。

こうして、太平洋戦争における最後の、そして幾十万の無辜の民を残酷な運命の犠牲とした、余りにも凄惨な地上戦闘を巡る災害が、沖縄とその周辺の島に降り懸かっていた。

アメリカ軍が沖縄攻略戦に動員していた地上兵力は、第十軍司令官サイモン・B・バックナー陸軍中将を総司令官とする「琉球派遣隊」（第五十六任務部隊）麾下のI・R・ホッジ少将の率いる陸軍第二十四軍団（「南部上陸軍」）。その編制はA・V・アーノルド陸軍少将隷下の第七師団及びJ・C・ブラッドレー陸軍少将隷下の第九十六師団）及びR・S・ガイガー海兵少将麾下の第三海兵軍団（「北部上陸軍」）。その編制はL・C・シェファード海兵少将隷下の第六海兵師団及びP・A・デルヴェール海兵少将隷下の第一海兵師団）を基幹とし、その他に、「陽動上陸部隊」としてのT・E・ワトソン海兵少将隷下の第二海兵師団、「乗船待機部隊」としてのG・W・グライナー陸軍少将隷下の第二十七師団、「西方諸島上陸部隊」としてのA・D・ブルース陸軍少将隷下の第七十七師団、「戦域予備部隊」としてのP・J・ミュラー陸軍少将隷下の第八十一師団が参加（同師団はニューカレドニアにて待機）。さらに、「陸軍守備隊」としてのF・G・ウォーレス陸軍少将の沖縄島司令部、F・P・ムルケイ海兵少将隷下の「琉球戦術航空軍」、それにC・H・コブ海軍少将隷下の「琉球海軍部隊」が参加していた。

一方、この作戦を支援する部隊として、中部太平洋部隊司令長官R・A・スプルアンス海軍大将を総司令官とする「琉球作戦中部太平洋部隊」麾下の、「掩護隊・特別作戦部隊」（第五十任務部隊）のミッチャー中将隷下の正規空母艦隊（第五十八任務部隊）及びイギリス海軍のローリングス中将隷下のイギリス空母艦隊（第五十七任務部隊）をスプルアンス海軍大将が直卒。R・K・ターナー海軍中将隷下の「統合派遣部隊」（第五十一任務部隊）に所属するW・H・P・ブランディ海軍少将隷下の「上陸支援隊」（第五十二任務部隊）、M・L・デーヨー海軍少将の指揮する「射撃支援隊」（第五十四任務部隊）、第三海兵軍団の上陸を支援する任務のL・F・ライフスナイダー海軍少将の指揮する「北部攻撃隊」（第五十三任務部隊）、第二十四軍団の上陸を支援する任務のJ・L・ホーレ海軍少将の指揮する「南部攻撃隊」（第五十五任務部隊）が参加。これ以外にも、第七十七師団の上陸を支援する任務のI・N・キランド海軍少将の指揮する「西南諸島攻撃団」、第二海兵師団の陽動を支援する任務のJ・ライト海軍少将の指揮する「陽動部隊」とともに、S・B・バックナー中将麾下の「派遣隊」（第五十六任務部隊）が参加。「アイスバーグ作戦」と呼称されていた沖縄攻略作戦に、初動段階で投入されていたターナー中将麾下の上陸部隊の総兵力は、海軍が二千三百八十名、海兵隊が八万一千百六十五名、陸軍が九万八千五百六十七名の大兵力となっていた。（同上書七百八十〜七百八十五頁）

一方、これを迎え撃つ日本軍部隊は、牛島満中将麾下の第三十二軍であり、その基幹兵力は、雨宮巽中将隷下の歩兵第二十四師団（九個大隊基幹）、藤岡武雄中将隷下の歩兵第六十二師団（八個大隊基幹）、鈴木繁二少将隷下の独立混成第四十四旅団（六個大隊基幹）、和田孝助中将隷下の第五砲兵司令部、太田實少将隷下の海軍陸戦隊等であって、沖縄本島配備の陸軍の兵力は約八万六千四百名（これ以外に、宮古島八重山地区には、納見敏郎中将隷下の第二十八師団の独立混成第五十九旅団、同第六十旅団。石垣島地区には同第四十五旅団。奄美大島地区には同第六十四旅団。大東島地区には歩兵第三十六連隊等を基幹とする部隊が配備されていた)、海軍の兵力は約一万名と言われていた。(戦史叢書「沖縄方面陸軍作戦」二百六十一頁。付図第三の5。付図五)

当時、第三十二軍の高級参謀であった八原博通は、アメリカ軍上陸時の凄まじい戦場の光景について、戦後に書かれた著書の中で、次のように描写している。

「昭和二十年四月一日朝、沖縄の島は、殷々轟々たるアメリカ軍の上陸準備爆撃に震撼しつつあった。このとき、日本第三十二軍首脳部は首里山上に立って、始めて目見ゆるアメリカ軍第十軍の行動を静かに観望していた。偉軀悠揚たるは軍司令官牛島満であり、側近最も近く傲然と立ちはだかっている短軀肥満の将校は、精敢勇猛をもって聞こえた軍参謀長長勇少将である。牛島中将以下参謀たちは、それぞれ双眼鏡を手にして、はるか二十キロ北方の嘉手納海岸に、今しも展開中の雄渾壮絶な敵の上陸作戦を凝視している。本一日未明より、嘉手納沖の広大な海面は、無数の敵輸送船で埋まり、戦艦、重巡各十余隻を基幹とする二百隻の大艦隊は艦列を組んで、波平付近より平安山に至る嘉手納付近七、八キロの海岸地帯に、ここを先途と、巨弾の集中射を浴びせている。爆煙火煙塵煙天に沖し、豆粒大に見える無数の敵機が、その煙幕を潜って急降下爆撃している。午前八時、敵上陸部隊は、千数百隻の上陸用舟艇に搭乗し、一斉に海岸に殺到し始めた。その壮大にして整然たる隊形、スピードと重量感に溢れた決然たる突進振りは、真に堂々、恰も大海嘯の押し寄せるがごとき光景である」（八原博通「沖縄決戦」読売新聞社一一～一二頁）

連合軍が上陸してきた時、先に第九師団を抽出され、寡弱な兵力となっていた第三十二軍の執っていた作戦方針は、敵を水際で叩くことではなく、これを内陸部に引き入れ、持久作戦の下で撃滅すると言うものであった。そのため、アメリカ軍は、上陸第一日目にして早々と北飛行場及び中飛行場をその掌中に収め、その戦略目標を半ば達成していた。

最早、地上部隊の増援がままならぬ事態の下で、沖縄の第三十二軍に対する支援は、空と海からのみ実施されていた。

連合軍が沖縄に上陸していた四月一日、同日付をもって陸海軍部次長の間で「昭和二十年度前期陸海軍戦備ニ関スル申合」が行なわれ「陸海軍全機特攻化」が決定されていた。この事実は、日本の戦争指導部が、正規の作戦を最終的に放棄して、統帥の次元で「外道の統率」を誰に憚ることなく公然と認めたことを意味していた。（戦史叢書「大本営海軍部・聯合艦隊」〈7〉百九十九頁）

四月三日、敵上陸初動の戦闘を巡って、既に沖縄戦線は、日本軍にとって「大凶の兆し」を見せ、第三十二軍が易々と飛行場を敵の掌中に委ねていた戦況の中で、ただならぬ焦慮を深めていた第十方面軍司令官安藤利吉大将、連合艦隊司令部、第八飛行師団司令部からの攻勢の要望を受けて、第三十二軍の持久作戦の方針は崩れ、以後、地上戦闘における攻勢転移へと作戦を変更していたが、連合軍の巨大な万力の下で、作戦は後手後手となり、中途半端となって、以後、潰滅への過程の中で、「比島戦」に続き、再び特攻作戦が作戦の中心となっていた。

今や、四月一日の申し合わせによって、全軍特攻化した、航空戦力を主戦力とする海軍の「菊水第一号作戦」と陸軍の「第一次航空総攻撃」が沖縄方面に雲合霧集するアメリカ軍艦艇群に対して実施されていた四月六日を手始めとして、空からの十死零生の攻撃は、以後、十次にわたって陸続として続いて行く。まさにそれは、壊劫《えこう》の世の到来と言ってよかった。

四月一日、海軍は、第一機動基地航空部隊及び第五基地航空部隊の作戦機九十四機、うち特攻機三十五機を投入。未帰還機十六機（損耗率一七・〇パーセント）、うち特攻機十機の損害を被っていた。戦史叢書「沖縄方面海軍作戦」三百二十八頁）

この日、海軍特攻「第二神雷部隊攻撃隊」の「一式陸攻」二機、「第二神雷部隊桜花隊」の「桜花」三機が沖縄島周辺、「第一大義隊」の爆装「零戦」三機、直掩「零戦」一機、「忠誠隊」の「彗星」一機が宮古島南方、第六航空軍の陸軍特攻「第二十振武隊」の爆装「一式戦」一機、「第二十三振武隊」の「九九襲」四機が慶良間列島、「飛行第六十五戦隊」の爆装「一式戦」一機、第八飛行師団「誠第十七飛行隊」の「九九襲」二機が沖縄周辺洋上、「誠第三十九戦隊」の爆装「一式戦」六機、「飛行第十七戦隊」の爆装「三式戦」七機が沖縄西方洋上に殺到し散華していた。この日、戦艦「ウェスト・ヴァージニア」、資材輸送艦「アーカナー」、同「テイレル」、兵員輸送船「アルパイン」、戦車揚陸艦「七二四号」、駆逐艦「カラハン」、輸送船「ヒンズデイル」が特攻機により損傷を受け、同「八八四号」に一機命中していた他、掃海艇「スカーミッシュ」、兵員輸送艦「エルモア」、駆逐艦「プリチェット」が急降下爆撃機によって損傷を被り、護衛駆逐艦「ヴァンメン」が触雷により損傷する一方、上述のアメリカ軍艦艇以外にも、イギリス空母「インディファティガブル」に一機命中、同「インドミダブル」（戦死十四名、戦傷十六名）、同「イラストリアス」、戦艦「キング・ジョージ五世」が特攻機により損傷を受けていた。

この日、戦果を報じ、祖国の人柱となって散華していたのは、「第一神雷部隊桜花隊」の「桜花」三機に搭乗して出撃していた麓岩男一飛曹、山内義夫二飛曹、峰苔五雄二飛曹、「第一大義隊」の爆装「零戦」三機に搭乗して出撃していた酒井正俊中尉、松岡清治二飛曹、太田静輝二飛曹、「第二十振武隊」の爆装「一式戦」一機に搭乗して出撃していた山本秋彦少尉、「第二十三振武隊」の「九九襲」四機に搭乗して出撃していた伍井芳夫大尉、金子龍雄准尉、大橋治男曹長、藤野正行曹長、「飛行第六十五戦隊」の爆装「一式戦」一機に搭乗して出撃していた久保貞二軍曹、「誠第十七飛行隊」の「九九襲」二機に搭乗して出撃していた久保元治郎少尉、有馬達郎伍長等であった。

翌四月二日、海軍は、第一機動基地航空部隊（第七基地航空部隊を含む）及び第五基地航空部隊の作戦機百五十九機、うち特攻機四十四機を投入。未帰還機七機（損耗率四・四パーセント）、うち特攻機六機の損害を被っていた。（同上書三百三十二頁）

この日、海軍特攻「第二銀河隊」の「銀河」一機が南西諸島東方洋上、「第一建武隊」の爆装「零戦」四機が沖縄・九州南西方面、「第二大義隊」の爆装「零戦」一機が沖縄方面に出撃し散華していた。他方、第六航空軍の陸軍特攻「第二十振武隊」の爆装「一式戦」二機が慶良間列島北部洋上、「飛行第六十六戦隊」の「九九襲」一機が沖縄周辺洋上、第八飛行師団「誠第百十四飛行隊」の「二式双襲」八機が慶良間列島西方洋上に出撃し散華していた。この日、兵員輸送艦「チルトン」、同「ヘンリコ」、同「グッドヒュー」、同「テルフェアー」、戦車揚陸船「五九九号」、歩兵揚陸艦「五六八号」が特攻機により損傷を被り、戦車揚陸船「五九九号」は兵員に甚大な損害（戦死百九十六名）を受け、高速駆逐艦「ディッカーソン」が沈没していた他、駆逐艦「プリシェット」が日本軍機の水平爆撃により損傷、護衛駆逐艦「フォーマン」が急降下爆撃機の爆弾を食らって損傷、同「フランクス」、同「ボリー」が混戦の中で衝突により損傷、貨物船「ラセータ」が味方の誤射により損傷していた。

この日、体当たりを報じていたのは、「第一建武隊」の爆装「零戦」四機に搭乗して出撃していた矢野欣之中尉、米田豊中尉、岡本耕安二飛曹、佐々木忠夫二飛曹、「第二十振武隊」の爆装「一式戦」二機に搭乗して出撃していた長谷川実大尉、山本英四少尉、「飛行第六十六戦隊」の「九九襲」一機に搭乗して出撃していた高山昇中尉、飯沼良一軍曹等であった。

次いで、四月三日、海軍は、第一機動基地航空部隊（第七基地航空部隊を含む）及び第五基地航空部隊の作戦機百七十二機、うち特攻機七十三機を投入。未帰還機三十四機（損耗率一九・七パーセント）、うち特攻機二十一機の損害を被っていた。（同上書三百二十八頁）

この日、海軍特攻「神雷部隊第二建武隊」の爆装「零戦」六機が奄美大島南方洋上、「第三御盾隊二五二部隊」の爆装「零戦」二機、「彗星」二機が沖縄東方、奄美大島南

方洋上、「第三御盾隊六〇一部隊」の「彗星」四機が沖縄北端九十七度六十浬の地点、「忠誠隊」の「彗星」一機が石垣島南方洋上、「第三大義隊」の爆装「零戦」三機が沖縄周辺、「第三銀河隊」の「銀河」三機が沖縄南方洋上に出撃し散華していた。一方、第六航空軍の陸軍特攻「第二十二振武隊」の爆装「一式戦」一機が徳之島付近、「第二十三振武隊」の「九九襲」五機が沖縄周辺洋上、「第六十二振武隊」の「九九襲」三機が沖縄西方海面、第八飛行師団「飛行第百五戦隊」の爆装「三式戦」六機が残波岬南西、「誠第三十二飛行隊」の「九九襲」六機が沖縄西方洋上に出撃し散華していた。この日、護衛空母「ウェーク・アイランド」、高速掃海艇「ハムブルトン」、駆逐艦「マンナート・L・エイベリ」、イギリス空母「イラストリアス」が特攻機により損傷を被っていた他、駆逐艦「スプロスタン」が急降下爆撃機によって損傷、戦車揚陸艦「五五四号」が嵐のために損傷していた。

同日、戦果を報じ殉難の阿修羅となっていたのは、「第三御盾隊二五二部隊」の爆装「零戦」二機、「彗星」二機に搭乗して出撃していた本田武夫中尉、大塚一俊中尉、桑原清作郎上飛曹、島内省太上飛曹、本城猛上飛曹、目黒成雄二飛曹等であった。

明けて四月四日、海軍は、第一機動基地航空部隊（第七基地航空部隊を含む）及び第五基地航空部隊の作戦機四十一機、うち特攻機十二機を出撃させていたが、未帰還

機は一機（損耗率二・四パーセント）、うち特攻機一機となっていた。（同上書三百三十七頁）

この日、海軍特攻「第四大義隊」の爆装「零戦」一機が沖縄南方洋上に出撃し散華していた。同日、高速輸送艦「ディッカーソン」が特攻機によって損傷、同艦は友軍の手によって処分されていた。この日の特攻出撃が上述の一機であったことから見て、この戦果が、「第四大義隊」の爆装「零戦」に搭乗して出撃していた矢田義治上飛曹によるものであることは明白である。この他、同日、駆逐艦「ノーマン・スコット」が衝突により損傷、戦車揚陸艦「七〇号」、同「一六六号」、同「三四三号」、同「三九九号」、同「五七〇号」、同「六二四号」、同「六七五号」、同「六八九号」、同「七三六号」、同「七五六号」、同「七八一号」が荒天の中で坐礁していた。

翌四月五日、海軍は、第一機動基地航空部隊（第七基地航空部隊を含む）及び第五基地航空部隊の作戦機六十一機、うち特攻機七機を投入。未帰還機二機（損耗率三・二パーセント）、うち特攻機二機となっていた。（同上書三百二十八頁）

この日、海軍特攻「第五大義隊」の爆装「零戦」一機、直掩「零戦」一機が沖縄南方洋上、第六航空軍の陸軍特攻「第二十一振武隊」の爆装「一式戦」一機が沖縄西方海面に出撃し、戦果を見ず空しく散華していた。

アメリカ軍側の史料によると、この日、特攻機によって損傷していた艦船は記録されていないが、戦艦「ネバダ」が海岸砲により損傷、敷設駆逐艦「ハリー・F・バウアー」が航空魚雷を受けて損傷、水上機母艦「ソートン」、油槽船「アッシュタブラ」、同「エスカラント」、戦車揚陸艦「二七三号」、同「八一〇号」、同「九四〇号」、同「一〇〇〇号」が衝突によって損傷、同「六九八号」が坐礁していた。

以上が、「天一号航空決戦」下での上陸破砕戦闘を巡る特攻作戦の様相であった。「防衛庁公刊戦史」が述べているように、四月一日の連合軍の沖縄本島に対する上陸以来、第三十二軍は攻勢移転を巡って、「決意、中止、再行、中止」と何度も迷走を繰り返していたが、漸く四月六日一四〇〇になって軍命令による攻撃を下達していた。しかし、結局、第三十二軍が攻勢を開始していたのは、四月十二日になってからのことであった。（同上書三百五十七〜三百五十九頁）

水上特攻「大和」の出撃と失敗

こうした戦況の中で、陸海軍の作戦指導部は、四月六日を期して、頽勢を挽回するため、水上艦艇及び航空機による特攻作戦に全力を挙げ、海軍は、「菊水一号作戦」を発動、陸軍は、「第一次航空総攻撃」をもって、これに呼応していた。

この四月六日、航空作戦の、言わば敵を引き付ける一種の作戦として、今や、文字通り〝無用の長物〟と化していた「大艦巨砲主義」の象徴戦艦「大和」以下第二艦隊（司令長官伊藤整一中将）の艦艇十隻（第二水雷戦隊司令官古村啓蔵少将）の軽巡「矢矧」。第十一駆逐隊の駆逐艦「冬月」同「涼月」。第二十一駆逐隊の駆逐艦「朝霜」同「初霜」同「霞」。第十七駆逐隊の駆逐艦「磯風」同「雪風」同「濱風」）が、その姿を敵の眼前に曝け出しつつ、海上特攻として沖縄本島に向け出撃していた。追い詰められた日本の無能な戦争指導者の自暴自棄が生んだ日本的ニヒリズムの不条理の犠牲となって、「大和」特攻はいかなる目的も達することなく、以後、数千の尊い生命が、沖縄の透き通る碧空と碧海に連日引きも切らず死の舞踏を繰り返していた。言うまでもなく、すべてこれらの作戦には軍事科学上のいかなる合理性もなかった。自滅を早めるだけの作戦が、愚かな失敗に終わる運命にあることは自明であった。出撃していた「大和」以下海上特攻部隊の主力は、四月七日、徳之島北西二百浬付近（北緯三十度二十二分、東経百二十八度四分）において、ミッチャー提督麾下のアメリカ第五十八機動部隊の艦載機三百八十六機の餌食となって潰滅、沖縄突入作戦と言うナンセンスを極めたファナティシズムの最後の倒錯的虚栄は、脆くも破綻していた。（アメリカ軍側機数は戦史叢書「沖縄方面海軍作戦」六百五十一頁）

（注）アメリカ軍側史料による各艦の沈没地点は次の通り。戦艦「大和」—北緯三十度四十分、東経百二十八度三分。軽巡「矢矧」—北緯三十度四十分、東経百二十八度三分。駆逐艦「朝霜」—北緯三十度〇分、東経百二十八度〇分。同「濱風」—北緯三十度四十分、東経百二十八度三分。同「磯風」—北緯三十度四十分、東経百二十八度三分。同「霞」—北緯三十度五十七分、東経百二十七度五十七分。（"UNITED STATES Naval Chronology, World War II" p.142）

ところで、この「大和」特攻を巡って、当時、連合艦隊司令長官であった豊田副武大将は、一体、どのような判断の下で意志決定を下していたのか。以下は、「防衛庁公刊戦史」に所載された同大将の戦後における回想である。

「若し沖縄が失陥すればいよいよ本土決戦の軒先に火がついたも同然で、海軍としてはありとあらゆる手段を尽くさねばならぬという考えから、当時健在した戦艦大和を有効に使う方法」として計画されたものであった。しかし、「『私は成功率は五〇パーセントはないだろう、…〔中略〕…うまく行ったら奇跡だ、という位に判断したのだけれども、急迫した当時の戦況において、まだ働けるものを使わずに残しておき、現地における将兵を見殺しにするということは、どうしても忍びない。かといって勝目のない作戦をして、追駈に大きな犠牲を払うことも大変苦痛だ。しかし多少でも成功の算があれば、できることはなんでもやらねばならぬ、という心持』から」水上特攻を強行したと言うのであった。（戦史叢書「大本営海軍部・聯合艦隊」〈7〉二百七十三頁）

「実現可能性」「適合性」それに「受容性」を無視してことを運んだ「窮鼠猫を噛む」、これが、当時の日本海軍の作戦指導部の頭脳を支配していた〃敗亡の論理〃であった。

「大和」特攻の経緯について、「防衛庁公刊戦史」は、次のように書いている。

先ず、連合艦隊司令部の「一参謀」が軍令部の富岡定俊第一部長に対して作戦についての了承を求めていたが、富岡は、本土決戦に備えての燃料の不足を理由として、これに反対していた。次いで、この「一参謀」は、軍令部の小澤治三郎次長に諒解を求めた。小澤は、連合艦隊の長官が賛成ならよかろうと応えていたが、この時、及川古志郎軍令部総長は、ただ黙っていたと言う。富岡の戦後における回想によると、彼の知らない間に、小澤が燃料は片道でもよいからと言うことで、この「一参謀」の申し出を諒解したらしいと言うのだ。この「一参謀」と言うのは、連合艦隊首席参謀神重徳大佐であった。

神は、「沖縄戦」が始まると、「しばしば戦艦の使用を要求して止まなかったが」、連合艦隊参謀長草鹿龍之介少将は、「機会を見る必要があるとしてなだめてきた」と言われる。その草鹿が鹿屋に出掛けていた間隙を利用して、神参謀は、連合艦隊の三上作夫参謀に「大和」特攻が決まったとこを電話してきていた。三上は「全く寝耳に水のことで驚いた」と言われるが、この後、連合艦隊司令部との間で激しい論争が続いていた。こうした中で、神は、作戦計画の正当性を弁護するため、天皇の言葉を持ち出し、「総長（軍令部総長――引用者）が米軍攻略部隊に対し航空攻撃を行う件について奏上した際、陛下から航空部隊だけの総攻撃かとの御下問があったことであるし」と言ったと言う。一方、この後、神は、草鹿参謀長に対して、豊田長官も決裁しているが、参謀長の意見はどうかを聞いていたが、草鹿は、長官が決裁してから参謀長の意見を聴取するなど「すこぶる腹を立てた」と言うのだ。さらにこの後、神は、この作戦計画について、草鹿に、第二艦隊司令部へ説明に行くよう要請、三上参謀が同行し、同艦隊司令長官伊藤整一中将に対して計画の実行を申し入れたが、伊藤は、当初、この無謀な作戦を納得しなかったものの、「最後に、一億総特攻のさきがけになってもらいたい、という説明に〝そうか、それならわかった〟と、即座に納得された」と言うのである。（傍点――引用者。同上書二百七十三〜二百七十五頁）「大和」特攻を巡って、イニシャティブを執っていたのは、上述のとおり、連合艦隊の「一参介少将が、神の言うなりになって、彼に踊らされ、「すこぶる腹を立てた」参謀長草鹿龍之介少将が、神の言うなりになって、しかも、ことの真相を豊田長官に聞きただすこともしなかったのは、奇妙と言う他はない。いずれにせよ、連合艦隊の意志決定は欺瞞と食言によってでっち上げられていたと言うことである。統帥の不在と言ってよかろう。一方、「一億総特攻のさきがけ」と言う草鹿の言葉を了承していた伊藤整一中将の心境は、まさに「湊川へ」の心境であったに違いない。この時の第二艦隊の空気は、宇垣纏中将が、「戦藻録」に書いているように、最初、「沈滞気味」であったと言われるが、最後には伊藤長官の訓示を受けて、その気になったと言うのである。（宇垣纏「戦藻録」原書房四百八十七頁）

こうして、「大和」以下の第二艦隊は、沖縄本島に突入した後、こともあろうに、「揚陸可能兵器弾薬人員ヲ揚陸　防衛兵力トシ　残リヲ浮砲台トス」と言われた作戦計画をもって出撃して征ったのである。まさにそれは、連合艦隊の発電にもあるとおり、「帝国海軍力ヲ此ノ一戦ニ結集シ光輝アル帝国海軍海上部隊ノ伝統ヲ発揮スルト共ニ其ノ栄光ヲ後昆ニ伝ヘントスルニ外ナラズ」とされた形而上学的美学に触発されてのことであった。

「大和」以下は、なけなしの燃料を掻き集め、往復の燃料を搭載して出撃していたが、無論、いかなる勝機もなく、惨憺たる敗戦の後、四隻の駆逐艦（「初霜」「雪風」「冬月」「涼月」）が辛うじて佐世保に帰投していたものの、その他六隻が海の藻屑と化し、三千七百二十一名の将兵が、この無謀な戦闘で散華していた。（戦史叢書「大本営海軍部・聯合艦隊」〈7〉二百八十一〜二百八十二頁）

四月十三日、この海上特攻で奇しくも九死に一生を得て帰還していた第二艦隊参謀長森下信衛少将が、軍令部において述べていた次のような作戦実施経過に関する報告がある。「防衛庁公刊戦史」によれば、同参謀長は、要旨、こう述べていたと言われる。

「席上森下参謀長は、中央が水上部隊の使用方針を明確にせず、かつ艦隊の整備実施期間中にだしぬけに海上特攻作戦を実施させたことに言及し、たとえ九死一生の作戦といえども、『突入作戦ハ周密ナル装備ヲ要ス』『必死必殺ノ作戦ナルモ作戦其ノモノハ成算アル計画ナラザル可カラズ』」と。

一方、この作戦に投入されていた第二水雷戦隊の「戦闘詳報」には次のように記述されていた。

「之ヲ要スルニ作戦ハ飽ク迄冷静ニシテ打算的ナルヲ要ス　徒ニ特攻隊ノ美名ヲ冠シテ強引ナル突入作戦ヲ行フハ　失フ処大ニシテ得ル処甚ダ少ナシ」「特攻部隊ノ使用

ニ当リテハ　如何ニ九死一生ノ作戦ニアリテモ目的完遂ノ道程ニ於テハ最モ合理的ニシテ且自主的ナル如ク細密ナル計画ノ下ニ極力成算アル作戦ヲ実施スル要アリ思ヒ付的作戦或ハ攻略的作戦ニ堕シ　貴重ナル作戦部隊ヲ犬死セシメザルコト特ニ肝要ナリ」と。（同上書二百八十二〜二百八十三頁）

統帥の不在の中で、「犬死に」した作戦部隊のまさに憤懣やる方ない心情の吐露であった。

その後の四月三十日、「大和特攻」に疑念を抱いていた天皇の「天号作戦ニ於ケル大和以下ノ使用法不適当ナルヤ否ヤ」とのご下問に対して、海軍省人事局長三戸壽少将は富岡定俊第一部長と資料を検討した上で、今更ながら以下のごとき結論に達していたと言われる。

「当時ノ燃料事情及練度、作戦準備ヨリシテ　突入作戦ハ過早ニシテ　航空作戦トモ吻合セシムル点ニ於テ　計画準備周到ヲ欠キ　非常ニ窮屈ナル計画ニ堕シタル嫌アリ作戦指導ハ適切ナリトハ称シ難カルベシ」と。（同上書二百八十三頁）

この言葉が物語っていることは、「大和特攻」が外道の作戦であり、この特攻において死んだ三千数百名の将兵の死が「犬死に」であったと言う事実である。

「菊水第一号作戦」「第一次航空総攻撃」（四月六日〜十一日）

「大和」が出撃していた四月六日、陸海軍航空戦力の全力を投入しての海軍の特攻作戦「菊水第一号作戦」及び陸軍の特攻作戦「第一次航空総攻撃」が実施されていたが、この時の特攻機の稼動可能機数は約三百機と言われる状況であった。（戦史叢書「沖縄方面海軍作戦」三百四十三頁）

これらの作戦は、四月六日から十一日にわたって実施されていた。

初動の四月六日、海軍は、第一機動基地航空部隊（第七基地航空部隊及び第八基地航空部隊を含む）及び第五基地航空部隊の作戦機三百九十一機、うち特攻機二百十五機を投入。未帰還機百七十八機（損耗率四五・五パーセント）、うち特攻機百六十二機と言われる甚大な損害を被っていた。一方、陸軍は、第六航空軍及び第八飛行師団の作戦機百三十三機を投入。うち第六航空軍が投入していた特攻機は五十四機であったが、この中で未帰還機は二十四機となっていた。第八飛行師団が投入していた特攻機は二十八機、うち未帰還機は二十六機に達していた。（同上書三百七十六頁）

陸軍の場合、出撃に当たって故障する特攻機が多く、また途中で引き返すものも多くあって、これらの特攻機を見送っていた第六航空軍菅原道大中将は、この事態に憂慮を深めていたと言われる。既に特攻作戦そのものに大きな陰りが出ていたことを、

この事実が物語っていたと言うことである。（戦史叢書「沖縄・台湾・硫黄島方面陸軍航空作戦」四百六十三頁）

こうした事態は、上述の海軍特攻の場合の出撃機数と未帰還機の機数の乖離から見て、海軍も例外ではなかった。

この日、海軍特攻「菊水部隊天山隊」の「天山」九機、「第三御盾天山隊」の「天山」一機、「第一八幡護皇艦攻隊」の「九七艦攻」十三機、「第一護皇白鷺隊」の「九七艦攻」十三機、「第一神剣隊」の爆装「零戦」十六機、「第一筑波隊」の爆装「零戦」十七機、「第一七生隊」の爆装「零戦」十二機、「勇武隊」の「銀河」三機が沖縄周辺海面、「第一正統隊」の「九九艦爆」十機、「第一草薙隊」の「九九艦爆」十三機、「第一八幡護皇艦爆隊」の「九九艦爆」十五機が沖縄北中飛行場沖、「第二〇部隊彗星隊」の「彗星」七機が奄美大島・徳之島東南洋上、「第三御盾二五二部隊」の爆装「零戦」五機及び「彗星」四機が奄美大島の百四十二度七十浬及び那覇の百度七十五浬の地点、「第三御盾六〇一部隊」の「彗星」二機が沖縄北端の九十度八十五浬の地点、「第三建武隊」の爆装「零戦」十八機が喜界島の二百度八十浬の地点、「忠誠隊」の「彗星」三機が石垣島南方洋上に出撃し散華していた。一方、この同じ日、第六航空軍の陸軍特攻「第二十二振武隊」の爆装「一式戦」二機が沖縄南西海面、「第四十三振武隊」の爆装「二式戦」五機、「第四十四振武隊」の爆装「二式戦」四機、第八飛行師団「誠第三十六飛行隊」の「九八直協」十機、「誠第三十七飛行隊」の「九八直協」九機、「誠第三十八飛行隊」の「九八直協」七機が沖縄西方海面、第六航空軍「第六十二振武隊」の「九九襲」四機、「第七十三振武隊」の「九九襲」十二機が沖縄本島付近、「第一特別振武隊」の爆装「四式戦」八機が沖縄周辺洋上に出撃し散華していた。

この日、アメリカ軍側の史料によると、特攻隊の挙げていた戦果には目覚ましいものがあり、凄絶を極めた地獄絵図が沖縄海面の周辺に展開されていた。被害を受けていた艦艇は、三十四隻にも上っていたと言われるが、その中でも、駆逐艦「ブッシュ」に三機命中（沈没地点、北緯二十七度十六分、東経百二十七度四十八分。戦死、艦長以下八十七名、戦傷四十二名）、同「コルフーン」に四機命中（艦の砲撃により沈没。地点、北緯二十七度十六分、東経百二十七度四十八分）、高速掃海駆逐艦「エモンズ」に三機命中（僚艦の砲撃により沈没。地点、北緯二十六度四十八分、東経百二十八度四分）、戦車揚陸艦「四四七号」に一機命中（沈没。地点、北緯二十六度九分、東経百二十七度十八分）、給弾艦「ローガン・ヴィクトリア」に一機命中（沈没）、給弾艦「ポップス・ヴィクトリア」に一機命中（沈没）、軽空母「サン・ジャシント」に一機命中、駆逐艦「モリス」（戦死十二名、戦傷四十五名）、同「ロイッツ」、同「マラニー」、同「ヘインスワース」（戦死九名、戦傷十四名）、同「ハイマン」（戦死十二名、戦傷二十七名）にそれぞれ一機命中、同「ハッチンズ」（戦死一名、戦傷三名）、同「ハリスン」にそれぞれ一機至近弾、同「ニューコム」に三機命中（戦死三十名、戦傷三十六名）、同「ホーワース」に一機命中、一機至近弾（戦死四十名、戦傷十五名）、同「ベェネット」（戦死三名、戦傷十八名）、同「トウィグス」が損傷、護衛駆逐艦「ウイッター」に一機命中（戦死十一名、戦傷四十一名）、同「フィーバーリング」に一機至近弾、高速掃海駆逐艦「ロッドマン」に一機命中、掃海艇「デヴァスティター」に一機至近弾、同「ファシリティ」、同「ランソム」、同「ディフェンス」、掃海特務艦「三二一号」、同「三三一号」が損傷を被っていた。この他、特攻攻撃による混戦の中で、戦艦「ノース・カロライナ」、軽巡「パサデナ」、駆潜艇「一三九〇号」、兵員輸送艦「バーネット」、貨物船「レオ」、戦車揚陸艇「二四一号」、同「一〇〇〇号」が味方の誤射により損傷、さらに高速輸送艦「ダニエル・T・グリッフィン」が衝突により損傷、掃海駆逐艦「ハーディング」、駆逐艦「タウシグ」が日本軍機の水平爆撃により損傷を受けていた。この一連の戦闘で、アメリカ軍側の戦死者は九十四名、戦傷者は二百六十四名、行方不明者は百七十八名に達していたと言う。

この日、〝十死零生〟の体当たりによって戦果を挙げ、群青の海の藻屑と消えていたのは、「菊水部隊天山隊」の「天山」九機に搭乗して出撃していた齋藤緑郎中尉、吉岡久雄中尉、竹下明少尉、熊沢庸夫少尉、山村英三郎少尉、桝見良雄少尉、植島幸次郎少尉、山口武雄上飛曹、原敬治上飛曹、萩原武一飛曹、野口吉正一飛曹、嘉戸佐一飛曹、高山要一飛曹、牧島治二飛曹、高島知善一飛曹、望月九州男二飛曹、田中和夫二飛曹、川添多喜男二飛曹、大倉由人二飛曹、飛田与四郎二飛曹、河瀬厚二飛曹、田邊実二飛曹、岡和夫二飛曹、豊田誠二飛曹、堤勉二飛曹、野田栄二飛曹、太田末廣二飛曹。

「第三御盾天山隊」の「天山」一機に搭乗して出撃していた吉田信太郎少尉、沢恭二二飛曹、皆川淳二飛曹。

「第一八幡護皇艦攻隊」の「九七艦攻」十三機に搭乗して出撃していた山下博大尉、成田金彦大尉、藤井真治大尉、福田東作中尉、野中繁男中尉、貴島正明中尉、大藪晃中尉、山下克義中尉、高橋恒夫中尉、高橋光淳中尉、根岸敬次中尉、長澤善亮中尉、田中斌中尉、黒木七郎中尉、若林績隆中尉、浅田正治中尉、寺田泰夫中尉、米山茂樹飛曹長、渡邊信行上飛曹、尾川義雄上飛曹、大野憲一一飛曹、金子孝一飛曹、地主善一一飛曹、松村嘉吉一飛曹、皆川二三夫一飛曹、帆北主水二飛曹、小西和夫二飛曹、大和久睦雄二飛曹、鈴木米雄二飛曹、富田常雄二飛曹、松本昭義二飛曹、東山稔二飛曹、松尾正義二飛曹、渡邊吉徳二飛曹、水野郁男二飛曹、片桐実二飛曹、国広哲司二飛曹、伊藤浜吉二飛曹、大西久雄二飛曹。

「第一護皇白鷺隊」の「九七艦攻」十三機に搭乗して出撃していた佐藤清大尉、伊藤直誉中尉、志沢保吉少尉、俵一夢少尉、大岩虎吉少尉、松永敏比古少尉、溝川隆少尉、林田直少尉、竹内孝少尉、湯川俊輔少尉、岩本京一少尉、山田鉄雄少尉、海田茂雄少尉、小室静雄少尉、岡田正少尉、田原拓郎少尉、庄司弘一少尉候補生、石井恭三郎飛曹長、中安邦雄上飛曹、山田静雄上飛曹、福野重敏上飛曹、桝井利男上飛曹、近田三郎上飛曹、副島幸雄一飛曹、渡邊与四三二飛曹、三井伝昌二飛曹、堀江敬司二飛曹、野田哲夫二飛曹、長島義茂二飛曹、天野吉三二飛曹、小林昭二郎二飛曹、藤村勉二飛曹、保村正一二飛曹、辻安治二飛曹、松本源之進二飛曹、須藤賢二飛曹、福喜多重一二飛曹、坂本静夫二飛曹、佐藤志郎二飛曹。

「第一神剣隊」の爆装「零戦」十六機に搭乗して出撃していた松林平吉中尉、遠藤益司少尉、大森晴二少尉、岩崎慧少尉、加藤安男少尉候補生、種村名少尉候補生、武井信夫少尉候補生、西田博治少尉候補生、田端真三上飛曹、谷尾計雄上飛曹、平田善次郎二飛曹、吉竹幸治二飛曹、平出幸治二飛曹、花水昭二郎二飛曹、鈴木克実二飛曹、河村俊光二飛曹。

「第一筑波隊」の爆装「零戦」十七機に搭乗して出撃していた福寺薫中尉、石田寛中尉、末吉実中尉、金子保中尉、石橋由雄中尉、伊達実少尉、福島正次少尉、太田博英少尉、斎藤勇少尉、鷲尾侃少尉、金井正夫少尉、椎木鉄幸少尉、山口人久少尉、山本知恵三一飛曹、安田善二二飛曹、村山周三二飛曹、河村裕夫二飛曹。

「第一七生隊」の爆装「零戦」十二機に搭乗して出撃していた宮武信夫大尉、田中久武少尉、山田興治少尉、小林哲夫少尉、植木平七郎少尉、松藤大治少尉、本庄巌少尉、橋本哲郎少尉、鷲見敏郎少尉、河野正男少尉、久保田博少尉、吉村信夫少尉。

「勇武隊」の「銀河」三機に搭乗して出撃していた根本道雄中尉、丸山保仁上飛曹、福田増雄一飛曹、吉村一誠一飛曹、村田守二飛曹、安田雅由二飛曹、田中勝二飛曹、佐藤安善二飛曹、岩橋達雄二飛曹。

「第一正統隊」の「九九艦爆」十機に搭乗して出撃していた桑原知中尉、横山忠重中尉、牛尾久二中尉、前橋一誠中尉、和田喜一郎中尉、高橋元一少尉、加藤三郎少尉、桝江秀男少尉、本田実蘊少尉、守山唯雄飛曹長、千葉正史飛曹長、沓名達夫飛曹長、加藤啓一上飛曹、石川宗夫上飛曹、駒井重雄上飛曹、利根川吉郎二飛曹、山内文夫二飛曹、中本昭二二飛曹、武田武雄二飛曹、岩松利光二飛曹。

「第一草薙隊」の「九九艦爆」十三機に搭乗して出撃していた高橋義郎中尉、作田幹雄中尉、松本厚少尉、阿部英治中尉、坂本充少尉、肘任正明少尉、中村盛雄少尉、小鷹時雄上飛曹、後藤友春一飛曹、水品清一飛曹、太田潔一飛曹、中西三津夫一飛曹、栢村成太郎二飛曹、網田浩之二飛曹、太田鎮雄二飛曹、船生敏郎二飛曹、小田好郎二飛曹、桜井利喜一二飛曹、今井敏夫二飛曹、五十川喜市二飛曹、齋藤義正二飛曹、三井位三飛曹、吉岡隆成二飛曹、鈴木孝一二飛曹、長谷川喜市二飛曹、佐山一二飛曹。

「第一八幡護皇艦爆隊」の「九九艦爆」十五機に搭乗して出撃していた寺内博中尉、土屋大作中尉、円並地正壮中尉、糀本武次郎少尉、末藤肇少尉、富坂弥右衛門少尉、酒井�少尉、幾島達雄少尉、上野昌惟少尉、白崎雅亮少尉、杉本貢少尉、古市敏雄少尉、生井長三郎一飛曹、鈴木芳蔵一飛曹、北川義助一飛曹、瀬川長造二飛曹、椋木慶二飛曹、堀川功二飛曹、大沢政勝二飛曹。

「第二一〇部隊彗星隊」の「彗星」七機に搭乗して出撃していた児玉光雄大尉、篠原秋男中尉、卯滝重雄中尉、堀切晋一少尉、新井灌少尉、江種繁樹上飛曹、乾正信上飛曹、山崎隆晴上飛曹、高江州義市一飛曹、堀井勝司一飛曹、松井三治一飛曹、渋谷秀夫一飛曹、加藤芳正一飛曹、山本基一一飛曹。

「第三御盾二五二部隊」の爆装「零戦」五機及び「彗星」四機に搭乗して出撃してい

た宮本十三中尉、荒木孝中尉、村井末吉少尉、石坂和郎少尉、内田佳親上飛曹、江田泰一飛曹、中島熊彦一飛曹、巻山不折二飛曹、山口一夫二飛曹、山本富仁男二飛曹、菅野健藏二飛曹、藤井彰二飛曹。

「第三御盾六〇一部隊」の「彗星」二機に搭乗して出撃していた百瀬甚吾中尉、川合仁少尉、杉本孝雄一飛曹。

「第三建武隊」の爆装「零戦」十八機に搭乗して出撃していた森忠治中尉、藤坂昇中尉、造酒康義上飛曹、山田見日一飛曹、海野晃一飛曹、磯貝圭助一飛曹、指田良男一飛曹、蛭田八郎一飛曹、宮川成人一飛曹、唐沢高雄一飛曹、甲斐孝喜一飛曹、梅壽秀行二飛曹、桃谷正好二飛曹、福岡彪治二飛曹、伊藤庄春二飛曹、斉藤清勝二飛曹、船越治二飛曹、桜井幸治二飛曹。

「忠誠隊」の「彗星」三機に搭乗して出撃していた南義雄一飛曹、永田千春一飛曹、飯田恒美二飛曹、田口唯明二飛曹、北川肇二飛曹、西田久二飛曹。

「第二十二振武隊」の爆装「一式戦」二機に搭乗して出撃していた立川美亀太少尉、西長武志少尉。

「第四十三振武隊」の爆装「一式戦」五機に搭乗して出撃していた清沢守少尉、酒井忠春少尉、籍島武一少尉、村上稔少尉、浅川又之少尉。

「第四十四振武隊」の爆装「一式戦」四機に搭乗して出撃していた小原幸雄少尉、向後新太郎軍曹、足立次彦伍長、中村利雄伍長。

「誠第三十六飛行隊」の「九八直協」十機に搭乗して出撃していた北村正少尉、住田乾太郎少尉、片山佳典少尉、高嶋弘光少尉、小川二郎曹長、森知登軍曹、貴志泰昌軍曹、岡部三郎伍長、細木章伍長、峰保昌伍長。

「誠第三十七飛行隊」の「九八直協」九機に搭乗して出撃していた柏木誠一少尉、小林敏夫少尉、佐々木秀三少尉、小屋哲郎軍曹、藤沢鉄之助軍曹、玉野光一軍曹、入江寛軍曹、赤峰均伍長、百瀬恒男伍長。

「誠第三十八飛行隊」の「九八直協」七機に搭乗して出撃していた喜浦義雄少尉、小野生三少尉、蕎麦田水行少尉、高橋勝見曹長、水畑正国軍曹、石川寛一軍曹、松井大典軍曹。

「第六十二振武隊」の「九九襲」四機に搭乗して出撃していた富沢健児少尉、三宅柾軍曹、坂本清伍長、丹羽修平伍長。

「第七十三振武隊」の「九九襲」十二機に搭乗して出撃していた高田鉦三少尉、小澤三木曹長、後藤正一軍曹、麻生末弘伍長、加覧幸男伍長、木原愛夫伍長、後藤寛一伍長、中澤流江伍長、藤田久雄伍長、藤井秀男伍長、山本茂春伍長、山中太郎伍長。

「第一特別振武隊」の「四式戦」八機に搭乗して出撃していた林弘少尉、田中二也少尉、友枝幹太郎少尉、林玄太郎少尉、浜谷理一少尉、仔谷毅軍曹、石賀兵一伍長、上津一紀伍長等。

以上、陸海軍合わせて実に三百四十一名に上る日本の若者たちが、幻世に心残しつつ、祖国の明日を信じて国柱となって散華していた。

翌四月七日、海軍は、第一機動基地航空部隊（第七基地航空部隊及び第八基地航空部隊を含む）及び第五基地航空部隊の作戦機百五十六機、うち特攻機五十三機を投入。後続のない戦力状況の中で、未帰還機四十機（損耗率二五・六パーセント）、うち特攻機三十四機の損害を被っていた。（戦史叢書「沖縄方面海軍作戦」三百八十一頁）

一方、陸軍は、第六航空軍が、重爆十機（五機引き返す）、特攻機七十六機を投入していたが、重爆のうち二機が未帰還となり、特攻機二十二機が未帰還となっていた。（戦史叢書「沖縄・台湾・硫黄島方面陸軍航空作戦」四百六十四頁）

この日、海軍特攻「第四銀河隊」の「銀河」四機が南西諸島、「第三御盾二五二部隊」の爆装「零戦」五機が奄美大島の百三十二度九十浬の地点、「第三御盾六〇一部隊」の「彗星」十一機が沖縄北端九十度百十浬の地点、「第四建武隊」の爆装「零戦」九機が沖縄周辺、「第三御盾七〇六部隊」の「銀河」五機が沖縄西方海面に出撃し散華していた。一方、第六航空軍の陸軍特攻「第二十二振武隊」の爆装「一式戦」一機が沖縄本島付近、「第二十九振武隊」の爆装「一式戦」一機、「第四十四振武隊」の爆装「二式戦」二機が沖縄周辺洋上、「第四十六振武隊」の「九九襲」五機、「第七十四振武隊」の「九九襲」七機、「第七十五振武隊」の「九九襲」四機が中城湾、「司偵振武隊」の「百式司偵」二機が嘉手納沖に出撃し散華していた。

この日、アメリカ軍側史料によると、空母「ハンコック」、戦艦「メリーランド」に一機命中、駆逐艦「ロングショー」が損傷、護衛駆逐艦「ウエスン」に一機命中（戦死八名、戦傷二十五名）、掃海特務艦「八一号」が損傷、その他、特攻機による攻撃の混戦の中で、掃海特務艦「一〇三号」が触雷、同「四二七号」が日本軍の海岸砲により損傷、兵員輸送船「オードライン」が味方の誤射により損傷、戦車揚陸艇「六九八号」が坐礁、同「八九〇号」が衝突により損傷、砲艦艇「一八号」が触雷により沈没していた（地点、北緯二十六度十三分、東経百二十七度五十五分）。

同日、体当たりによって戦果を報じていたのは「第四銀河隊」の「銀河」四機に搭乗して出撃していた三木光少尉、松浪武正上飛曹、岡林春実上飛曹、遠藤良一上飛曹、保苅良男一飛曹、片村利男一飛曹、成瀬光吉二飛曹、大塚忠保二飛曹、波田敏之二飛曹、岡崎宇市二飛曹、横畑一吉飛長等のうちのいずれかであったが、その他の特攻隊に関しては詳細は不明である。

明けて四月八日から十一日に掛けて、海軍は、第一機動基地航空部隊（第七基地航空部隊及び第八基地航空部隊を含む）及び第五基地航空部隊の作戦機三百三機、うち特攻機七十八機を投入。未帰還機三十六機（損耗率一一・八パーセント）、うち特攻機三十機の損害を被っていた。

四月八日、海軍の特攻作戦は、兵力の消耗と天候に阻まれて実施されていなかったが、この日、第六航空軍「第二十九振武隊」の爆装「一式戦」三機、「第四十二振武隊」の爆装「九七戦」四機、「第六十八振武隊」の爆装「九七戦」二機が沖縄周辺洋上、第八飛行師団「誠第十七飛行隊」の「九九襲」一機が中城湾に出撃し散華していた。この日、アメリカ軍側の史料によると、駆逐艦「グレゴリー」に特攻機が一機命中していた他、特攻艇による攻撃で、駆逐艦「チャールズ・J・バッジャー」、貨物船「スター」が損傷を被り、さらに掃海特務艇「九二号」が触雷、戦車揚陸艦「九三九号」が衝突により損傷、同「九四〇号」が坐礁していたが、これらの艦艇がこうした損傷を受けていたのは、特攻機の攻撃による混戦の中での出来事であったと思われる。

この日、戦果を挙げていた特攻隊について、それがどの隊であるかを特定することは困難である。

四月九日から十日に掛けての両日、海軍の特攻作戦は実施されていなかったが、陸軍は寡弱な戦力をもって散発的な作戦を続行していた。

四月九日、第六航空軍の陸軍特攻「第四十二振武隊」の爆装「九七戦」三機が沖縄周辺洋上、「第六十八振武隊」の爆装「九七戦」一機が沖縄本島付近、第八飛行師団「飛行第百五戦隊」の爆装「三式戦」一機が中城湾に出撃し散華していた。この日、アメリカ軍側史料によると、戦車揚陸艇「八七六号」、同「四四七号」が特攻機の体当たりにより沈没、駆逐艦「ステリット」が損害を受けていた他、護衛空母「シェナンゴウ」が味方の航空機により損傷、駆逐艦「ポーターフィールド」が味方の砲撃により損傷、高速輸送艦「ホッピング」、戦車揚陸艦「五五七号」が日本軍の海岸砲により損傷していた。上述の味方の航空機及び砲撃によって三隻の艦艇が損傷を受けていた事実は、特攻機に対する防禦戦闘での混乱がもたらした誤射が原因であろう。この日、体当たりを敢行していたのは、「第四十二振武隊」の爆装「九七戦」三機に搭乗して出撃していた猫橋芳郎少尉、近藤幸雄少尉、馬場洋少尉、「第六十八振武隊」の爆装「九七戦」一機に搭乗して出撃していた山口悦一少尉、「飛行第百五戦隊」の爆装「三式戦」一機に搭乗して出撃していた内藤善次中尉のうちのいずれかである。

翌四月十日、第六航空軍「第三十振武隊」の「九九襲」一機が沖縄本島付近に出撃し散華していたが、アメリカ軍側史料によれば、この日、特攻機による被害は記録されていないものの、掃海特務艇「九六号」が衝突により損傷、駆潜艇「六六七号」が坐礁していた。

四月十一日、海軍は特攻作戦を再興。「第五銀河隊」の「銀河」五機が喜界島南方、「第二一〇部隊彗星隊」の「彗星」二機が奄美大島・徳之島東南方海面、「第二一〇部隊零戦隊」の「零戦」三機が沖縄東方洋上、「第三御盾二五二部隊」の爆装「零戦」二機が奄美大島の百五十五度六十浬の地点、「第三御盾六〇一部隊」の爆装「零戦」二機が喜界島の百八十度六十浬の地点、「第五建武隊」の爆装「零戦」十三機が沖縄西方海面に出撃し散華していた。一方、第六航空軍の陸軍特攻「第二十二振武隊」の爆装「一式戦」一機が慶良間列島南方洋上、「第四十六振武隊」の爆装「九九襲」一機が沖縄周辺洋上、第八飛行師団「飛行第十九戦隊」の爆装「三式戦」三機が那覇西方洋上、「飛行第百五戦隊」の爆装「三式戦」二機が中城湾に出撃し散華していた。

この日、戦艦「ミズリー」、正規空母「エンタープライズ」に一機至近弾、駆逐艦「ブルラード」、同「キッド」(戦死三十八名、戦傷五十五名)、護衛駆逐艦「サミエル・S・マイルズ」が特攻機により損傷していた他、正規空母「エセックス」、駆逐艦

「ヘイル」が急降下爆撃機の攻撃を受け損傷、駆逐艦「ハンク」(戦死四名、戦傷一名)、護衛駆逐艦「マンローヴ」が機銃掃射により被害を受け、兵員輸送船「ペリーン」が衝突により損傷、駆逐艦「トラセン」、貨物船「レオ」が味方の誤射により損傷、戦車揚陸艇「三九九号」が坐礁していた。

この日の特攻攻撃においても、どの隊が戦果を挙げていたかは詳らかではない。

「菊水第二号作戦」「第二次航空総攻撃」(四月十二日〜十五日)

「菊水第一号作戦」及び「第一次航空総攻撃」を成功と見、希望的観測の下で、「敵は動揺の兆《きざし》がある。あと一、二撃を加えれば、機動部隊も攻略船団も潰滅的損害を蒙る」として敵の戦力に高を括っていた陸海軍の作戦指導部は、四月十二日から十五日に掛けて、沖縄周辺に遊弋する連合軍の雲霞《うんか》のごとき艦艇群に向かって、再び執拗な特攻作戦を続行。海軍は「菊水第二号作戦」、陸軍は「第二次航空総攻撃」を発動していた。

四月十二日、海軍は、第一機動基地航空部隊(第七基地航空部隊及び第八基地航空部隊を含む)及び第五基地航空部隊の作戦機三百五十四機、うち特攻機百三機を動員。未帰還機百十四機(損耗率三二・二パーセント)、うち特攻機六十九機の損害を被っていた。一方、陸軍は、第六航空軍の作戦機百二十四機、特攻機七十二機をもって海軍に呼応、特攻機四十九機が未帰還となっていた。（戦史叢書「沖縄方面海軍作戦」四百九頁）

この日、海軍特攻「第三神雷部隊桜花隊」の「桜花」八機及び「第三神雷部隊攻撃隊」の「十一式陸攻」五機、「第二八幡護皇隊艦攻隊」の「艦攻」十機、「第二護皇白鷺隊」の「九七艦攻」三機、「常盤忠華隊」の「九七艦攻」六機、「第二草薙隊」の「九九艦爆」二機、「第二至誠隊」の「九九艦爆」一機が沖縄周辺、「第二八幡護皇艦爆隊」の「九九艦爆」十七機が沖縄中北飛行場沖、「第二七生隊」の爆装「零戦」十七機が与論島東方に出撃し散華していた。一方、第六航空軍の陸軍特攻「第二十振武隊」の爆装「一式戦」三機、「第六十二振武隊」の「九九襲」二機、「第七十五振武隊」の「九九襲」四機、「第百二振武隊」の「九九襲」十一機、「第百三振武隊」の「九九襲」十一機、「第百四振武隊」の「九九襲」四機、「司偵振武隊」の「百式司偵」一機が沖縄周辺洋上、「第四十三振武隊」の爆装「一式戦」三機、「第六十九振武隊」の「九七戦」四機が沖縄西方洋上、「第四十六振武隊」の「九九襲」一機、「第一特別振武隊」の爆装「四式戦」二機が嘉手納沖、「第七十四振武隊」の「九九襲」一機が沖縄本島付近、第八飛行師団「誠第十六戦隊」の爆装「一式戦」一機、「誠第二十六戦隊」の爆装「一式戦」一機が花蓮港東方洋上に出撃し散華していた。

この日、駆逐艦「マンナート・L・エーブル」に「桜花」一機命中、特攻機一機命中（沈没。地点、北緯二十七度二十五分、東経百二十六度五十九分）、上陸支援艇「三十三号」に一機命中（沈没）、戦艦「アイダホ」、同「テネシー」に一機命中、駆逐艦「スタンリー」に「桜花」一機至近弾（戦傷三名）、同「パーディ」（戦死十三名、戦傷六十八名）、同「ゼェラース」（戦死一名、戦傷六十九名）、同「キャシン・ヤング」（戦死二十一名、戦傷三十八名）に特攻機一機命中、護衛駆逐艦「リッドル」に一機至近弾（戦死一名、戦傷九名）、同「ロール」に一機至近弾、同「ウォルター・C・ワン」、同「ホワイトハースト」に一機命中、掃海駆逐艦「ジェファーズ」に「桜花」一機至近弾、特攻機一機命中、敷設駆逐艦「リンゼイ」に特攻機一機命中、掃海艇「グラディエィター」が損傷していた他、混戦の中で、戦艦「ニューメキシコ」が味方の誤射により損傷、ガソリン・タンカー「ワバッシュ」、貨物船「ワイアンドット」が衝突、戦車揚陸艦「五五五五号」が坐礁していた。

この日の戦闘の中で、注目すべき事実は、駆逐艦「マンナート・L・エーブル」に「桜花」一機が命中、駆逐艦「スタンリー」、掃海駆逐艦「シェファーズ」に一機が至近弾となっていた事実であった。海軍の作戦指導部が過大な期待を抱いていた「桜花」による戦果は、戦争の終結に至るまで、結局のところ駆逐艦一隻の撃沈と言う戦果を挙げていたに過ぎなかった。

この日、体当たりによって戦果を報じていたのは、「第三神雷部隊桜花隊」の「桜花」八機に搭乗して出撃していた今井遉三中尉、岩下英三中尉、土肥三郎中尉、山田力也一飛曹、鈴木武司一飛曹、飯塚正己二飛曹、朝霧二郎二飛曹、光齋政太郎二飛曹のうちのいずれか二機であり、この他、「第二八幡護皇隊艦攻隊」の「艦攻」十機に搭乗して出撃していた芳井輝夫中尉、大崎國夫少尉、古賀俊資少尉、本間政彦少尉、井上時郎少尉、堀之内久俊少尉、石川芳行少尉、渡邊健二郎少尉、越智光少尉、富士原恒城少尉、村瀬稔少尉、上野留雄上飛曹、嶺村長一一飛曹、山本一郎二飛曹、平間啓志二飛曹、栗原勤二飛曹、繁田昭二二飛曹、月森善次二飛曹、高橋忠二飛曹、堤昭二飛曹、合田三郎二飛曹、小杉秀吉二飛曹、鴻巣三郎二飛曹、山本茂二飛曹、戸塚豊二飛曹、豊田美春二飛曹、堀江佑治二飛曹、水上義明二飛曹、石田清松二飛曹、室谷章二飛曹、「第二護皇白鷺隊」の「九七艦攻」三機に搭乗して出撃していた野元純中尉、菅田三喜雄少尉候補生、古谷純男少尉候補生、土屋孝一少尉候補生、福田茂生少尉候補生、田中謙四郎二飛曹、沢田久男二飛曹加藤昭夫二飛曹、森久二飛曹、「常盤忠華隊」の「九七艦攻」六機に搭乗して出撃していた西森秀夫大尉、中澤達二中尉、

古高武男中尉、田沢義治少尉、滝本義正少尉、横山保少尉、酒巻一夫少尉、川野博章少尉、田邊武雄飛曹長、春原宗治上飛曹、横山安詔上飛曹、高尾重雄上飛曹、増子定正上飛曹、田中宏平二飛曹、石原勝二飛曹、奈良営太郎二飛曹、須藤岸雄二飛曹、阿部正二飛曹等であった。

上述の特攻隊員のうち、「桜花」に搭乗して駆逐艦「マンナート・L・エーブル」に突入していたのは「第三神雷部隊桜花隊」の土肥三郎中尉であった。（デニス・ウォーナー、ペギー・ウォーナー前掲書百一頁）

一方、陸軍特攻もまた「艦種不詳二隻撃沈」等の戦果を報じていたが、それがどの特攻隊であるのかを特定することは困難である。

翌四月十三日、この日の攻撃は陸海軍とも総じて低調に終わっていた。海軍は、第一機動基地航空部隊（第七基地航空部隊及び第八基地航空部隊を含む）及び第五基地航空部隊の作戦機八十七機、うち特攻機四十機を動員。未帰還機四機（損耗率四・五パーセント）、うち特攻機二機の損害を被っていた。一方、陸軍は、第六航空軍の作戦機四十九機、うち特攻機十八機をもって海軍に呼応。特攻機十八機が未帰還となっていた。（戦史叢書「沖縄方面海軍作戦」四百十三頁）

この日、海軍特攻「第九大義隊」の爆装「零戦」一機及び直掩「零戦」一機が与那国島南方海面、第六航空軍の陸軍特攻「第三十振武隊」の「九九襲」一機、「第四十六振武隊」の「九九襲」一機、「第七十四振武隊」の「九九襲」四機、「第七十五振武隊」の「九九襲」一機、「第百三振武隊」の「九九襲」一機、「第百四振武隊」の爆装「九九襲」五機が沖縄周辺海上、「第百七振武隊」の爆装「九七戦」五機が沖縄西方海上に出撃し散華していた。この日、アメリカ軍側史料によると、護衛駆逐艦「コンノリー」が特攻機により損傷を受けていたと記録されているが、同艦に突入していた特攻機を特定することは出来ない。

明けて四月十四日、海軍は、第一機動基地航空部隊（第七基地航空部隊及び第八基地航空部隊を含む）及び第五基地航空部隊の作戦機二百二十九機、うち特攻機五十二機を動員。未帰還機五十一機（損耗率二二・二パーセント）、うち特攻機四十四機の損害を被っていた。（同上書四百十七頁）

この日、海軍特攻「第四神雷部隊桜花隊」の「桜花」七機及び「第四神雷部隊攻撃隊」の「一式陸攻」七機、「第二筑波隊」の爆装「零戦」三機、「第六建武隊」の爆装「零戦」六機、「第一昭和隊」の爆装「零戦」十機が沖縄東方海面、「第二神剣隊」の爆装「零戦」九機が沖縄東方慶良間列島、「第十大義隊」の爆装「零戦」一機及び直掩「零戦」一機が沖縄周辺に出撃し散華していた。一方、第六航空軍の陸軍特攻「第二十九振武隊」の爆装「一式戦」二機が沖縄周辺洋上に出撃し散華していた。この日、アメリカ軍側史料によると、戦艦「ニューヨーク」、駆逐艦「シグスビー」に一機命中（戦死三名、戦傷七十五名）、同「ダシール」、同「ハント」が損傷を被っていた他、混戦の中で、砲艦「一一号」が坐礁、戦車揚陸艦「二四一号」が衝突により損傷していた。

この日、〝十死零生〟の攻撃をもって戦果を報じていたのは、「第四神雷部隊桜花隊」の「桜花」七機（指揮官真柄嘉一上飛曹）であったが、その詳細は不明であり、アメリカ軍側史料によっても「桜花」による被害は記録されていない。

「菊水第二号作戦」ないし「第二次航空総攻撃」の最終日となっていた四月十五日、敵機動部隊の動静が摑めず、攻撃は停頓。この日、海軍は、第一機動基地航空部隊（第七基地航空部隊及び第八基地航空部隊を含む）及び第五基地航空部隊の作戦機百二機、うち特攻機十機を動員。未帰還機五機（損耗率四・九パーセント）、うち特攻機二機の損害を被っていた。［同上書四百二十頁］

一方、陸軍は、第六航空軍の作戦機十二機（戦闘機）及び特攻機二機をもって、海軍に呼応していた（特攻機二機未帰還）。（戦史叢書「沖縄・台湾・硫黄島方面陸軍航空作戦」四百九十五頁）

この日、海軍特攻「第三御盾六〇一部隊」の「零戦」二機が沖縄中飛行場、第六航空軍の陸軍特攻「第三十振武隊」の「九九襲」一機、「第四十六振武隊」の「九九襲」一機が沖縄周辺洋上に出撃し散華していた。同日、駆逐艦「ウイルソン」、同「ラフィ」、油槽船「タルーガ」、上陸支援艇「一一六号」、同「五一号」が特攻機によって損傷、この他に、掃海特務艇「三三一号」が特攻艇によって損傷を被っていたが、どの特攻隊が戦果を挙げていたかを特定する史料は見当たらない。

「菊水第三号作戦」「第三次航空総攻撃」（四月十六日～十七日）

翌四月十六日から十七日に掛けて、海軍は、「菊水第三号作戦」、陸軍は「第三次航空総攻撃」を発動。四月十六日の航空作戦は大規模なものとなり、海軍は、第一機動基地航空部隊（第七基地航空部隊及び第八基地航空部隊を含む）及び第五基地航空部隊の作戦機四百十五機、うち特攻機百七十六機を投入。未帰還機百二十七機（損耗率三〇・六パーセント）、うち特攻機百六機と言われる甚大な損害を被っていた。一方、陸軍は、第六航空軍の作戦機九十二機（九十機と言う数字もある）、うち特攻機五十二機を動員、未帰還機五十六機（五十五機と言う数字もある）、うち特攻機五十一機（五十機と言う数字もある）と言われる、これも甚大な損害を被っていた（損耗率六

○・八パーセント）。（戦史叢書「沖縄方面海軍作戦」四百二十二頁。四百二十七頁。六百九十三頁。戦史叢書「沖縄・台湾・硫黄島方面陸軍航空作戦」四百九十六～四百九十七頁）

この日、海軍特攻「第五神雷部隊桜花隊」の「桜花」五機及び「第五神雷部隊攻撃隊」の「一式陸攻」四機、「菊水部隊天桜隊」の「天山」六機、「第三七生隊」の爆装「零戦」三機が沖縄周辺、「第六銀河隊」の「銀河」八機が喜界島南方洋上、「第七銀河隊」の「銀河」四機が喜界島の百五十度五十浬の地点、「皇花隊」の「九七艦攻」四機、「第三八幡護皇隊」の「九七艦攻」二機、「第三護皇隊白鷺隊」の「九七艦攻」二機、「第三八幡護皇艦爆隊」の「九九艦爆」十七機、「第二昭和隊」の爆装「零戦」四機、「第三神剣隊」の爆装「零戦」三機が嘉手納沖、「天桜隊」の「天山」一機が沖縄本島西方洋上、「第三御盾六〇一部隊」の爆装「零戦」二機が喜界島の百四十六十浬の地点、「第二菊水彗星隊」の「彗星」三機が喜界島南方洋上、「第七建武隊」の爆装「零戦」九機、「第八建武隊」の爆装「零戦」五機、「第三昭和隊」の爆装「零戦」三機、「第四昭和隊」の爆装「零戦」二機、「第四神剣隊」の爆装「零戦」一機、「第三筑波隊」の爆装「零戦」七機が喜界島南東五十浬の地点、「第四七生隊」の爆装「零戦」九機が喜界島南東洋上、「忠誠隊」の「彗星」一機が石垣島南方洋上に出撃し散華していた。一方、第六航空軍の陸軍特攻「第四十振武隊」の「九七戦」六機、「第四十二振武隊」の爆装「九七戦」一機、「第六十九振武隊」の爆装「九七戦」一機、「第七十五振武隊」の「九九襲」一機、「第七十九振武隊」の「九九高練」十機、「第百六振武隊」の爆装「九七戦」九機、「第百七振武隊」の爆装「九七戦」九機、「第百八振武隊」の爆装「九七戦」十一機、第八飛行師団「誠三十六飛行隊」の「九八直協偵」一機が沖縄周辺洋上、「誠三十八飛行隊」の「九八直協偵」一機が沖縄西方海面、「誠第三十三飛行隊」の爆装「四式戦」一機及び「飛行第二十九戦隊」の直掩機一機が嘉手納沖に出撃し散華していた。

既にこの頃、実用機による特攻攻撃に極度の不足をきたしていた陸軍は、練習機「九九高練」や旧式戦闘機「九七戦」等の投入を余儀無くされていた。

この日、駆逐艦「プリングル」(沈没。地点、北緯二十七度二十六分、東経百二十六度五十九分。戦死六十二名、戦傷不詳)、同「ブライアント」(戦死三十四名、戦傷三名)、同「ウイルソン」、護衛駆逐艦「バウアース」(戦死四十八名、戦傷五十九名)、掃海駆逐艦「ホブスン」、同「ハーディング」、戦車揚陸艦「四〇七号」、空母「イントレピッド」、戦艦「ミズリー」、給油艦「タルーガ」にそれぞれに一機命中、駆逐艦「ラッフェイ」に五機命中、一機至近弾(戦死三十二名、戦傷七十一名)、その他、歩兵上陸用舟艇「一一六号」、同「五一号」、同「四〇七号」、上陸支援艇「一一六号」がそれぞれ特攻機により損傷を受け、掃海艇「チャンピオン」が日本軍機の水平爆撃で爆弾を食らい、混戦の中で、駆逐艦「マクダーマット」が味方の誤射によって損傷していた。

この日、「第五神雷部隊桜花隊」の「桜花」五機（指揮官宮下良平中尉）による戦果が報じられていたが、アメリカ軍側史料には「桜花」による損傷は記録されていない。この「第五神雷部隊桜花隊」以外に戦果が伝えられていたのは「皇花隊」の「九七艦攻」四機に搭乗して出撃していた畑岩治中尉、吉田種二中尉、藤田州司少尉、三好重成少尉、足立芳郎少尉、成谷廣一上飛曹、吉池邦夫上飛曹、清水清人上飛曹、片谷有造一飛曹、遠藤徳敏一飛曹、戸倉勝一飛曹、「第三護皇隊白鷺隊」の「九七艦攻」二機に搭乗して出撃していた栗村敏夫少尉候補生、原正少尉候補生、山田真一飛曹、羽生國明二飛曹、大谷康佳二飛曹、入江義夫二飛曹、「第三八幡護皇隊」の「九七艦攻」二機に搭乗して出撃していた石見文男中尉、丸田哲助少尉、田平光弘少尉、川畑泰少尉、小河義光二飛曹、北沢誠治二飛曹等の特攻隊であった。さらに、これ以外に戦果が報じられていたのは「第二菊水彗星隊」の「彗星」三機に搭乗して出撃していた岩見健少尉、外山正司少尉、谷節夫少尉、太田栄次郎少尉、石川定男上飛曹、

椿昇一飛曹、棚田茂見飛長、「第六銀河隊」の「銀河」八機に搭乗して出撃していた橋本誠也中尉、薬真寺靖少尉、大河原誠少尉、植垣義友上飛曹、道又重雄上飛曹、出山秀樹上飛曹、本山幸一郎一飛曹、波多野進一飛曹、中西克己一飛曹、齋藤三藤一飛曹、佐井川正之二飛曹、中村行男二飛曹、久野朝雄二飛曹、鈴木憲司二飛曹、本城勝志二飛曹、頼元健次郎二飛曹、藤谷成美二飛曹、光石昭通二飛曹、高橋豊二飛曹、金内光郎二飛曹、北島治郎飛長、西兼登二飛長、大西月正飛長、富士田富士弥飛長、「第七銀河隊」の「銀河」四機に搭乗して出撃していた小林茂雄中尉、延沢慶太郎少尉、白井甲作上飛曹、中居秀雄上飛曹、宮前俊三一飛曹、岩田渉一飛曹、榎田重秋二飛曹、江藤賢助二飛曹、岡田武教二飛曹、中村廣光二飛曹、田中仙太郎飛長、山田正雄飛長等の特攻隊であった。

翌四月十七日、海軍は、第一機動基地航空部隊（第七基地航空部隊及び第八基地航空部隊を含む）及び第五基地航空部隊の作戦機百六十三機、うち特攻機四十五機を投入。未帰還機十九機（損耗率一一・六パーセント）、うち特攻機十四機の損害を被っていた。（戦史叢書「沖縄方面海軍作戦」四百三十頁。但し、同「戦史」には特攻未帰還十六機と言われる数字もある）

一方、陸軍は、作戦機二十九機、うち特攻機三機を動員。未帰還機十機、うち特攻機二機の損害を被っていた（損耗率三四・三パーセント）。（戦史叢書「沖縄・台湾・硫黄島方面陸軍航空作戦」四百九十九頁。五百四頁）この日、海軍特攻「第八銀河隊」の銀河一機が喜界島東方海面、「第三御盾六〇一部隊」の「彗星」四機、爆装「零戦」一機が喜界島の百五十五度八十浬の地点、「第二五二部隊」の「彗星」五機、爆装「零戦」一機が奄美大島の百三十二度百浬の地点、「第十二大義隊」の爆装「零戦」二機が台湾東方洋上に出撃し散華していた。一方、第六航空軍の陸軍特攻「飛行第六十二戦隊」の「四式重」二機が喜界島東方洋上に出撃し散華していた。この日、アメリカ軍側の史料によると、掃海駆逐艦「ベナム」が沖縄方面において特攻機による体当たりと味方の誤射により損害を受けていたが、上述の特攻機を特定することは出来ない。

この日の出撃について、特攻無惨とも言うべき一つの挿話がある。「第十二大義隊」の爆装「零戦」の一機に搭乗して未帰還となっていた齋藤信雄飛曹長の話である。この齋藤飛曹長のことについて、角田和男は以下のように彼の著書に書いている。

この日の前日の四月十六日〇五三〇、齋藤飛曹長ら三名の特攻隊員が石垣島から索敵攻撃に発進していた。しかし、齋藤飛曹長は、搭乗機のエンジン発火系統の不良で台湾の宜蘭に引き返し不時着していた。帰ってきた齋藤飛曹長を、玉井浅一司令は、待機中の下士官兵らの面前でこっぴどく面罵していた。「特攻に出たものが少し位のエンジン不良で何故帰って来るか、エンジンの止るまで何故飛ばないか」と。玉井司令に「臆病者」「卑怯者」呼ばわりされた齋藤飛曹長は、角田に、この日の夜、こう言ったと言う。「下士官兵の前でここまで怒鳴られては、男として生きている事は出来ません。次の出撃には必ず死んで見せます。会敵出来なくても燃料のある限り飛び続け、エンジンの止まった所で自爆します。絶対に帰投針路にはつきません。ただ、この期に臨んで心残りは内地を離れる直前に結婚したばかりの妻の事ですが、こう言う事になると分かっていたらもう少し優しくしてやるのだったのですが、松山基地まで面会に来て居り、会おうと思えば会えたのに、訓練に忙しく、たまの外出には歓送迎会の宴会続きで、碌に相手になってやれず、別れて来てしまって、本当に済まなかったと思っています。角さん、もし生きて帰られたら、この気持と事情を良く話して、私が最後まで済まなかったと言っていたと伝えて下さい」と。角田は、齋藤に「犬死には止めろ」と説き、角田が、小田原参謀長の言葉を介して聞いた大西瀧治郎中将の特攻の最終目的である、特攻によって天皇を決断させ、終戦へと導く企図を説明し、もう直ぐ講和の時が迫っているからと説得を続けていたが、齋藤は、「良い事を聞かせてくれました。では、角さん、特攻は命中しなくても、戦果を揚げなくても良いんですね。死ねば成功ですね。私はやはり行きます。ぶつからなくても特攻の目的は達成出来る訳ですから」と言って、翌四月十七日の出撃の後、列機が予定索敵コースを経て敵を発見せず帰投していたにもかかわらず、齋藤は、そのまま一路死のみが待つ戦場に向かい「遂に帰投しなかった」と言う。（角田和男「修羅の翼」今日の話題社三百十六〜三百十七頁。一部原文の句読点を改めた――引用者）

翌四月十八日、陸軍は、第八飛行師団の作戦機の一部をもって沖縄に所在するアメリカ軍の艦船を攻撃。「飛行第十九戦隊」の「三式戦」爆装二機及び直掩一機が沖縄周辺海上において戦果を挙げることなく空しく散華していた。この日、アメリカ軍側史料によると、軽巡「モービル」が内部爆発により損傷、敷設駆逐艦「トルマン」が坐礁、戦車揚陸艦「九二九号」が衝突により損傷していた。

一方、海軍は、四月十八日から十九日に掛けて、作戦機三十三機、うち特攻機四機をもって索敵及び攻撃を実施。未帰還五機の損害（損耗率一六・一パーセント）を出していたが特攻機は敵を見ず引き返していた。（戦史叢書「沖縄方面海軍作戦」四百三十三頁）「防衛庁公刊「戦史」が述べているように、この頃、海軍の航空作戦は、「菊水第三号作戦」を転機として、従来の積極戦法を放棄し、特攻作戦は後退の兆を見せていた。四月十八日、連合艦隊司令部は、五航艦に対してそれまで与えていた十航艦に対する指揮権を解き、迫りくる本土決戦に備えて、十航艦残存部隊の九州進出を取り止めていた。こうした作戦命令が出されていたのは、海軍中央が当初企図していた上陸前における敵攻略部隊の撃滅が不可能となり、沖縄の中・北飛行場が敵の掌中に落ちて奪還出来ず、特攻作戦を繰り返しても敵の所在空母は一向に減少する気配がなく、陸上戦闘を巡る反撃作戦が進展しないばかりか、第三十二軍は、じりじりと後退を余儀なくされ、さらに肝腎の海軍航空戦力を巡る生産が月間六百機程度であって、消耗と供給との間に危機的な乖離が出る一方、燃料が当初から底を突いていたからであった。（同上書四百三十五～四百三十六頁）

「沖縄戦」の後に控えた本土決戦を巡っての「決号作戦」に兵力を温存しなければならなかった海軍中央としては、止むに止まれぬ決断ではあったが、しかし、一挙に沖縄から手を引くこともままならず、その後も済し崩し的な特攻作戦が何の見透しもなく中途半端な形で続行されて行った。まさにこれが決定的な敗勢に追い込まれた抜き差しならぬ兵の勢であった。

「菊水第四号作戦」「第四次航空総攻撃」「第五次航空総攻撃」（四月二十一日～二十九日）

海軍の「菊水第四号作戦」とこれに呼応しての陸軍の「第四次航空総攻撃」（四月

二十一日〜二十二日）及び「第五次航空総攻撃」（四月二十八日）が開始されたのは四月二十二日から二十九日に掛けてのことであった。この間の四月二十日から二十二日、海軍は、九州方面部隊及び台湾方面部隊の作戦機二百五十八機、うち特攻機二十六機を投入。未帰還機十八機（損耗率六・九パーセント）、うち特攻機三機の損害を被っていた。（戦史叢書「沖縄方面海軍作戦」四百四十八頁）

一方、陸軍は、四月二十日、第六航空軍隷下の作戦機十一機をもって沖縄の中・北飛行場を攻撃、三機が未帰還の損害を受けていた。このうち四機は、新たに投入されていた第五航空軍の作戦機であり、同航空軍は、朝鮮及び九州を基地として「第四次航空総攻撃」に参加していた。（戦史叢書「沖縄・台湾・硫黄島方面陸軍航空作戦」五百十三〜五百十四頁）

今次の攻撃では、海軍の稼動機数が極度に減耗していたことから、海軍の目標はもっぱら敵機動部隊に集中、陸軍の目標は沖縄付近の艦船に指向すると言うのであった。四月二十日、アメリカ軍側史料によれば、戦艦「コロラド」が内部爆発により損傷、駆逐艦「アメン」が日本軍機の空爆により損傷していた。同駆逐艦の損傷は、この日、出撃していた出水《いずみ》部隊の「一式陸攻」七機によるものと思われる。（戦史叢書「沖縄方面海軍作戦」四百四十六頁）

この間の四月十九日、連合軍上陸部隊は巨大な兵力を投入して、沖縄の北正面からひた押しに総攻撃を開始。牛島満中将指揮下の第三十二軍にじりじりと強圧を掛けていた。

四月二十二日、「菊水第四号作戦」の初動攻撃で、日の丸の鉢巻きを締めた死に装束の日本の若者たちが、九州の第一国分基地、知覧基地、台湾の宜蘭基地、桃園基地等からぞくぞくと滑走路を蹴り、〝十死零生〟の彼岸に向かって出撃して征った。この日、海軍特攻「第三御盾二五二部隊」の「彗星」二機、爆装「零戦」一機が奄美大島付近に出撃し散華していた。一方、第六航空軍の陸軍特攻「第七十九振武隊」の「九九高練」一機、「第八十振武隊」の「九九高練」十一機、「第百五振武隊」の爆装「九七戦」六機、「第百九振武隊」の爆装「九七戦」四機、第八飛行師団「誠第三十一飛行隊」の「九九襲」一機が沖縄周辺洋上、第六航空軍「第八十一振武隊」の「九九高練」十一機が那護湾周辺、第八飛行師団「誠第百十九飛行隊」の「二式双襲」五機が粟国島南西方洋上、「飛行第十九戦隊」の爆装「三式戦」三機が慶良間列島間に出撃し散華していた。

上述の事実に見られるように、繰り返して言えば、既にこの頃、陸軍特攻の主体となっていたものは、「九九高練」や「九七戦」等の練習機や旧式戦闘機であり、特攻戦力が枯渇していたことをこの事実が物語っていた。

この日、アメリカ軍側史料によると、掃海艇「スワロー」に一機命中（沈没。地点、北緯二十六度十分、東経百二十七度十二分）、歩兵上陸艇「一五号」に一機命中（沈没）、駆逐艦「ハドソン」、同「ワッズワース」に一機至近弾、同「イシャウッド」に一機命中、敷設駆逐艦「シェー」が損傷、掃海艇「ランソム」、同「グラディエーター」が損傷していた。

同日、「第三御盾二五二部隊」の「彗星」二機、爆装「零戦」一機に搭乗して出撃していた金山英敏上飛曹、猪山昌彦二飛曹、坂野行彦二飛曹、「第七十九振武隊」の「九九高練」一機に搭乗して出撃していた池田保男少尉、「第八十振武隊」の「九九高練」十一機に搭乗して出撃していた杉戸勝平少尉、川瀬明少尉、高橋弘准尉、上成義徳曹長、川上喜一郎曹長、田畑与四郎曹長、平木義範曹長、五十嵐慎二軍曹、長瀬一則軍曹、大友勉伍長、中村欽一伍長、「第百五振武隊」の爆装「九七戦」六機に搭乗して出撃していた林義則少尉、中川昌俊少尉、渡邊利広少尉、小野寅蔵伍長、陣内政治伍長、田淵哲雄伍長、「第百九振武隊」の爆装「九七戦」四機に搭乗して出撃していた菊池繁三郎少尉、大石安一伍長、助田五郎伍長、平塚光雄伍長、「誠第三十一飛行隊」の「九九襲」一機に搭乗して出撃していた長谷部良平伍長、「第八十一振武隊」の「九九高練」十一機に搭乗して出撃していた片岡喜作中尉、中渡俊治少尉、牟田芳雄少尉、大場健治准尉、松田富雄曹長、仲本政好曹長、桐生猛曹長、難波隼人曹長、岡山勝己軍曹、白石哲夫軍曹、鍋田茂夫伍長、「誠第百十九飛行隊」の「二式双襲」五機に搭乗して出撃していた竹垣全少尉、溜洋少尉、岩上要伍長、永久要伍長、山本茂伍長、「飛行第十九戦隊」の爆装「三式戦」三機に搭乗して出撃していた渡邊国臣少尉、小野博少尉、坂本茂少尉等のいずれかが敵艦艇に突入し、戦果が報じられていたが、どの特攻機が体当たりによって戦果を挙げたかを特定することは困難である。

翌四月二十三日から二十六日に掛けて、海軍は九州方面航空部隊及び台湾方面航空部隊の作戦機八十四機、うち、特攻二機を出撃させ、微弱な「航空ゲリラ戦」を続行していたが、四月二十五日に宮古島南方に向けて出撃していた「二〇五空」の「零戦」二機（うち、爆装一機）は敵を見ず引き返し、この間の特攻作戦は不発に終わっていた。（同上書四百五十三頁）

この頃、沖縄では、四月十九日から開始されていた連合軍の全面的な地上作戦の展開の下で、四月二十三日、第三十二軍は戦線の縮小を余儀なくされ、敵に空間を渡し時間を稼ぐ遅滞行動を実施していたが、縦深の浅い離島におけるこの種の作戦には自

ずから限界があり、日本軍の潰滅は時間の問題となっていた。（戦史叢書「沖縄・台湾・硫黄島方面陸軍航空作戦」五百二十四頁）

同日、第六航空軍の陸軍特攻「第百三振武隊」の「九九襲」一機、「第百五振武隊」の爆装「九七戦」一機が沖縄周辺洋上において戦果を見ず空しく散華していた。

その三日後の四月二十六日、陸軍の特攻機による微弱な攻撃が実施され、この日、第六航空軍「第八十一振武隊」の「九九高練」一機が沖縄周辺洋上、「飛行百十戦隊」の「四式重」四機が嘉手納沖において戦果を挙げることなく空しく散華していた（この日、アメリカ軍側史料によると駆逐艦「ハッチンス」が爆雷により損傷している）。

明けて四月二十七日、第六航空軍「第八十振武隊」の「九九高練」一機、「第百九振武隊」の爆装「九七戦」一機が沖縄周辺洋上、第八飛行師団「誠第三十三飛行隊」の爆装「四式戦」五機が嘉手納沖、「誠第三十六飛行隊」の「九八直協偵」一機が沖縄本島付近に出撃し散華していた。この日、駆逐艦「ラルフ・タルボット」、護衛駆逐艦「イングランド」高速輸送艦「ラスバーン」が、沖縄沖において特攻機により損傷を被っていた他、重巡「ウィチタ」が日本軍の海岸砲により損傷、駆逐艦「ウイリアム・D・ポーター」が味方の誤射により損傷していた。

この日、戦果が報じられていたのは、「誠第三十三飛行隊」の爆装「四式戦」五機に搭乗して出撃していた福井五郎少尉、天野博少尉、石原正嘉少尉、内田雄二少尉、橋場昇少尉等の特攻隊であり、祖国の安危を懸念しつつ、五人の若者たちが心命を肉弾と化して日本の国柱となり、沖縄の碧空と群青の海に散っていた。

四月二十七日から三十日に掛けて、海軍は、あり合わせの航空戦力を動員。九州方面航空部隊及び台湾方面航空部隊の作戦機五百八十七機、うち特攻機百機を投入し、未帰還機六十八機（損耗率一一・五パーセント）、うち特攻機五十九機の損害を被っていた。（戦史叢書「沖縄方面海軍作戦」四百六十三頁）

四月二十八日、「菊水第四号作戦」の下で、「第六神雷部隊桜花隊」の「桜花」一機、「第三草薙隊」の「九九艦爆」十四機、「第二正統隊」の「九九艦爆」六機が沖縄周辺洋上、「八幡神忠隊」の「九七艦攻」三機、「第一正気隊」の「九七艦攻」二機、「白鷺赤忠隊」の「九七艦攻」一機が那覇沖、「忠誠隊」の「彗星」一機、「第十五大義隊」の爆装「零戦」一機、「第十六大義隊」の爆装「零戦」一機が宮古島南方洋上に出撃し散華していた。一方、第六航空軍は、この日、「第五次航空総攻撃」を発動。「第六十一振武隊」の爆装「四式戦」七機、「第六十七振武隊」の爆装「九七戦」六機、「第七十六振武隊」の爆装「九七戦」三機、「第七十七振武隊」の爆装「九七戦」八機、

「第百二振武隊」の「九九襲」一機、「第百四振武隊」の「九九襲」一機、「第百六振武隊」の爆装「九七戦」三機、「第百八振武隊」の爆装「九七戦」一機、「第百九振武隊」の爆装「九七戦」二機が沖縄周辺洋上、第八飛行師団「誠第三十四飛行隊」の爆装「四式戦」四機が慶良間列島南方洋上、「誠第百十六飛行隊」の爆装「九七戦」二機が慶良間列島湾内、「誠第百十九飛行隊」の「二式双襲」四機が久米島西方、「飛行第百五戦隊」の爆装「三式戦」四機が慶良間列島南西洋上に出撃し散華していた。この日、アメリカ軍側史料によれば、駆逐艦「ワッズワース」、同「ベニオン」、同「ブラウン」が損傷、同「デリー」、同「トウィグス」に一機命中、高速掃海駆逐艦「バトラー」、病院船「コンフォート」、負傷者運送船「ピンクニー」、貨物船「S・ホール・ヤング」、歩兵揚陸艇「五八〇号」が損傷を受けていた他、駆逐艦「ロング」と同「ラング」が衝突により損傷していた。

この日、戦果が報じられていたのは、「第六神雷部隊桜花隊」の「桜花」一機に搭乗して出撃していた山際直彦一飛曹、「八幡神忠隊」の「九七艦攻」三機に搭乗して出撃していた清水吉一少尉、上保茂少尉、大石政則少尉、旗生良景少尉、十河正澄少尉、赤堀彰治飛曹長、犬童憲太郎二飛曹、三島昭二飛曹、山西富三郎二飛曹、「第一正気隊」の「九七艦攻」二機に搭乗して出撃していた須賀芳宗少尉、岩崎久豊少尉、安達卓也少尉、桐畑小太郎上飛曹、菅沢健二飛曹、弥永光男二飛曹、「白鷺赤忠隊」の「九七艦攻」一機に搭乗して出撃していた後藤惇少尉、山田又市少尉候補生、水野健二二飛曹、「第三草薙隊」の「九九艦爆」十四機に搭乗して出撃していた永尾博中尉、渡邊浄中尉、村田定雄少尉、菊池利夫少尉、厚地兼之輔少尉、江沢敏夫少尉、笠原越朗少尉、奥村周一少尉、近藤清少尉、吉武淑郎少尉、久保登喜夫少尉、正木蕃少尉、鹿野茂少尉候補生、大塚晟夫少尉候補生、遠藤武徳少尉候補生、萩田祥敬少尉候補生、宮内栄少尉候補生、吉田弘資少尉候補生、吉田武夫少尉候補生、下地恵尚少尉候補生、上村須佐夫一飛曹、竹村久志二飛曹、梅沢一二三二飛曹、寺戸安知二飛曹、井上信高二飛曹、犬飼成二二飛曹、「第二正統隊」の「九九艦爆」六機に搭乗して出撃していた後藤俊夫中尉、久保強郎少尉、熊井常郎少尉、山下久夫少尉、小野嘉市少尉、緒方忠幸上飛曹、片寄従道一飛曹、阿部一之一飛曹、福田周幸二飛曹、漆谷康夫二飛曹、伊藤宣夫二飛曹、小野義明二飛曹、「忠誠隊」の「彗星」一機に搭乗して出撃していた国房大丈夫中尉、大平歳澄上飛曹、「第十五大義隊」の爆装「零戦」一機に搭乗して出撃していた和田文蔵二飛曹、「第十六大義隊」の爆装「零戦」一機に搭乗して出撃していた今野惣助中尉等のうちのいずれかであった。

一方、陸軍特攻隊で戦果が報じられていたのは、「誠第三十四飛行隊」の爆装「四式戦」四機に搭乗して出撃していた桑原孝夫少尉、安東愛明少尉、中村嘉明少尉、新谷喬夫少尉、「誠第百十九飛行隊」の「三式双襲」四機に搭乗して出撃していた中村潤少尉、森興彦少尉、木原正喜伍長、山沢四郎伍長、「飛行第百五戦隊」の爆装「三式戦」四機に搭乗して出撃していた中村伊三雄中尉、小堀忠雄少尉、飯沼浩一軍曹、溝川慶三軍曹等の特攻隊であり、多くの若者たちが、沖縄海域の水底に藻屑と消えて逝った。

翌四月二十九日、海軍特攻「第九建武隊」の爆装「零戦」十機、「第五七生隊」の爆装「零戦」四機、「第五昭和隊」の爆装「零戦」八機が沖縄北端の百二十度六十浬及び九十度七十浬の地点、「第四筑波隊」の爆装「零戦」五機が沖縄東方六十五浬の地点、「琴平水心隊」の「水偵」二機が沖縄周辺洋上に出撃し散華していた。

一方、第六航空軍「第十八振武隊」の爆装「一式戦」六機、「第十九振武隊」の爆装「一式戦」五機、「第二十四振武隊」の「三式双襲」四機、「第七十七振武隊」の爆装「九七戦」一機が沖縄周辺洋上に出撃し散華していた。この日、駆逐艦「ヘーズルウッド」（戦死四十六名、戦傷二十六名）、同「ハッガード」（戦死十一名、戦傷四十名）に一機命中、同「ベニオン」が損傷、敷設駆逐艦「シャノン」、同「ハリー・F・バウアー」が損傷していた。

同日、戦果が報じられていたのは「第四筑波隊」の爆装「零戦」五機に搭乗して出撃していた米加田節夫中尉、大塚章少尉、麻布摂郎少尉、片山秀男少尉、山崎幸夫少尉、「第五七生隊」の爆装「零戦」四機に搭乗して出撃していた晦日進少尉、森丘哲四郎少尉、北村徳太郎少尉、土井定義少尉、「第五昭和隊」の爆装「零戦」八機に搭乗して出撃していた木部崎登少尉、小泉宏三少尉、外山雄三少尉、安田弘道少尉、市島保男少尉、藪田博二飛曹、川端三千夫二飛曹、吉永光雄二飛曹、「第九建武隊」の爆装「零戦」十機に搭乗して出撃していた多木稔中尉、西口徳次中尉、中西斉季中尉、高橋経夫一飛曹、藤木正一一飛曹、山本英司二飛曹、餅田信夫二飛曹、曽根信二飛曹、高瀬丁二飛曹、北沢舁二飛曹等の特攻隊であった。

明けて四月三十日、第八飛行師団「飛行第十九戦隊」の爆装「三式戦」一機が沖縄周辺洋上において散華していたが、この日、アメリカ軍側史料によれば、敷設艦「テラー」（地点、北緯二十六度十分、東経百二十七度十八分）、駆逐艦「ベニオン」（地点、北緯二十七度二十六分、東経百二十七度五十一分）が沖縄周辺において特攻機により損傷を受けていた。

この日、出撃していた特攻機は、上述の爆装「三式戦」一機のみである事実から見て、この特攻機が栗田常雄軍曹の搭乗機であることは間違いないが、突入地点から見ても一機の特攻機で二艦に体当たりすることは不可能であり、栗田常雄軍曹が突入していたのは、アメリカ海軍年誌の記述から判断して敷設艦「テラー」であろうと思われる。

「菊水第五号作戦」「第六次航空総攻撃」（五月三日〜九日）

「防衛庁公刊戦史」が述べているように、既にこの頃、海軍は、累次にわたる特攻作戦で二度と帰還することのない航空戦力を消耗し、今や「後続兵力が続かなくなった」と言われる破断界に逢着していた。一方、連合軍は、沖縄の陸上基地を整備し、同基地に航空機を展開。日本軍の空からの攻撃を防遏《ぼうあつ》していたことから、日本軍航空部隊の戦果は目に見えて低下していた。しかし、依然、沖縄の第三十二軍が辛うじて戦線を保持していたため、これを見殺しにすることも出来ず、さらに、四月末には、第三十二軍の総反撃と言われるものが伝えられていた事態の中で、陸海軍中央は、一縷の望みを蜃気楼に託しながら、寡弱な航空戦力を動員して、依然、蟷螂《とうろう》の斧を振るっていた。（同上書四百六十八頁）

沖縄で孤立の運命を味わっていた地上軍が徒労の反撃を開始していたのは五月三日。この攻勢作戦に支援があるとすれば、空からの特攻作戦のみと言ってよかった。沖縄は、日本本土の防波堤としてこの初めから見捨てられる運命にあったのである。この日以後、九日に至るまで、性懲りもなく海軍の「菊水第五号作戦」、陸軍の「第六次航空総攻撃」の下で、若者の命を代償とした十死零生の明日なき戦いが続行されていた。

海軍は、五月一日から四日に掛けて、九州方面航空部隊及び台湾方面航空部隊の作戦機四百四十九機、うち特攻機百六十機を動員。未帰還機七十二機（損耗率一六パーセント）、うち特攻機六十五機の損害を被っていた。（同上書四百七十八頁）

この間の五月一日、第八飛行師団「独立飛行第二十三中隊」の爆装「三式戦」二機が嘉手納沖に出撃し戦果を見ず空しく散華していた。

「菊水第五号作戦」が発動された五月三日、海軍特攻「帰一隊」の「天山」一機、「振天隊」の「九九艦爆」二機、「九七艦攻」一機が沖縄周辺に出撃し散華していた。

一方、この同じ日、第八飛行師団の陸軍特攻「誠第三十五飛行隊」の爆装「四式戦」五機、「誠第百二十三飛行隊」の「二式双襲」一機、「飛行第十戦隊」の誘導機一機が沖縄周辺洋上、「飛行第十七戦隊」の爆装「三式戦」四機、「飛行第二十戦隊」の爆装「一式戦」五機が嘉手納沖に出撃し散華していた。この日、駆逐艦「リトル」に四機命中（沈没。地点、北緯二十六度二十四分、東経百二十六度十五分）、同「バッチ」、高速掃海駆逐艦「マコム」が損傷、中型揚陸艦「一九五号」に一機命中（沈没）、敷設駆逐艦「エアロン・ワード」に六機命中または至近弾、大型上陸支援艇「二五号」が損傷を被っていた他、貨物船「カリーナ」が特攻艇によって損傷を受けていた。

この日、戦果を報じていたのは、「振天隊」の「九九艦爆」二機、「九七艦攻」一機に搭乗して出撃していた村上勝己大尉、森永茂中尉、森本賜中尉、堀家晃中尉、居村豊中尉、田中良光一飛曹、高辻万里一飛曹、「飛行第十七戦隊」の爆装「三式戦」四機に搭乗して出撃していた下山道康少尉、斉藤長之進少尉、辻中清一少尉、原一道曹長、「飛行第二十戦隊」の爆装「一式戦」五機に搭乗して出撃していた島田治郎少尉、須見洋少尉、後藤常人少尉、宮田精一少尉、菊井耕造伍長等の特攻隊であった。

（注）アメリカ軍側史料によれば、五月三日、特攻機により損害を被っていた艦艇は、沈没していたもの駆逐艦「リュース」、同「モリソン」、同「リトル」。損傷を被っていたもの駆逐艦「バッチ」、同「イングラハム」、同「ローリー」、高速掃海駆逐艦「マコム」、敷設艦「エアロン・ワード」。「桜花」により損傷を受けていたもの敷設艦「シェー」、特攻艇により損傷していたもの貨物船「カリーナ」とあるが、この日、「神雷部隊」の出撃はなく、同部隊は翌五月四日に出撃している事実等から、五月三日の連合軍の被害については安延多計夫前掲書によった。

翌五月四日、この日、あり合わせの特攻機を掻き集めて、大規模な特攻作戦が実施され、海軍特攻「第七神雷部隊桜花隊」の「桜花」六機、「第七神雷部隊攻撃隊」の「一式陸攻」五機、「白鷺揚武隊」の「九七艦攻」一機、「八幡揚武隊」の「九七艦攻」三機、「第二正気隊」の「九七艦攻」二機、「第五神剣隊」の爆装「零戦」十五機、「琴平水心隊」の「九四水偵」十機、「第一魁隊」の「水偵」九機、「振天隊」の「九九艦爆」一機が沖縄周辺洋上、「忠誠隊」の「彗星」一機、「第十七大義隊」の爆装「零戦」六機、直掩「零戦」二機が宮古島南方洋上に出撃し散華していた。一方、第六航空軍の陸軍特攻「第十八振武隊」の爆装「一式戦」一機、「第十九振武隊」の爆装「一式戦」五機、「第二十振武隊」の爆装「一式戦」一機、「第二十四振武隊」の「二式双襲」一機、「第四十二振武隊」の爆装「九七戦」一機、「第六十振武隊」の「四式戦」六機、「第六十六振武隊」の爆装「九七戦」三機、「第七十七振武隊」の爆装「九七戦」一機、「第七十八振武隊」の爆装「九七戦」六機、「第百五振武隊」の爆装「九七戦」二機、「第百六振武隊」の爆装「九七戦」一機、「第百九振武隊」の爆装「九七戦」二機が沖縄周辺洋上、第八飛行師団「誠第三十四飛行隊」の爆装「四式戦」六機、「誠第百二十三飛行隊」の「二式双襲」一機、「飛行第百八戦隊」の誘導機

「九九双軽」一機が嘉手納沖、「誠第百二十飛行隊」の爆装「四式戦」三機が久米島西方、「飛行第十九戦隊」の「三式戦」二機が宮古島南方洋上、「飛行第百五戦隊」の爆装「三式戦」二機が嘉手納西方洋上に出撃し散華していた。

「防衛庁公刊戦史」によれば、この日、陸軍の特攻機は「整斉と出発」していたが、通常攻撃の飛行部隊の場合は、「整斉とゆかず」、発進後、中途から引き返す攻撃機が三分の一にも達していたと言う。こうした事態が発生していたのは、エンジンの不調もさることながら、ことに「四式戦」部隊の場合、操縦時間が二百時間に満たない搭乗員が多いからであって、さらに襲撃隊の場合も、「芳しくない点」が見られていたと言われるが、「戦史」のこの表現の裏にあるものは、志気の低下であろうと思われる。（戦史叢書「沖縄・台湾・硫黄島方面陸軍航空作戦」五百四十二頁）

この日、アメリカ軍側史料によれば、護衛空母「サンガモン」、駆逐艦「コーウェル」、同「マシ」、敷設駆逐艦「グイン」、掃海駆逐艦「ホプキンズ」、掃海特務艇「三二七号」、同「三三一号」が特攻機により損傷を受け、軽巡「バーミンガム」に一機命中（戦死二十名、戦傷六十名）、駆逐艦「モリソン」に四機命中（沈没。地点、北緯二十七度十分、東経百二十七度五十八分。戦死百六十二名、戦傷百八名）、同「リュース」に二機命中（沈没。地点、北緯二十六度四十三分、東経百二十七度十四分。

戦死百九十四名、戦傷九十四名)、同「イングラハム」、同「ローリー」に一機命中、中型揚陸艦「一九四号」、同「一九〇号」が体当たりを受けてともに沈没、掃海艇「ゲィティ」、敷設駆逐艦「シェー」(戦死二十六名、戦傷不詳)、同「ヘンニー・A・ワイリー」が「桜花」により損傷。その他、イギリス空母「インドミダブル」、同「フォーミダブル」が損傷(戦死三十五名、戦傷不詳)、これ以外にも混戦の中で、駆逐艦「ハドソン」が衝突によって損傷、掃海特務艇「三一一号」が味方の誤射により損傷、砲艦艇「一七号」が坐礁していた。

同日、戦果を報じていたのは、「第七神雷部隊桜花隊」の「桜花」六機に搭乗して出撃していた大橋進中尉、石渡正義上飛曹、内藤卯吉上飛曹、上田英二上飛曹、中川利春一飛曹、長田吉春一飛曹のうちのいずれか、「第十七大義隊」の爆装「零戦」六機、直掩「零戦」二機に搭乗して出撃していた谷本逸司中尉、細川孜中尉、常井忠温上飛曹、田中勇上飛曹、大石芳男上飛曹、鉢村敏英一飛曹、近藤親登二飛曹、佐野一齋二飛曹、その他、特定は出来ないが、上述の陸軍特攻のいずれかの隊であった。

(注) アメリカ軍側史料によれば、五月四日、特攻機により損害を被っていた艦艇は、損傷を受けていたもの護衛空母「サンガモン」、駆逐艦「コーウェル」、敷設艦「グイン」、高速掃海駆逐艦「ホプキンズ」、掃海艇「三二七号」、同「三三一号」、「桜花」により損傷

を被っていたもの高速掃海駆逐艦「ゲィティ」等となっているが、この日のアメリカ軍艦艇の損傷についても安延多計夫前掲書によった。

ところで、五月四日、上述の海軍特攻「第十七大義隊」の誘導・直掩の任務を帯びて出撃していた角田和男は、同日の出撃の模様を以下のように彼の著書に記している。「〇九五〇、宜蘭基地上空を発進する。高度十メートルで予定針路につく。谷本中尉以下四機が左後方に続く。（中略）誰が考え出して命令された事か、情けない事にこの日の特攻機の翼上面には日の丸のマークは見えなかった。翼は濃緑色に塗りつぶされていた。超低空接敵、目標の千メートル手前より急上昇、高度五百メートルより急降下、体当りを敢行しようとする戦法であった。（中略）超低空を翼下面と胴体の標識だけにして飛べば、確かに発見される恐れは相当少なくなるだろう。（中略）海上に出てしばらくすると（爆装機が――引用者）イタズラを始めた。高度があれば編隊宙返りでもしたい気持だろうが、最初は谷本機が下り過ぎてプロペラ渦流のため、海面に白く航跡を残した。これを見付けた列機は早速編隊を離れて夫々交互に海面すれすれに飛ぶ。数百メートルに亘って（海面に――引用者）三条の白い航跡がつく。私は驚くと共に、最後の腕の見せ所がこのような事しかない爆装機の辛さが身に沁みた。

（中略）気の毒だがバンクして止めさせる。どこに敵が待伏せているか分からない。戦闘機乗りは座席に座った時から戦場である」。

〝十死零生〟の戦場に向かう若者たちの生を巡っての最後の悪戯。

戦場に向かう途中、角田は、一機の敵飛行艇が同行しているのを発見したが、折からの靄のため、身を隠すことが出来たものの、敵機動部隊は近いと直感していた。

「一一二〇、果たして左四十五度の水平線上にポッポッとマッチ棒の頭程度の点を認める。機動部隊だ。キューと胸がひきしまる。（中略）爆装機はまだ誰も気づかない。変針誘導しようか、どうしようか、一瞬迷ったが、そのまま直進する。まだ予定変針点までは百浬ある。今誘導すれば彼等の生命は終わりをつげるのだ。僅か一時間余りでも、今はこれ程貴重な時間はない。少しでも突撃の時期を延ばしてやりたいと思った。四、五個の点はやや大きく盛り上がって、左水平線上を後方へ消えて行った。（中略）約十分後、今度は左十五度前方に再び点々が現れた。敵は二群いたのだ。しかも、今度は近い。改めて爆装機を振り返って見たが、まだ誰も気づいていないようだ。日はようやく直上に輝き、コースはちょうどあつらえ向きである。このまま進んで、敵の南へ進出、太陽を背にして低空突撃すれば奇襲成功疑いなしと見た。やがて敵艦隊が左四十五度付近になり、主力空母四隻、護衛の駆逐艦七隻の輪型陣。針路東とはっきり分かった頃、谷本機が遂に敵を発見。と同時に突撃開始のバンクをしてしまった。距離はまだ三万メートル。ちょっと早いな、もう少し南へ廻り込んだ方が良いと思い、誘導を続けようとしたが、敵を見た爆装機はもう私の言う事は聞いてくれない。全力をあげて突撃を開始してしまった。しかも、高度を上げ出した」。

戦場経験がなく、慣れていないと敵の姿は近くに見えるものだ。角田は、谷本中尉の接敵行動に危惧を感じていた。

「ここで高度を上げては、電探にも見張りにも発見され、艦砲の一斉射撃を食ってしまう。気が気でないがもうどうする事も出来ない。高度千二百メートル。断雲すれすれに飛び、谷本機の後につく。列機も夫々目標を決めたらしく、どんどん横に離れて行く。雲量三位に見えた断雲も、すれすれに飛んでは七、八位に感じられ、味方機の視認の邪魔になる。この時、直衛機十数機を発見する。高度三、四千メートル。艦隊の北側である。（味方は——引用者）まだ敵に発見されていない。大型空母二、中型空母二、相互の間隔は二、三千メートルの開距離である」

と、その時——。

谷本機が、一気に右前方の大型空母に突っ込んで行った。

「まだ防禦砲火は認められなかった。（谷本機は——引用者）見事に飛行甲板の中央に自爆。五百キロ爆弾の爆炎はたちまち大火炎となって船体を覆った。三十秒後、二番機が後方の中型空母に命中、私も高度を下げ超低空で東方敵前方に避退しつつ、三、四番機を追う。開距離のため、列機の直掩は不可能であった。約二分後、左後方の大型空母に三番機らしき突入があり、大爆発する。一瞬、四番機を見失ってしまったが、一分後、再び三番機の命中した爆煙の中に大爆発を認めた。恐らく四番機の命中によるものと判断した。一度、東方視界外に出て、高度を上げ、戦果の確認に近づいたが、空母三隻は炎上中、艦隊は停止中だった。中型空母は黒煙に覆われ、大型二隻の甲板上では誘爆を起こしていた。特に、二機命中した左後方艦の誘爆の閃光は多かった。ただ、誘爆が底より吹き上げる火炎ではなく、恐らく甲板上の飛行機か爆弾と思われ、停止していたものの、詳細は不明であった」

この後直ぐ、角田は、基地に向けて、電信を打ち、第二次攻撃のための意見具申をしようとしたが、電信が不通となっていたことから、基地に帰投し、指揮所に駆け付けていた。車から降りた瞬間、角田の頭上に降り懸かってきたのは、「何しに帰ってきたかッ」と言う「物凄い形相の」司令の罵声であった。直掩機と言えども体当りを敢行せよと言うのが、司令の余りにも無謀な要求であった。内心憤然となっていた角田は、第二次攻撃の要ありとする彼の意見具申を取り止めていた。それが、角田に出来た唯一の反抗であった。この頃になると「司令の心の揺れは大きく、感情の起伏は激しくなるばかりであった」と角田は書いているのである（角田和男前掲書三百十八〜三百二十二頁。一部句読点を改めた――引用者）それこそが、まさに、作戦指導部を覆っていた敗亡の兆しであった。

五月五日から七日に掛けて、海軍は、九州方面航空部隊及び台湾方面航空部隊の作戦機百三十三機を投入。未帰還機三機の損耗を被っていた（損耗率二・二パーセント）。（戦史叢書「沖縄方面海軍作戦」四百八十二頁）

五月五日、この日、日本側戦史には特攻出撃の記録はないが、アメリカ軍側史料によれば水上機母艦「セント・ジョージ」、測量艦「パスファインダー」が特攻機により損傷を受けていたと記録されている。あるいは、アメリカ合衆国時間による五月四日の戦闘での損傷によるものか、もしくは五月四日に出撃していた海軍の作戦機「一式陸攻」五機、陸軍「重爆」三機、「天山」三機による攻撃によるものか、いずれかであろう。

この日、第三十二軍では、五月三日夜に開始していた攻撃が、戦力の極度の低下により進捗せず、牛島満軍司令官は、攻勢を中止して持久作戦への転移を決意。麾下各部隊に対して原態勢への復帰を下令し、攻撃はあえなく挫折していた。（戦史叢書

「沖縄・台湾・硫黄島方面陸軍航空作戦」五百四十二頁)

明けて五月六日、沖縄の地上軍がただ一つ頼みの綱としていた空からの攻撃は低調となり、海軍機は出撃せず、第六航空軍の陸軍特攻「第四十九振武隊」の爆装「一式戦」三機、「第五十五振武隊」の爆装「三式戦」一機、「第五十六振武隊」の爆装「三式戦」四機が沖縄周辺洋上、「第五十一振武隊」の爆装「一式戦」一機が沖縄西方海面において戦果を見ず散華していた(この日、アメリカ軍側史料によれば、特攻機による被害は記録されていないものの、戦艦「サウス・ダコタ」が爆発事故により損傷、浮船渠船「二八号」が日本軍機の水平爆撃による爆弾を受けて損傷していた)。

五月七日、地上戦闘を巡って苦境に喘いでいた第三十二軍司令官牛島満中将は、この日、航空部隊の運用に関して、第十方面軍司令官安藤利吉大将に対し意見具申を行なっていたが、この中に示されたように、第三十二軍麾下の兵力は、第六十二師団が三分の一(歩兵は六分の一)、第二十四師団が五分の三(歩兵は五分の二)、軍砲兵部隊が砲兵二分の一、弾薬三基数、独立混成第四十四旅団が五分の四に減耗。文字通り潰滅的状態に突き落とされていた。(同上書五百五十五~五百五十六頁)

この日、ヨーロッパ戦線では、ドイツが遂に降伏していた。しかし、「日本は、一国だけで、愚かにも、やみくもに、希望もなく、戦闘を続けていた」(デニス・ウォ

ーナー、ペギー・ウォーナー前掲書下百五十八頁）

その二日後の五月九日、この日の出撃においても攻撃戦力は低下し、海軍特攻「忠誠隊」の「彗星」一機、「九六艦爆」二機、「振天隊」の「艦爆」二機が沖縄周辺洋上、「第十八大義隊」の爆装「零戦」四機、直掩「零戦」一機が宮古島南方に出撃し散華していた。一方、この同じ日、第八飛行師団の陸軍特攻「誠第三十三飛行隊」の爆装「四式戦」一機、「誠第三十四飛行隊」の爆装「四式戦」一機、「誠第三十五飛行隊」の爆装「四式戦」一機、「誠第百二十三飛行隊」の「二式双襲」一機、「第十飛行戦隊」の誘導機一機が那覇西方洋上に出撃し散華していた。この日、アメリカ軍側史料によれば、少数の特攻機による散発的な攻撃にもかかわらず、護衛駆逐艦「オーバレンダー」、同「イングランド」に一機命中（戦死三十四名、戦傷三十名）、イギリス空母「ヴィクトリアス」に二機命中、同「フォーミダブル」に一機が命中していた。

同日、戦果を報じていたのは、「第十八大義隊」の爆装「零戦」四機、直掩「零戦」一機に搭乗して出撃していた黒瀬順齋中尉、前田秀秋上飛曹、中島正信二郎上飛曹、河合秀彦上飛曹、宮川孝義一飛曹、「忠誠隊」の「彗星」一機に搭乗して出撃していた中田良三上飛曹、内田秀雄一飛曹等の特攻隊であった。

次いで五月十日、これも五月五日の場合と同様、この日、日本側史料では、陸海軍とも特定された特攻隊による特攻出撃は記録されていないが、アメリカ軍側史料によれば、駆逐艦「ブラウン」、敷設駆逐艦「ハリー・F・バウアー」が特攻機によって損傷を受けていたと言われる。もし、これが特攻機によるものであったとすれば、この日、九州方面航空部隊所属「七六二空」の「銀河」八機、「詑間空」の「零式水偵」一機が沖縄泊地に対しての特攻攻撃を実施していたと言う事実と何らかの関係があるのかも知れないが、この「特攻隊」は連合艦隊の「布告」には記載されていない。
（戦史叢書「沖縄方面海軍作戦」四百九十四頁）

「菊水第六号作戦」「第七次航空総攻撃」（五月十一日〜十四日）

五月八日から十一日に掛けて、海軍は、九州方面航空部隊及び台湾方面航空部隊の作戦機三百四十五機、うち特攻機八十六機を動員。未帰還機六十七機（損耗率一九・四パーセント）、うち特攻機六十機の損害を被っていた。一方、海軍に呼応していた陸軍は、第六航空軍の作戦機約八十機を投入。うち特攻機三十五機を発進させていた。
（同上書四百九十六頁）

五月十一日、最後の力を振り絞ったかのように、海軍特攻「第八神雷部隊桜花隊」の「桜花」三機、「第八神雷部隊攻撃隊」の「一式陸攻」三機、「菊水雷桜隊」の「天山」十機、「第九銀河隊」の「銀河」六機、「第十建武隊」の爆装「零戦」四機、「第六昭和隊」の爆装「零戦」二機、「第七昭和隊」の爆装「零戦」六機、「第七七生隊」の爆装「零戦」一機、「第六神剣隊」の爆装「零戦」四機、「第五筑波隊」の爆装「零戦」九機、「第二魁隊」の「水偵」二機が沖縄周辺洋上に出撃し散華していた。一方、第六航空軍の陸軍特攻「第四十一振武隊」の爆装「九七戦」一機、「第四十四振武隊」の爆装「一式戦」一機、「第四十九振武隊」の爆装「一式戦」二機、「第五十一振武隊」の爆装「一式戦」七機、「第五十二振武隊」の爆装「一式戦」三機、「第五十二振武隊」の爆装「三式戦」三機、「第六十振武隊」の爆装「四式戦」三機、「第六十一振武隊」の爆装「四式戦」三機、「第六十五振武隊」の爆装「九七戦」三機、「第七十振武隊」の爆装「一式戦」三機、「第七十八振武隊」の爆装「九七戦」一機が沖縄周辺洋上、「第五十五振武隊」の爆装「三式戦」三機、「第七十六振武隊」の爆装「九七戦」三機が嘉手納沖に出撃し散華していた。この日、アメリカ軍史料によれば、空母「バンカー・ヒル」に二機命中（戦死四百二名、戦傷二百六十四名）、同艦は劇甚な損害を受け、駆逐艦「エヴァンス」に四機命中（戦死三十一名、戦傷二十九名）、同「ヒュー・W・ハッドリー」に二機命中、「桜花」至近弾、オランダ商船「ジスタン」に一機命中、これらの艦船もまた甚大な損害を被っていた。

この日、「桜花」以外に、戦果を挙げていた特攻隊を特定することは困難であるが、駆逐艦「エヴァンス」に襲い掛かっていたのは陸軍特攻の「二式戦」であったと言われる。（デニス・ウォーナー、ペギー・ウォーナー前掲書下百六十頁）

五月十二日から十五日に掛けて、海軍は、九州方面航空部隊及び台湾方面航空部隊の作戦機二百三十七機、うち特攻機四十七機を動員。未帰還機四十四機（損耗率一八・五パーセント）、うち特攻機三十五機の損害を被っていた。（戦史叢書「沖縄方面海軍作戦」五百四頁）

五月十二日、この日の特攻攻撃はトーンダウンしていたが、海軍特攻「第三正気隊」の「九七艦攻」一機、第八飛行師団の陸軍特攻「誠第百二十飛行隊」の爆装「四式戦」二機が沖縄周辺洋上、「誠第百二十三飛行隊」の「二式双襲」一機、「第十飛行戦隊」の誘導機一機が慶良間列島西方洋上に出撃し散華していた。この日、アメリカ軍側史料によれば、戦艦「ニュー・メキシコ」に一機が命中していた他、重巡「ウィチタ」が味方の誤射により損傷を受けていた。（但し「防衛庁公刊戦史」付表記載の駆逐艦の損傷は五月十三日の攻撃によるものと思われる）

この日、戦果を報じられていたのは「第三正気隊」の「九七艦攻」一機に搭乗して出撃していた堀江荘次少尉、小田切徳一少尉、村田正作二飛曹等であり、その他の特攻隊も一部戦果を報じられていたが、アメリカ軍側資料には上述の戦艦「ニュー・メキシコ」以外に特攻攻撃よる損傷の記録は見当たらない。

明けて五月十三日、この日の特攻攻撃も低調となり、海軍特攻「振天隊」の「九七艦攻」一機が沖縄周辺洋上、「忠誠隊」の「九九艦爆」五機が種子島東方洋上、陸軍特攻「誠第三十一飛行隊」の「九九襲」三機、誘導機一機が沖縄周辺洋上、「誠第二十六飛行戦隊」の爆装「一式戦」三機、誘導機一機が那覇南西洋上に出撃し散華していた。

この日、アメリカ軍側史料によれば、駆逐艦「バッチ」に一機命中（戦死四十一名、戦傷三十二名）、護衛駆逐艦「ブライト」が損傷を受けていたが、どの特攻隊が戦果を挙げていたかを特定する確実な史料は見当たらない。

次いで五月十四日、現地指揮官の血走った目と焦慮の中で、依然として特攻攻撃は続行され、この日、海軍特攻「第十一建武隊」の爆装「零戦」五機、「第八七生隊」の爆装「零戦」三機、「第六筑波隊」の爆装「零戦」十四機が種子島東方海面、第六航空軍の陸軍特攻「司偵振武隊」の「百式司偵」三機が沖縄東方洋上に出撃し散華していた。アメリカ軍側史料によると、五月十三日から十四日の日本軍機の攻撃の間、正規空母「エンタープライズ」が本州沖において特攻機により損傷を受けていたが、戦果を挙げていた特攻隊を特定することは出来ない（但し「エンタープライズ」損傷の日付については、安延多計夫前掲書及びデニス・ウォーナー、ペギー・ウォーナー前掲書では五月十四日、〝UNITED STATES Naval Chronology, Warld War II〟及び「防衛庁公刊戦史」付表では五月十三日とある）。

翌五月十五日、この日も、寡弱な兵力をもってしての特攻攻撃が実施され、海軍特攻「振天隊」の「九七艦攻」一機、「九九艦爆」一機が沖縄周辺洋上、「忠誠隊」の「九六艦爆」一機が慶良間列島周辺において戦果を見ず空しく散華していた。

五月十六日から二十二日に掛けて、海軍は、九州方面航空部隊及び台湾方面航空部隊の作戦機百四十九機、うち特攻機十一機を動員。未帰還機七機（損耗率四・六パーセント）、うち特攻機一機の損害を被っていた（同上書五百四頁）。

五月十六日、攻勢失敗後の防禦戦闘の中で極度の苦戦を強いられていた第三十二軍司令官牛島満中将は、第十方面軍司令官安藤利吉大将及び大本営陸軍部に対して再度航空作戦についての意見具申を行なっていたが、この中で述べられているように、既に第三十二軍では武器を持たない二万五千名の戦闘員があり、軍の組織的戦略持久がまさに終焉せんとしている事実を明らかにしていた。（戦史叢書「沖縄・台湾・硫黄島方面陸軍航空作戦」五百六十五頁）

こうした戦況の中での五月十七日、海軍特攻「忠誠隊」の「九六艦爆」一機が慶良間列島周辺、第八飛行師団の陸軍特攻「誠第三十一飛行隊」の「九九襲」二機が沖縄周辺洋上、「誠第二十六飛行戦隊」の爆装「一式戦」四機が慶良間列島東方海上に敵艦艇を求めて出撃し散華していた。この日、アメリカ軍側史料によると、駆逐艦「ダクラス・H・フォックス」に一機が命中していた。

この日、戦果が報じられていたのは、「忠誠隊」の「九六艦爆」一機に搭乗して出撃していた柿本茂少尉、萩原定七上飛曹等の特攻隊であった。

翌五月十八日、寡弱な兵力をもってしての特攻攻撃が続行され、この日、第六航空軍の陸軍特攻「第五十三振武隊」の爆装「一式戦」八機が沖縄周辺洋上、「飛行第十九戦隊」の爆装「三式戦」三機が嘉手納西方に出撃し散華していた。この日、高速輸送艦「シムス」が特攻機により損傷していた他、戦車揚陸船「八〇八号」が航空魚雷によって損傷、駆逐艦「ロングシァウ」が海岸砲の洗礼を受け損傷を被った後、味方の手によって処分されていた（沈没。地点、北緯二十六度十一分、東経百二十七度三十七分）。

この日の特攻攻撃で、どの隊が戦果を挙げていたかを特定することは困難である。

翌五月十九日、この日、特攻攻撃は実施されていなかったが、アメリカ軍側史料によれば、護衛駆逐艦「ヴァンメン」が衝突により損傷、油槽船「シマロン」が坐礁していた。

翌五月二十日、お印程度の特攻攻撃が実施され、この日、第六航空軍の陸軍特攻「第五十振武隊」の爆装「一式戦」九機が沖縄周辺洋上、第八飛行師団「誠第二百四飛行戦隊」の爆装「一式戦」五機が嘉手納西方洋上に出撃し散華していた。同日、駆逐艦「サッチャー」、同「ジョン・C・バトラー」、高速輸送艦「チェース」、同「レジスター」、戦車揚陸艦「八〇八号」が特攻機により損傷を受けていた他、高速輸送艦「タトノール」が日本軍機の水平爆撃による爆弾を受けて損傷していた。

この日、戦果が報じられていたのは、「誠第二百四飛行戦隊」の爆装「一式戦」五機に搭乗して出撃していた栗原義雄少尉、小林脩少尉、田川唯雄軍曹、中澤賢治伍長、大塚喜信伍長等の特攻隊であった。

明けて五月二十一日、この日も陸軍特攻機による攻撃が続行され、第八飛行師団「誠第三十四飛行隊」の爆装「四式戦」一機、「飛行第十九戦隊」の爆装「三式戦」二機が嘉手納西方、「飛行第二十九戦隊」の爆装「四式戦」三機が沖縄周辺洋上に出撃し、戦果を挙げることなく空しく散華していた。

「義号作戦」「菊水第七号作戦」「第八次航空総攻撃」（五月二十四日〜二十五日）

その後の五月二十四日、海軍の「菊水第七号作戦」及び陸軍の「第八次航空総攻撃」が発動されていた。

五月二十四日、連合軍が占領していた沖縄の飛行場に対し、空挺部隊を投入して、これを制圧するための無謀な「義号作戦」が強行され、この日、奥山道郎大尉を指揮官とした「義烈空挺隊」百三十六名が「第三挺進飛行隊」の重爆十二機に搭乗（引き返していた機数四機）、空挺部隊による事実上の特攻作戦を実施し百十二名が劫火の中に帰らぬ人となっていた。アメリカ軍側史料によれば、「義烈空挺隊」は、この戦闘で、アメリカ軍航空機九機を破壊、二十九機に損傷を与えていたと言われる。しかし、この作戦は、既に第三十二軍が潰滅的な事態に追い込まれた下では、まるで沈み行く太陽をもとに戻そうとする徒労かつ愚劣な作戦でしかなかった。とは言え、こうした作戦に身を投じていた将兵の心的情況を支配していたのは、「ゆだねられた運命への随順と諦観、そして一切空」の心境であったと言うのが、当時の第一空挺団団長中村勇大佐の戦後における回想である。（同上書五百七十二頁）

五月二十三日から二十五日に掛けて、海軍は、九州方面航空部隊及び台湾方面航空部隊の作戦機三百八十七機、うち特攻機百七機を動員。未帰還機四十一機（損耗率一〇・五パーセント）、うち特攻機三十二機の損害を被っていた。一方、これに呼応していた陸軍は、五月二十三日以来、作戦機百四十七機、うち特攻機六十一機を出動させていた。（戦史叢書『沖縄方面海軍作戦』五百二十頁）

「菊水第七号作戦」が発動されていた五月二十四日、海軍特攻「第十二航戦二座水偵隊」の「水偵」二機、「菊水部隊白菊隊」の「白菊」八機、第八飛行師団の陸軍特攻「誠第二十八飛行隊」の「九九襲」一機、「誠第七十一飛行隊」の「九九襲」四機が沖縄周辺洋上に出撃し散華していた。既にこの頃、実用機にこと欠いていた海軍は、鈍速の偵察機上練習機「白菊」を特攻作戦に投入することを余儀なくされていた。それはまさに特攻戦の末期的症状を意味するものであったと言ってよかった。だが、それにもかかわらず、この日、アメリカ軍側史料によれば、駆逐艦「ゲスト」、護衛駆逐艦「オニール」、同「ウイリアム・C・コール」、高速掃海駆逐艦「バトラー」、掃海艇「スペクタクル」、高速輸送艦「シムス」、同「バリー」が特攻機により損傷を被っていた他、駆逐艦「ヘイウッド・L・エドワーズ」が混戦の中で味方の誤射により損傷を受け、護衛空母「スワニー」が爆発により損傷していた。

この日、戦果が報じられていたが、どの特攻隊が体当たりを敢行したかを特定することは出来ない。

翌五月二十五日、海軍特攻「第九神雷部隊桜花隊」の「桜花」三機、「第九神雷部隊攻撃隊」の「一式陸攻」三機、「第十銀河隊」の「銀河」三機、「第三正統隊」の「九九艦爆」一機、「徳島第一白菊隊」の「白菊」十機、「菊水部隊白菊隊」の「白菊」一機が沖縄周辺洋上に出撃し散華していた。一方、第六航空軍の陸軍特攻「第二十六振武隊」の爆装「四式戦」二機、「第二十九振武隊」の爆装「一式戦」二機、「第四十九振武隊」の爆装「一式戦」二機、「第五十振武隊」の爆装「一式戦」二機、「第五十二振武隊」の爆装「一式戦」五機、「第五十四振武隊」の爆装「三式戦」六機、「第五十五振武隊」の爆装「三式戦」二機、「第五十六振武隊」の爆装「三式戦」二機、「第五十七振武隊」の爆装「四式戦」十一機、「第五十八振武隊」の爆装「四式戦」十機、「第六十一振武隊」の爆装「四式戦」一機、「第六十六振武隊」の爆装「九七戦」二機、「第七十振武隊」の爆装「一式戦」三機、「第七十八振武隊」の爆装「九七戦」三機、「第百五振武隊」の爆装「九七戦」二機、「第四百三十二振武隊」の「二式高練」二機、「第四百三十三振武隊」の「二式高練」五機が沖縄周辺洋上、「第六十振武隊」の爆装「四式戦」一機が沖縄本島付近、「飛行第六十二戦隊」の「四式重」二機が那覇西方洋上に出撃し散華していた。

この日、陸軍特攻の場合、準備されていた特攻機は百二十機と言われていたが、出撃出来た機数はその五八パーセントの七十歳でしかなく、うち突入を報じていた機数は二十四機にしか過ぎなかったと言われ、練度の低い搭乗員が特攻隊員に選ばれていたことから、特攻作戦そのものに大きな壁が立ちはだかっていた。（戦史叢書「沖縄・台湾・硫黄島方面陸軍航空作戦」五百七十五頁）

こうして、かなり大量の特攻機が出撃していたにもかかわらず、天候に妨げられて、その戦果は少なく、アメリカ軍側史料によれば、駆逐艦「ストームス」、高速輸送艦「ベイツ」、同「ロパー」に一機命中、「ベイツ」が沈没（地点、北緯二十六度四十一分、東経百二十七度四十七分）。駆逐艦「コーウェル」が味方の誤射によって損傷していた。

この日も、戦果が報じられていたが、どの特攻隊が突入に成功したかを特定することは困難であり、百二十名にも上る若者達が、祖国の未来を念じつつ、人柱となって沖縄の空と海にはかなくも散っていた。

五月二十六日から二十八日に掛けて、海軍は、作戦機二百十七機、うち特攻機五十一機を動員。未帰還機四十六機（損耗率二一・一パーセント）、うち特攻機二十六機の損害を被っていた。陸軍は、これに呼応して、第六航空軍の作戦機七十一機、うち特攻機五十七機を出撃させていた。（戦史叢書「沖縄方面海軍作戦」五百二十七頁）

五月二十六日、この日は、陸軍特攻三隊のみの攻撃が実施され、第六航空軍「第二十一振武隊」の爆装「一式戦」一機、「第七十八振武隊」の爆装「九七戦」一機、「第百十振武隊」の爆装「九七戦」六機が沖縄周辺洋上に出撃し散華していた。この日、少数機の出撃であったにもかかわらず、アメリカ軍側史料によれば、補給駆逐艦「アンソニー」、駆逐艦「ブライン」、高速掃海駆逐艦「フォレスト」、駆潜艇「一六〇三号」、測量艦「ダットン」が特攻機により損傷を被っていたが、戦果を挙げていた特攻隊を特定することは出来ない。

「菊水第八号作戦」「第九次航空総攻撃」（五月二十八日～二十九日）

この後の五月二十七日暮から二十八日黎明に掛けて、海軍は、「菊水第八号作戦」を発動。陸軍は五月二十八日から「第九次航空総攻撃」を発動していた。

五月二十九日から三十日に掛けて、海軍は、九州方面航空部隊及び台湾方面航空部隊の作戦機二十七機（以上と言われる）、うち特攻機二機を動員。未帰還機三機（損耗率一一・一パーセント）、うち特攻機二機の損害を被っていた。特攻機の未帰還二機と言われるものは後述の五月二十九日に出撃していた「振天隊」の「九七艦攻」二機のことであろうが、この日、別の史料によると、「徳島第三白菊隊」の「白菊」四

機が特攻出撃して散華している。（同上書五百二十八頁）

五月二十七日、海軍特攻「菊水部隊白菊隊」の「白菊」十二機が沖縄周辺洋上、第六航空軍の陸軍特攻「第七十二振武隊」の「九九襲」九機が沖縄南部海面、「第四百三十一振武隊」の爆装「九七戦」五機が沖縄周辺洋上に向け出撃し散華していた。この日、特攻出撃は比較的少数機によって強行されていたが、駆逐艦「ドレックスラー」に二機命中（沈没。地点、北緯二十七度六分、東経百二十七度三十八分。戦死または行方不明百五十八名、戦傷五十一名）、駆逐艦「ブレイン」（戦死六十六名、戦傷七十八名）、同「アンソニー」、高速掃海駆逐艦「サウザード」、高速輸送艦「ロイ」、同「レッドナー」、兵員輸送艦「サンドヴァル」、消磁船「一〇号」、貨物船「メリー・A・リヴァモーア」が特攻機により損傷していた他、護衛駆逐艦「ギリガン」が航空魚雷を受けて損傷、掃海艇「ゲィティ」が日本軍機の水平爆撃による爆弾を受けて損傷、海洋曳船「パカナ」が味方の誤射により損傷していた。

この日、敵艦艇七隻撃沈、十二隻撃破の過大な戦果が報じられていたが、事実は、上述のごときものであって、個々の戦果について、どの特攻隊が体当たりに成功していたかを特定することは困難である。

翌五月二十八日、海軍特攻「琴平水心隊」の「水偵」七機、「徳島第二白菊隊」の

「白菊」七機が沖縄周辺洋上に出撃し散華していた。一方、陸軍特攻「第四十五振武隊」の「二式双襲」十機、「第四十八振武隊」の爆装「一式戦」二機、「第五十振武隊」の爆装「一式戦」一機、「第五十一振武隊」の爆装「一式戦」一機、「第五十二振武隊」の爆装「一式戦」三機、「第五十四振武隊」の爆装「三式戦」三機、「第五十五振武隊」の爆装「三式戦」一機、「第五十八振武隊」の爆装「四式戦」一機、「第五十九振武隊」の爆装「四式戦」三機、「第七十振武隊」の爆装「一式戦」三機、「第二百十三振武隊」の爆装「九七戦」二機、「第四百三十一振武隊」の爆装「九七戦」二機、「第四百三十二振武隊」の「二式高練」八機、「第四百三十三振武隊」の「二式高練」五機が沖縄周辺洋上に出撃し散華していた。この日、アメリカ軍側史料によれば、さしたる戦果はなく、駆逐艦「シュブリック」に一機命中（戦死三十二名、戦傷二十八名）していた程度であり、特攻攻撃に衰微が見られた。

（注）五月二十七日から二十八日に掛けて、上述の戦果以外にも高速輸送艦「タタム」、商船「ジョン・スネリング」、同「ブラウン・ヴィクトリー」が特攻機により損傷を被っていたとある。（デニス・ウォーナー、ペギー・ウォーナー前掲書下付録三百四十九頁）

なお、この日、第六航空軍は、連合艦隊司令長官からの指揮を離脱していた。（戦

史叢書「沖縄方面海軍作戦」五百三十四頁)

翌五月二十九日、海軍特攻「徳島第三白菊隊」の「白菊」四機、「振天隊」の「九七艦攻」二機、第八飛行師団の陸軍特攻「飛行第二十戦隊」の爆装「一式戦」五機が沖縄周辺洋上に出撃し散華していた。

この日、アメリカ軍側史料によれば、高速輸送艦「タタム」が特攻機により損傷を受けていた他、掃海特務艦「八一号」、戦車揚陸艦「八八四号」が坐礁により損傷していたが、戦果を挙げていた特攻隊は特定出来ない。

その二日後の五月三十一日、第八飛行師団の陸軍特攻「誠第十五飛行隊」の「九九双軽」一機が沖縄周辺洋上に単機出撃し戦果を見ず空しく散華していた。

こうして、海軍による「菊水第八号作戦」も陸軍による「第九次航空総攻撃」もほとんどその戦果を挙げることなく、特攻作戦は立ち枯れの状況に突き落とされていた。

五月末、沖縄の地上戦線では、巨大な万力をもって日本軍を締め付けていたアメリカ軍が、日本軍司令部の所在していた首里城址の一角に突入(五月二十九日)、首里一帯を占領していた(五月三十一日)。第三十二軍は、首里陣地から退却し、那覇が連合軍の掌中に入って、「沖縄戦」はいよいよその血塗られた終局を迎えようとしていた。(同上書五百三十四頁)

「菊水第九号作戦」「第十次航空総攻撃」（六月三日〜七日）

太平洋戦争を巡って、今や事態は大きく変転していた。ナチス・ドイツを打倒した連合軍の対日攻勢が慌ただしい動きを見せていた。五月五日、ワシントンで、アメリカ合衆国統合戦争計画委員会が開催され、〝コロネット作戦〟と呼称された「関東平地進攻計画概要」が作成され、次いで五月十日に開催されていたアメリカ合衆国統合幕僚会議において、この〝コロネット作戦〟と同時に〝オリンピック作戦〟と呼称された九州進攻作戦が、遂に正式に承認されていた。一方、五月二十八日、ポツダムにおいて、連合諸国の予備会談が開催され、ソ連首相スターリンは、八月中に日本に対して戦端を開くことを宣言していた。他方、五月三十一日、マッカーサー元帥は、日本本土に対する上陸作戦準備を下令。連合軍による日本侵攻の猛々しい軍鼓の音は日を追って高まっていた。日本を鋏状包囲してのホロコーストの季節が刻々と近付いていたのである。

六月に入って、今や、日本本土に最も近い沖縄では、各戦線で目を覆うばかりの巨大な雪崩現象が生起していた。沖縄の地上戦闘が日本軍にとって決定的な破断界に突入するに及んで、特攻攻撃もまた線香花火のごとく小さな煌めきが瞬時にして消えるはかない様相を示していた。

六月一日から七日に掛けて、海軍は、九州方面航空部隊及び台湾方面航空部隊の作戦機三百六十七機、うち特攻出撃二十三機を投入。未帰還機二十機（損耗率五四パーセント）、うち特攻機五機の損害を出していた。一方、第六航空軍は「菊水第九号作戦」に呼応して、戦機七十一機を投入。うち特攻機三十一機を発進させていた。（同上書五百五十四頁）

こうした中の六月三日、海軍は「菊水第九号作戦」を発動、陸軍は「第十次航空総攻撃」を発動していた。

この間の六月一日、第六航空軍の陸軍特攻「第四百三十三振武隊」の「二式高練」一機、第八飛行師団「飛行第二十戦隊」の爆装「一式戦」二機が沖縄周辺洋上に出撃し、何らの戦果をも挙げることなく空しく散華していた（この日、アメリカ軍側史料によれば、特攻による損害ほ記録されていないが、駆潜艇「一五九九号」が坐礁）。

六月三日、「菊水第九号作戦」を巡って出撃していた海軍特攻は僅かに一隊に過ぎず、「第四正統隊」の「九九艦爆」三機が沖縄周辺洋上に出撃し散華していた。

一方、第六航空軍の陸軍特攻「第四十四振武隊」の爆装「二式戦」一機、「第四十八振武隊」の爆装「一式戦」四機、「第百十二振武隊」の爆装「九七戦」八機、「第百

十二振武隊」の爆装「九七戦」九機、「第二百十四振武隊」の爆装「九七戦」四機、「第四百三十一振武隊」の爆装「九七戦」一機が沖縄周辺洋上に出撃し散華していた。この日、アメリカ軍側史料によると、掃海艇「ゲィティ」、大型上陸支援艇「一一九号」、貨物船「アレガン」が特攻機によって損傷を被っていたが、戦果を挙げていた特攻隊を特定することは困難である。

翌六月四日、この日、特攻出撃は陸海軍とも実施されていなかった（この日、アメリカ軍側史料によれば、偵察艇「四一号」が作戦行動を巡って損傷）。

明けて六月五日、この日、出撃していたのは、陸軍特攻の僅かに一隊。第八飛行師団「飛行第十七戦隊」の爆装「三式戦」四機が嘉手納沖に出撃し散華していた。

この日、アメリカ軍側史料によれば、戦艦「ミシシッピー」、重巡「ルイスビル」が特攻機により損傷を受けていた。この特攻機が上記の「飛行第十七戦隊」であることは明白であり、同隊の爆装「三式戦」四機に搭乗して出撃していたのは、稲森静二少尉、岡田政雄少尉、佐田通安少尉、富永幹夫少尉等の特攻隊員であった。

しかし、何よりも、この日、アメリカ軍艦艇は、沖縄周辺に吹き荒れていた折からの台風によって、戦艦「インディアナ」、同「マサチューセッツ」、同「アラバマ」、同「ミズリー」、正規空母「ホーネット」、同「ベニングトン」、軽空母「ベローウッド」、同「サン・ジャシント」、護衛空母「ウインドハム・ベイ」、同「サラマナ」、同「ブーゲンヴィル」、同「アッツ」、重巡「バルティモア」、同「クインシー」、同「ピッツバーグ」、軽巡「デトロイト」、同「サン・ジュアン」、同「ダルース」、同「アトランタ」、駆逐艦「シュローダー」、同「ジョン・ロジャース」、同「マッキー」、同「ダシール」、同「ストッカム」、同「ドヘイヴン」、同「マドック」、同「ブルー」、同「ブラッシュ」、同「タウシグ」、同「サミエル・N・モアー」、護衛駆逐艦「ドナルドソン」、同「コンクリン」、同「ヒルバート」、油槽船「ラカワナ」、同「ミリコマ」、弾薬輸送船「シャスタ」等多数の艦船が損害を被っていた他、駆逐艦「ダイソン」が衝突により損傷していた。

まさに日本軍にとっては文字通りの〝神風〟と言ってよかったが、「防衛庁公刊戦史」には、この事実が記載されていないことから見て、当時、日本軍はこの事実を知らなかったのであろう。この日、海軍は、天候不良のため、「菊水第九号作戦」を中止していた。

次いで六月六日、陸軍の特攻機のみによる攻撃が実施され、第六航空軍「第五十四振武隊」の爆装「三式戦」一機、「第百四振武隊」の「九九襲」一機、「第百十三振武隊」の爆装「九七戦」十機、「第百六十振武隊」の爆装「三式戦」三機、「第百六十五振武隊」の爆装「三式戦」五機、第八飛行師団「飛行第二十九戦隊」の爆装「四式戦」三機、「誠第三十三飛行隊」の爆装「四式戦」一機が沖縄周辺洋上、「第百五十九振武隊」の爆装「三式戦」五機、第八飛行師団「飛行第二十戦隊」の爆装「一式戦」四機が慶良間列島西方海面に出撃し散華していた。この日、アメリカ軍側史料によれば、護衛空母「ナトマ・ベイ」、敷設駆逐艦「ハリー・F・バウアー」、同「J・ウイリアム・ディッター」が特攻機により損傷していた他、混戦の中で、駆逐艦「ビール」、掃海艇「レクイジット」、同「スピアー」、ガソリン・タンカー「ヤハラ」が衝突により損傷していた。

同日の特攻攻撃で、戦果を挙げていた特攻隊を特定する記録はない。

翌六月七日、海軍特攻一隊、陸軍特攻一隊が出撃。海軍特攻「第二十一大義隊」の爆装「零戦」二機が宮古島南東方海面、第六航空軍の陸軍特攻「第六十三振武隊」の「九九襲」六機が沖縄周辺洋上に出撃し散華していた。この日、駆逐艦「アンソニー」が特攻機により損傷を被っていたが、戦果を挙げていた特攻隊は特定出来ない（この日、戦車揚陸艦「五四〇号」が衝突により損傷していた）。

海軍の発動していた「菊水第九号作戦」は、この日をもって衰微していたが、陸軍は、なお特攻攻撃を続行。六月八日、第六航空軍「第四十八振武隊」の爆装「一式戦」二機、「第五十三振武隊」の爆装「一式戦」一機、「第百四十一振武隊」の爆装「一式戦」二機、「第百四十四振武隊」の爆装「一式戦」二機が沖縄周辺洋上、「第五十九振武隊」の爆装「四式戦」六機が沖縄本島付近に出撃し空しく散華していた（この日、アメリカ軍側史料によると、特攻機によって損害を被っていた艦艇は記録されていないが、護衛駆逐艦「ジェンドリュー」が日本軍の海岸砲によって損傷）。六月九日から十四日に掛けて、海軍は、九州方面航空部隊及び台湾方面航空部隊の作戦機百十二機を投入。未帰還機一機の損害を出していた（損耗率〇・八パーセント）。（同上書五百五十八頁）

六月十日、この日も陸軍のみでの特攻攻撃が敢行され、第六航空軍の「第百十二振武隊」の爆装「九七戦」二機、「第二百十四振武隊」の爆装「九七戦」一機が沖縄周辺洋上に出撃し散華していた。この日、駆逐艦「ウイリアム・D・ポーター」が特攻機の体当たりを食って沈没の憂き目を見ていた（地点、北緯二十七度六分、東経百二十七度三十八分）。同日、戦果が報じられていたのは、「第百十二振武隊」の爆装「九七戦」二機に搭乗して出撃していた杉山龍治伍長、真高郁夫伍長、「第二百十四振武隊」の爆装「九七戦」一機に搭乗して出撃していた金井良吉伍長等のいずれかの特攻隊員である。

明けて六月十一日、この日も陸軍特攻のみによる攻撃が強行され、第六航空軍「第五十六「振武隊」の爆装「三式戦」一機、「第六十四振武隊」の爆装「九九襲」九機、「第百四十四振武隊」の爆装「一式戦」一機、「第百五十九振武隊」の爆装「三式戦」一機、「第二百十五振武隊」の爆装「九七戦」一機が沖縄周辺洋上に出撃し空しく散華していた。この日、アメリカ軍側史料によると、大型上陸支援艇「一二二号」が特攻機により損傷を受けていたが、戦果を挙げていた特攻隊は特定出来ない。この他、同日、軽巡「ヴィックスバーグ」が衝突により損傷、上陸舟艇母艦「リンデンワルド」が味方の誤射によって損傷を受けていた。特攻機の攻撃による防戦の中での出来事だと思われる。

六月十三日、小禄地区にあった太田実少将指揮下の沖縄方面根拠地隊は既に組織的抵抗を終了。この日、地獄の迷路のような暗い海軍壕（洞窟）の中で、同少将は自決。六月十九日には、沖縄における日本軍の主戦力であった第三十二軍が末期現象としての各隊ごとの戦闘に移行。各部隊の全戦闘力を総合しての共通の目標を達成するための緊密な調整と部隊間の協同を計る、戦いの原則としての「統一」は、既に崩壊し、地上戦闘に今や惨劇の終幕が降りようとしていた。（同上書五百六十八頁）

六月十三日、アメリカ軍側史料によれば、戦艦「アイダホ」が坐礁していた。

翌六月十四日、同史料によれば、砲艦艇「二四号」が衝突により損傷、六月十五日にも、護衛駆逐艦「オフラハティ」が衝突により損傷していた。

「菊水第十号作戦」(六月二十一日〜二十二日)

六月十六日から二十二日に掛けて、海軍は、九州方面航空部隊及び台湾方面航空部隊の作戦機二百七十一機以上、うち特攻機六十七機を投入。最期の組織的な航空作戦を強行していたが、未帰還機五十六機(損耗率二〇・六パーセント)、うち特攻機二十八機の損害を出していた。(同上書五百五十八頁)

六月十六日、アメリカ軍側史料によれば、駆逐艦「トウィグス」が航空魚雷を受けて沈没していた他、護衛空母「スティーマー・ベイ」が味方航空機の作戦上の事故によって損傷を受けていた。その二日後の六月十八日、小型水上機母艦「ヤクタット」が衝突により損傷。翌六月十九日、掃海艇「デバイス」、同「ドアー」がこれも衝突により損傷していた。

六月二十一日、「菊水第十号作戦」が発動され、海軍特攻「菊水第二白菊隊」の「白菊」五機、「徳島第五白菊隊」の「白菊」三機、「第十二航戦水偵隊」の「水偵」五機、第六航空軍の陸軍特攻「第二十六振武隊」の爆装「四式戦」四機が沖縄周辺洋

上に出撃し散華していた。この日、護衛駆逐艦「ハロラン」、水上機母艦「カーティス」、同「ケニス・ホワイティング」が特攻機により損害を被り、中型揚陸艦「五九号」、駆逐艦「バリ」が沈没していたが、この戦果がどの特攻隊の体当たりによるものかは特定出来ない。この日、連合軍は、沖縄上陸以来八十二日目にして同島の確保を宣言していた。

こうした中の翌六月二十二日、なおも海軍特攻「第十神雷部隊桜花隊」の「桜花」四機、「第十神雷部隊攻撃隊」の「一式陸攻」四機、「第一神雷爆戦隊」の爆装「零戦」七機、第六航空軍の陸軍特攻「第二十七振武隊」の爆装「四式戦」六機、「第百七十九振武隊」の爆装「四式戦」五機が沖縄周辺洋上に出撃し散華していた。この日、掃海駆逐艦「エリソン」、戦車揚陸艦「五三四号」、中型揚陸艦「二一三号」が特攻機により損傷を受けていたが、戦果を挙げていた特攻隊は特定出来ない。

地上戦終了後の特攻作戦

六月二十三日未明、沖縄戦線の最後の複郭陣地となっていた摩文仁洞窟において、第三十二軍司令官牛島満中将、参謀長長勇中将が自決。第三十二軍は組織的戦闘を終結し、この日、「沖縄戦」はその血塗られた悲劇の終幕を下ろしていた。

しかし、異常なファナティシズムに脳髄を支配されていた日本の戦争指導部は、依然として「外道の統率」の下で徒労の特攻作戦を続行していた。沖縄を巡る地上戦終了後の特攻作戦は八月十五日まで断続的に続行され、日本の若者のかけ替えのない命が失われていた。

六月二十三日から七月八日に掛けて、海軍は、九州方面航空部隊及び台湾方面航空部隊の作戦機百五十三機、うち特攻機二十八機を投入。未帰還機二十二機（損耗率一四・三パーセント）、うち特攻機十二機の損害を被っていた。（同上書五百七十八頁）

六月二十五日、海軍特攻「第十二航戦水偵隊」の「水偵」二機、「琴平水偵隊」の「水偵」二機、「菊水第三白菊隊」の「白菊」一機、「徳島第五白菊隊」の「白菊」五機が沖縄周辺洋上に出撃。その二日後の六月二十七日、海軍特攻「琴平水偵隊」の「水偵」一機が沖縄周辺洋上に出撃していた。翌六月二十八日、この日も海軍特攻「琴平水偵隊」の「水偵」一機が沖縄周辺洋上に出撃していたが、こうした単発の特攻攻撃は、その後も続き、七月一日、第六航空軍の陸軍特攻「第百八十振武隊」の爆装「四式戦」二機が沖縄周辺洋上に出撃。その二日後の七月三日、海軍特攻「第十二航戦水偵隊」の「水偵」一機が沖縄周辺洋上に出撃し空しく散華していた（六月二十五日から七月三日の間、アメリカ軍側史料によれば、特攻機による損害は記録されていない)。

こうした散発的な特攻攻撃は、依然、性懲りもなくその後も続行され、七月十九日、第八飛行師団の陸軍特攻「誠第三十一飛行隊」の「九九襲」一機、「飛行第二百四戦隊」の爆装「一式戦」四機が那覇西方洋上、「誠第七十一飛行隊」の「九九襲」一機が沖縄周辺洋上に出撃し散華していた。この日、アメリカ軍側史料によると、駆逐艦「サッチャー」が特攻機によって損傷を被っていたが、戦果を挙げていた特攻隊は特定出来ない。

七月十日から三十日に掛けて、海軍は、九州方面航空部隊及び台湾方面航空部隊の作戦機三百十三機、うち特攻機二十三機を投入。未帰還機二十一機(損耗率六・七パーセント)、うち特攻機十一機の損害を被っていた。(同上書五百九十一頁)

七月二十一日、兵員輸送船「マラソン」が、沖縄周辺北緯二十六度十三分、東経百二十七度五十分の地点において、「回天」の攻撃を受け損傷を被っていた。

その三日後の七月二十四日、護衛駆逐艦「アンダーヒル」がこれも「回天」の攻撃を受けて、ルソン島沖北緯十九度二十分、東経百二十六度四十二分の地点において損傷を被った後、味方の手によって処分されていた(沈没)。これら「回天」は、七月十四日、「伊五十三潜」に搭載されて大津島を出撃していた「多聞隊」の勝山淳中尉、川尻勉一飛曹、関豊興少尉、荒川正弘一飛曹のうちのいずれかと思われる。

翌七月二十五日、海軍特攻「第七御盾隊第一次流星隊」の「流星」四機が大王崎南東海上において敵機動部隊を攻撃していたが、戦果はなく空しく散華していた。

こうした中での翌七月二十六日、連合諸国はポツダム宣言を発表。日本に対する無条件降伏を要求していた。

しかし、日本の戦争指導部はなおこの要求を顧みず、特攻攻撃を続行。その三日後の七月二十九日、海軍特攻「第三龍虎隊」の「中練」(練習機)五機が沖縄周辺洋上に出撃し散華していた。この日、アメリカ軍側史料によれば、この練習機をもってしての特攻攻撃で、駆逐艦「キャラガン」が特攻機の体当たりによって沈没していた(地点、北緯二十五度四十三分、東経百二十六度五十五分。戦死四十七名)。同艦は、特攻機によって沈没していた最後のアメリカ合衆国の艦艇であった。この他、同日、駆逐艦「プリシット」が特攻機により損傷受けていた。この日、戦果が報じられていたのは、「第三龍虎隊」の「中練」(練習機)五機に搭乗して出撃していた三村弘上飛曹、庵民男一飛曹、佐原正二郎一飛曹、近藤清忠一飛曹、原優一飛曹等の特攻隊員によるものであった(但し〝A Chronology of The U.S. Navy 1775-1965〟P.387には、駆逐艦「キャラガン」及び同「プリシット」は七月二十八日に特攻機による損害を受けたとある)。

明けて七月三十日、海軍特攻「第三龍虎隊」の「中練」二機が沖縄周辺洋上に出撃し散華していた。この日、アメリカ軍側史料によると、駆逐艦「キャッシン・ヤング」、高速輸送艦「ホーレィス・A・バス」が、特攻機の攻撃を受けて損傷を被っていた(デニス・ウォーナー、ペギー・ウォーナー前掲書下によると、上述の駆逐艦「キャッシン・ヤング」、高速輸送艦「ホーレィス・A・パス」が損傷を受けていたのは七月二十九日から三十日に掛けての戦闘においてとある)。この日、「第三龍虎隊」の「中練」二機に搭乗して出撃していたのは、松田昇三一飛曹、川平誠一飛曹であった。

この「中練」特攻には無残な悲話がある。このことについて、角田和男は、彼の著書の中でこう書いている。

「中練特攻龍虎隊は、元は二〇五空の零戦搭乗員だったが、度々の故障や不時着で破損機が多く、内地よりの機材の補充も乏しく、やむを得ず訓練中止となって高雄空に保存されていた九三式中間練習機を以て体当たりすることにしたもので、二百五十キロ爆弾を抱いて沖縄碇泊中の敵艦船に夜間特攻をかける事が計画され、約二十名程の者が転勤する事になった。その時の人選は、私の記憶では、一、不時着による機体破損回数の多い者、二、出撃時何等かの理由で途中引き返した回数の多い者が選ばれた。しかし、こう言う人は何人もいないので、三、零戦での飛行時間が少ない者より《ママ》を基準として選考され、結局、若い甲飛十一、十二期、特乙一、二期の短縮教育を受けた人達が廻される事になった。乙、丙組は、十六期まで、それ以後の若い卒業者は二〇五空にはいなかった。五月十七日（四五年——引用者）、この人達は虎尾空に転勤となり、中練に逆戻りし、龍虎隊と命名され、六月下旬、宜蘭、石垣島経由で宮古島基地に進出した。その第一陣が宜蘭に着いた時の司令の訓示はひどかった。訓示と言うよりも、殆ど叱責に近かった。正に、臆病者、卑怯者扱いの訓示である。機材不足のため、練習機まで使わなければならぬ状況に立ち到った事を搭乗員に謝り、慰労の言葉があっても良いのに、と思っていた。しかも、その夜は例（慣例——引用者）を破って士官全員で搭乗員宿舎の巡検を行わせられた。全員就寝を確認させるためである」

〝十死零生〟の攻撃に向かって死に行く者に対する、厳格と言うより、余りにも残酷な司令の所業に内心憤激を感じていた角田は、龍虎隊員全員を起こし、宜蘭のある料亭に彼らを連れて行った。その料亭で、彼らは角田に向かってこう言ったと言う。

「私達はどこへ行っても臆病者扱いで、叱られてばかり来ましたが、今夜初めて私達兵隊の大先輩である分隊士から、一人前の軍人として認めて戴いて本当に有難う御座いました。私達は、確かに不時着したりしましたが、決して臆病でしたのではありません。しかし、もう誰に疑われても、何と言われても、決して怨みません。分隊士一人が私達の気持を解って、信用して下さっただけで充分で、嬉しく思います。明日は必ず成功して見せます。見ていて下さい」と。

一部の中練特攻を出撃させていたものの、宮古島基地の指揮官岡本晴年中佐は、その後、上部からの命令を巡って、言を左右にし、彼の在任中、特攻を出さなかったと言うのであった。「龍虎隊」の「中練」特攻で散華していたのは上述の七人だけであった。彼らが、凛然として敵艦に向かって体当たりを敢行し、沖縄の空に散って逝ったのは、しかしながら、司令に「卑怯者」「臆病者」呼ばわりされたからでもあった。岡本晴年中佐の場合、一方で、特攻隊員達を叱咤しながら、他方で、「中練」特攻に抵抗していたのは、当時の戦況の中で、板挟みになっていた同中佐が、一時的にせよ、ある種の錯乱状態に陥っていたからであろう。だが、それにしても、彼ら特攻隊員の死は余りにも憐れであった。（角田和男前掲書三百二十四～三百二十六頁。一部句読点を改めた――引用者）

八月一日から十四日に掛けて、海軍は、九州方面航空部隊及び台湾方面航空部隊の作戦機三百九機（うち本土方面百二十七機）、うち特攻機六十機（うち本土方面四十七機）を投入。未帰還機四十二機（損耗率一三・五パーセント）、うち特攻機四十機の損害を被っていた。（戦史叢書「沖縄方面海軍作戦」五百九十一頁）

八月六日、広島に一発の爆弾が投下されていた。一瞬、天を走って人々の目を眩ませる閃光を放っての大爆発の後、悪魔の咆哮が響き渡り、さらにその後、巨大な死の入道雲が天に沖していた。広島は溶鉱炉と化し、そして潰滅した。翌八日、ソ連が対日宣戦を布告、明けて八月九日、この世のものとは思えない恐るべき悪魔の炮烙は長崎においても実施され、一発の原爆下に全てが炙殺されていた。

長崎に原爆が投下されていた八月九日、海軍特攻「第四御盾隊」の「彗星」七機、「第七御盾隊第二次流星隊」の「流星」六機が金華山東方洋上において敵機動部隊を攻撃、散華していた。この日、アメリカ軍側史料によれば、駆逐艦「ボリー」が本州北部洋上において特攻機により損傷していた他、同「ジョン・W・ウイークス」が味方の誤射によって損傷を受けていた。

その二日後の八月十一日、海軍特攻「第二神雷爆戦隊」の爆装「零戦」二機が沖縄本島周辺洋上に出撃し、戦果もなく空しく散華していた。

翌八月十二日、この日、特攻攻撃は実施されていなかったが、アメリカ軍側史料によれば、戦艦「ペンシルヴァニア」が沖縄沖において、日本軍機の魚雷攻撃を受けて損傷していた。

同日、沖縄に向け出撃していたのは「九三一空」の「一式陸攻」二機、「天山」四機であった。(同上書六百二頁)

明けて八月十三日、海軍特攻「第四御盾隊」の「彗星」四機が金華山東方海面、「第七御盾隊第三次流星隊」の「流星」四機が本土東方に出撃し散華していた。アメリカ軍側史料によれば、沖縄沖において、兵員輸送艦「ラグランジ」が特攻機によって損傷を受けていた。この日、戦果が報じられていたが、それがどの特攻隊によるものかを特定することは困難である。

終戦の日の八月十五日、海軍特攻「第四御盾隊」の「彗星」八機が関東東方海面、「第七御盾隊第四次流星隊」の「流星」二機が勝浦の百三十度二百浬の地点において敵機動部隊を攻撃し空しく散華していた。

沖縄における地上戦闘に呼応した陸海軍の特攻作戦も空しく、千早ぶる鬼神と化した日本の若者たちが、冷酷な暦命の日々に翻弄され、彼らの余りにも短い青春を賭して、沖縄の空と海に散って逝ったのである。

八月十五日、五航艦司令長官として特攻作戦を指揮してきた宇垣纏中将が、終戦の詔勅を聞いた後、「彗星」七機を率いて沖縄に向け出撃、〝死に場所〟を求めて散華していた。宇垣中将の行為は、彼の背負ってきた業を、彼一人で清算すべきであったものを、いたずらに有為な部下を道連れにした点で、特攻青史に濁りを残すものであった。もし、彼ら日本の若者たちが生き残っていれば、戦後における祖国の再生のために渾身の力を尽くしたはずであり、宇垣中将が自らの死のみに焦点を当てて静思していたとすれば、道連れの悲劇は防げ得たはずであった。

翌八月十六日、海軍特攻の〝創始者〟であり、かねてから死を覚悟していた大西瀧治郎中将が、散華した数多の特攻隊員に謝しつつ自刃していた。

沖縄と本土を巡る特攻作戦において、なき数に入っていた海軍特攻隊員の数は、台湾方面での戦死者を入れて、二千四十五名（機数九百四十機）、陸軍のそれは、千二十二名（機数八百八十七機）、合計三千六十七名（機数千八百二十七機）に達していた。

（注）なお、この他に、南西方面では、四四年十月十九日～四五年七月二十六日の間に第三航空軍の陸軍特攻で散華していた搭乗員の数は六十六名（機数十八機）、また内地及び満州では、四四年十一月二十四日～四五年八月十三日の間に五十五名（五十機）と記録されている。

生きていた死者

ところで、「沖縄戦」での特攻の場合、編制から出撃までの日数は二ヵ月から三ヵ月、あるいはそれ以上にわたる場合があった。既述の海保博治の場合は、特攻待機の日数は数日であった。これがもし、数ヵ月と言った状況であった場合、人間は果たしてどの様な条件下で生き得るのであろうか。

ここに沖縄戦が始まっていた四五年四月十七日、攻撃第四〇六飛行隊に所属、神風特別攻撃隊「第八銀河隊」として鹿児島県の出水《いずみ》基地を発進し、喜界島南方洋上において敵「空母」に突進、その途中F６F〝ヘルキャット〟に撃墜され、搭乗員三名のうち、二人が戦死していたものの、機体が沈没する前に脱出し、その後、漂流している間にアメリカ海軍の駆逐艦に救出され、捕虜となってただ一人奇跡的に生き残った鈴木勘次（当時十八歳）の場合がある。

鈴木の場合、連合艦隊告示布告第二百三十二号で彼の僚友とともに特攻戦死者として布告されているのである（戦後取り消されているが）。

第二百三十二号。

神風特別攻撃隊第八銀河隊

攻撃四〇六　二飛曹　吉川功
同　　二飛曹　田中茂幸
同　　二飛曹　鈴木勘次

今日、生き残った特攻隊員のほとんど九九・九九パーセントは、戦場到達前に敵戦闘機に阻止されて引き返した人々か、予定戦場に到達したが、目標となる敵艦隊を発見出来ずに帰還した人々か、途中で搭乗機の故障が起きて帰投した人々か、あるいは出撃待機中に終戦となった人々かである。だが、空母に突進してその寸前に撃墜され、しかも生き残ったと言う鈴木の場合のような経験を持っている人々は、ほとんど皆無に近い。

特攻で生き残った人々が特攻待機時と特攻出撃時の心理を語り得ても、いざ突入と言った最後の瞬間の心理は語り得ないのに比べて、いかなる運命の星に導かれてのことか、地獄の入り口から追い返されたこの人は、その最後の瞬間に至る全過程を知っているのである。

死と生のアポリア

鈴木は自ら「虚しき挽歌——特攻、この不条理の記録」（マグブロス社）と言う書名の記録を書いている。筆者は戦後鈴木にあって話を聞いたが、その取材を土台にして、以下、鈴木の出会った稀有の経験を再構成しよう。

敗戦の年の一九四五年二月。鈴木勘次は特攻要員として死への長い長い待機の状況下に置かれる。場所は大分県の宇佐航空隊。春まだ浅い二月の大気の中に梅の香りが漂っている。僚友の田中茂幸がその梅の花を仰ぎ見ている。「なんともいえぬ悦びがうきうきと体内に流れる」と鈴木勘次は書くのである。

死への距離が時間単位か日単位かで迫っている時、彼はふとそれを忘れることがあった。

早春の淡い陽光の中で基地に咲いた花の輝かしい息吹に触れると、成長期盛りの若者である鈴木は胸の疼くのを覚える。光と風が若者の胸底に生の鼓動を高鳴らせるのである。しかし、そんな生身のバイオリズムも死を背負った鈴木の心に数秒と持続することはなかった。突如、「自らの死が心にひろがっていった」。そして同時に「〝男たる者、特攻隊員として報国の義務を尽くす〟という思いに、いつのまにか支配されていた」

死と相剋する超越のアポリア。

この時、激しい闘志が、身に降り懸かった不幸や死を征服していたと鈴木は言うのである。

梅の花の香りに、ふと湧き上がる生の実感。その生の裏側に禍々しく忍び寄る死の黒い影。その死の影を掻き消そうとする闘魂と言う名の形而上学的観念。鈴木の思念の中に刹那単位のタイム・スパンで交互に去来する生と死。特攻。今までにも既に数多くの戦友達がそのために散華して逝ったではないか、と思うパラドクシカルな悟性の自己暗示。死んで逝った戦友への奇妙な羨望と自らへの焦り。たとえそれが死であったとしても何かに挑戦してみたいと思う戦場と言う空間に置かれた若い戦士の好奇心。それにモノトナスなリズムの日常性から脱却したいと思う若者の生命力の躍動など。複雑な感性と悟性が若い鈴木の脳裏と胸底にこもごも掠めて行く。自分の前途にある「生活は希望のある充実した人生」ではなく「死だけが待っている」と言う事実を忘れて……。（鈴木勘次前掲書二十五頁）

だが、当時、十八歳の鈴木は、大学を出た予備学生達の場合とは違って、彼が直面している死の意味を嗅ぎとるほどの分別のある人間ではなかったし、また敏感でもなかったが、それでもなお、「今さら取り消しできない恐ろしい方向に歩を進めている」不可逆的な自分を見詰めていた。その時、彼は「片道攻撃という手段を選ばぬ自殺行為に」、搭乗員としての自らの誇りが無惨にも打ち砕かれ、人生の「小さな挫折

をうすうす感じていた」と言う。（同上書二十六頁）

束の間の再生の喜び

数日間の待機の後、いよいよ出撃の前日がやって来た。鈴木はペア（同じ機の搭乗員）である吉田功や田中茂幸（共に戦死）と連れ立って、小雪の降る宇佐の遊里へ行く。遊里には、出撃の噂が流れていたのか、女達は特攻隊員に対して畏敬の眼差を向けていた。そんな空気の中で、若い鈴木は「少々英雄気取りで、女をはべらせ格好をつけた」。そして、女達の前で鈴木は自分の振舞いに「通人ぶろうとする若さの虚勢」を自覚していた。僚友の田中と吉川は「床の間を背に脇息に体を支え、大名気取りでいたが目はきょろきょろとあたりを見廻していた」

鈴木は、「操なき閨を知り、寝ぼけ眼に突然ギクッとなった。こんな味気ない思いをしたのはかつてなかったような気がする」と鈴木は書いているのである。

四四年三月十一日、「銀河」二十四機をもってしての「神風特別攻撃隊菊水部隊梓特攻隊」が、この日の〇九〇〇、鹿屋基地を発進、長駆ウルシー泊地への第一次攻撃を実施していた。鈴木らは第二次攻撃隊として待機していたが、攻撃は突然中止されていた。中止命令を受けた隊員達は自分の耳を疑っていた。しかし、隊員の中には、生への復帰にちょっと不満顔を見せる者もいた。蛇の生殺しに堪えられなかった隊員か、あるいは死からの離脱に恰好をつけてみたかった隊員達なのか、鈴木は書いていない。しかし、ほどなくして、大方の隊員達の心の中に生への求心力が働き、肩の力が抜けると、急に声を張り上げて仲間同士と話を弾ませていた。ペアの田中や吉川も同じ心的情況にあるらしく、彼等の顔に「微妙な動きをみせ」、安堵感のせいであろう「力を込めて呼吸していた」（同上書二十六頁）

この後、鈴木らの第二次攻撃隊は編隊を組んで出水基地へと向かった。空から見る早春の海岸線のめくるめく風光。そこには「春の花が咲きみだれていた」。特攻出撃が一時中止された鈴木達にとっては、出水基地は「平和な楽園」のように見えた。今まで感じたことのない生の新たな感性。村々が新鮮に見え、鈴木は「この土地にとけこんで行きたい気持ち」に駆られる。僅かの間離れていた出水基地だが、「生まれたころから住んでいるような気がした」（同上書二十六～二十七頁）

それが鈴木の感じた束の間の再生の喜びであった。

出水基地にはまるで日本が戦争をしている気配が感じられない。しかし、基地で鈴木が見たものは「隊員が非常に増えていたことだ」。と言うことは、と鈴木は考える。「私達にとっては攻撃が迫っていることを意味していた」と。

そして、この時からまた「死に到る日まで耐えて生きて行かねばならない」特攻待機が始まったのである。

「よく士卒の耳目を愚にし」

基地でのある日、「神雷特攻隊」に配属されていた同期生の林芳市（一九四五年四月十四日一一三〇、「第四神雷部隊攻撃隊」の一員として鹿屋を発進。沖縄東方海上にて散華）が鈴木を訪ねて来た。林の顔には一見したところ臆したり疑念を感じたりしたところは見えない。その林が言った。「出撃が同じ日だといいがなあ」。鈴木も同じ気持ちであった。（同上書二十七頁）

特攻出撃を巡って同期の僚友が一緒に行けると言うことが、彼らのささやかな安堵感となっていたのである。一人で死ぬより一緒に死にたい。孤独の死を分かちあえば死の恐怖もまた半減する。予定されていた死を巡っての存在に付き纏う実存の不安を軽減する集団死への仰望。

この時、二人の間に交わされていた会話を鈴木はつぎのように記している。

「戦局は一体どうなっているんだろう。なにか聞いているか？」

と林が言った。

「知らんよ。なんにも聞いていないよ」

「上のほうから、教えてくれんからなあ……」

「なぜ本当のことを知らさんのだ。なにを聞いても俺たちの気持ちがどう変わるわけじゃあないのに……」

「俺もそう思うよ、些細なことまで隠しやがる」

林はそう言って飛行場の彼方を眺めながら言った。

「いいさ！　やるだけやって、死ねばいいんだよ。滝沢恒夫も田中龍太郎もあの世で待っているぜ」(同上書二一七〜二一八頁)

戦局がどのように推移しているのか。それを知ることが特攻隊員にとって死の価値を確かめるためにもせめてもの慰めであった。だが、上層部はそのことを彼らに知らせなかった。

ちなみに、当時の日本軍の統帥を巡って貫徹していたのは、一般兵士に対しては作戦の全容を明らかにしてはならず、兵は、命令一下、ただただ身命を顧みず驀直前進すべきであると言う〝規範〟であった。言ってみれば、それは、「孫子」の兵法の教条主義的解釈に他ならなかった。「孫子」は言う。「軍に将たるのことは静もって幽、よく士卒の耳目を愚にし、これをして知ることからしめ、その事を易《か》え、その謀を革め、人をして識ることなからしめ、その居を易え、その途を迂にし、人をして慮ることを得ざらしむ。帥これと期すれば、高きに登りてその梯を去るごとく、帥これと深く諸侯の地に入りて、その機を発すれば、舟を焚き釜を破り、群羊を駆りて往き、駆りて来たるがごとく、之くところ知ることなし。三軍の衆を聚め、これを険に投ず。これ軍に将たるのことなり」と。

（注）「軍を統率するには、冷静かつ厳正な態度が要求される。兵士たちにあれこれ考えさせてはいけない。方針、計画、陣立て、進路等を変更しても、兵士に余計なことを考えさせるべきではない。いったん任務を授けたら、あくまでそれにしたがわせる。二階にあげて梯子をはずしてしまうのだ。いったん敵地に攻め入ったら、弦をはなれた矢のようにどこまでも進ませる。舟を焼きはらい、釜をこわして生還をあきらめさせるがいい。羊を追うようにどこへでも自由自在に進ませるのだ。こうして、全軍を絶対絶命の窮地に立たせることこそ、じつは統率者の任務なのである」（村山孚訳「孫子・呉子」徳間書店百十二～百十五頁）

ところで、肝腎なことは、「孫子」のこの言句には、その後に続いて、「九地の変、屈伸の利、人情の理、察せざるべからず」（「統率者にとって、九地の区別、進退の判断、人情の機微、これらを弁えることが何よりも重要となる」――村山孚訳前掲書百十三〜百十五頁）と言う臨機応変の必要性が書かれているのだが、日本の軍部は、最も重要なこの部分の叙述を無視してしまったようである。筆者が、先に「孫子」の兵法の教条主義的解釈と言ったのは他でもなくそのことである。こうして、回天の事業を背負わされていた特攻隊員に対しても戦局の実相が明らかにされず、彼らにはただただ敵艦に向かって突入することだけが要求されていたのである。

生への回帰と死への回帰

鈴木たちは、村の民家に合宿して今日も依然として特攻待機の状況の中に身を置いている。「近くの小川では、冬眠からさめた白ナマズが動き始め、水を切る音、流れる音にも僅かにぬくもりが感じられる季節となった頃、友の死のたよりも風にのってやって来た」と鈴木は書いている。（鈴木勘次前掲書二十八頁）

この頃の鈴木は、出撃命令が何時下るのかを恐れつつ、生の苦しみを感じながら精一杯生きていた。しかし、生きると言うことは死を待つことでしかなかった。いざ出撃ともなると、特攻隊員達は待機の苦しみから解放され、これで使命が終わると言う諦観からまるで別人にでもなったように朗らかになるものだ。同期生の全てがそうで

あった。（同上書二十九頁）

この頃、鈴木の多くの同期生達が次々と散華して逝った。「彼等の死を思ったとき、私は私の前に立ちふさがっていた厚い透明な氷が向こうの裏側から溶けはじめて急速に薄くなって来たように感じた」と鈴木は書くのである。（同上書三十六頁）

沖縄の特攻戦ではフィリピンでのそれと違って人間の置かれた条件が大きく変わっていた。フィリピンは敵地であったが、沖縄を巡る特攻は一部台湾の基地から実施されていたものの、その大部分は九州の各基地を起点として実施されていた。人間が置かれた条件の違いは人間の生活と意識と死生観を変える。

基地でのある日、鈴木は、村の細道で一人の少女に出会った。その少女の目許の涼しさが、鈴木の心を引く。初めの頃はただ会釈を交わしていただけだが、何時とはなしに鈴木はその少女に激しい慕情を感じるようになる。「情熱は異常な状態の中でしか現れないものだろうか」と鈴木は書いている。少女のあどけない仕草に鈴木は思う。「まだ判っていないのか私の宿命を！　明日にも帰らぬ身となることを」（同上書三十七頁）

それから数日後、鈴木はマラリアの再発のために発熱する。「もうどんなに叫んでも戻らない過ぎた日々が恋しくなり、現実からの逃避を希う」鈴木の心に押し寄せる悔恨。悪寒と激しい頭痛をおしてまで鈴木は雨の中を「夢遊病者」のように彼女の家の方角に向かって駆けて行く。その時「戦のことも、友のことも、もはや私の頭には浮かんでいなかった」と鈴木は書いているのである。(同上書三十八頁)

それは鈴木にとって束の間の生への回帰であった。

彼は熱が少し下がると這うようにして宿舎を抜け出し、少女に会うため小川のほとりにまで足を伸ばす。とこの時、鈴木の病状を気遣った田中と吉川が鈴木を連れ戻し、鈴木を看病してくれる。鈴木の枕もとに座っている以外は、田中も吉川も、鈴木と違ってじっと宿舎にいた。「しかし一様につかれとあせりからかなり乱れた表情をしている」。特攻待機を巡って持続的に襲って来る死の恐怖に堪えている人間に重く累積したストレスと絶望感と神経症のもたらす肉体的疲労。そして死の恐怖と孤独感から逃れることを希求する生と死への焦り。田中と吉川もまた鈴木と同じように「とにかく出撃だ」と心のうちに叫んでいるに違いないのだ。悪寒に肌がぞくぞくする中で、「早くけりをつけたい」と鈴木は思うのである。(同上書三十九頁)

特攻くずれ

鈴木の病状は日々恢復していた。ある日、飛行作業のない非番の搭乗員たちが鈴木を訪ねてきた。彼らは元気そうに振舞っていたが、その顔には死の陰影が宿っていた。

「早く起きてくれよ。あまり長いと俺が貴様達の代りに出されるから……」

と本気とも冗談ともつかぬ口振りで鈴木に声をかける者がいた。

話が酒の方に行き、そこに居合わせた者達は酒盛りを始めた。

「おい貴様たち、俺が寝ている間は死なんでおれるから感謝しろよ」

と鈴木がペアの田中と吉川に向かって言った。

「戦争が終わるまで、寝ていろよ……」

と誰かが言った。（同上書三十九〜四十頁）「銀河」には三人の搭乗員が必要である以上、一人でも欠ければ出撃しないでも済むと言うのである。


以上の鈴木の記録の中には、フィリピンでの特攻戦と沖縄での特攻戦を巡る特攻隊員の生活様式と思考様式に関しての大きな落差があったことが如実に証明されている。既に述べた通り、フィリピンのマバラカットにあった二〇一空に少しばかり酒気を帯びていた海保博治らが出頭した時、司令玉井浅一中佐は転出して来た彼ら特攻隊員の様子を見てこっぴどく叱責したものであった。フィリピンの戦場での特攻作戦が終了し、同作戦が沖縄作戦でもずるずると続行されて行った時、既に特攻隊員の在り方は目に見えて変化していた。そうした事実について、先の元海軍報道班員同盟通信記者小野田政が書いている以下の文章は必ずしも物事を誇張した文章ではない。

「いまでも苦い思いでとなっているのは、沖縄戦たけなわのころの九州南端の航空基地、鹿屋飛行場の特攻風景である。そのころになると、関大尉当初のような純粋さは感じられず、隊員もくずれ型なら陸海軍の参謀連も芝居気たっぷりだった。（中略）陸軍航空参謀は、海軍の第三種軍装を着用し、私たち報道班員を集めて「いまや陸軍でもなければ海軍でもない。真に一心同体となって、米英撃滅の特攻戦法を展開するのみ」とうたい上げ、記念撮影をして、新聞に掲載しろというのである。白昼から酒気を帯び、抜刀して街を歩き、娘たちを襲う日の丸のネジリ鉢巻き姿の特攻隊員も現れた。だがしかしこれを取り締まる憲兵も「明日なき命の男たちだ、せいぜい好きなことをさせい」との上司の言葉で、手をこまねいているだけだった。基地の指揮所や、民家や、小学校を強制借り上げした隊員の宿舎には「何某一家」と部隊長名をヤクザの親分名になぞらえた幟が林立していた。もちろん私はすべての特攻隊員がそうであったというのではない。純粋を維持していた特攻隊員を冒瀆するような、特攻くずれの悲しい情景が、終戦前にすでに見られたのである」（「神風特攻隊出撃の日」三十九～四十頁）

〝死に至る病〟

鈴木勘次は、今日も依然として特攻待機の状況の中に身を置いている。その間、来る日も来る日も、彼の上司や先輩や同期生達が次々と〝十死零生〟の旅へと旅立って逝った。四五年三月十九日、鈴木の同期生で同じ攻撃四〇六飛行隊に所属していた広澤文男が、「菊水部隊銀河隊」の一員として、基地に残った若者の若者とも思えない「嗄れた声」に送られ、九州南東海面の敵機動部隊に向かって出撃して征った。この時の広澤は以前に比べて目立って痩せていた。鈴木は広澤の挙措動作の何かにある種の淋しさと切なさが漂っているのを見ていた。広澤は基地の人々に別れを告げ、一見軽やかな足取りでペアと共に機上の人となっていた。彼の散華の門出を象徴するかのように桜が色を添えていた。機上の座席で広澤は落ち着いた様子で何かに頷いていた。「彼にとって〝体当たり〟の場にのぞむ姿は完璧のものでなければならなかった」と鈴木は、自分を広澤と二重写しにしながら書いている。この日、空は曇っていた。しかし、「銀河」が発進すると同時に一条の陽光がさしていた。「銀河」の座席に搭乗していた広澤ら三人の姿はまるで機に「納棺」されたように鈴木の目に写っていた。この日、護衛戦闘機もなく攻撃隊は発進していた。この頃になると最早特攻機につける護衛戦闘機も払底していたのである。攻撃隊が発進した瞬間、基地にいた見送りの人々の動きが一瞬硬直したように見られた。その直ぐ後、まるで思い出したように、誰かが帽子を高く振っていたが、口は貝殻のように固く閉ざされていた。

その前日の三月十八日には、攻撃二六二飛行隊からも鈴木と同期の醍醐一利が「菊水部隊銀河隊」の一員として出撃して征った。（鈴木勘次前掲書四十二頁）

攻撃隊が雲間にその姿を消した後、鈴木らは宿舎に帰った。「今日も生き延びた搭乗員たちは声もたてずに床《とこ》についた」と鈴木は書いている。と、この時、「整備員の笑い声が聞こえた」。外在者の笑い声。それは特攻隊員として運命づけられていた鈴木にとって何とも堪えられないことであった。生の中にあって笑い声を立てることの出来る整備員と、死を背負いながら待機している特攻隊員の心的状況の決定的とも言える位相の差。鈴木ら特攻隊員達の心には、最早、人間として、眼前に生起する個々の事象に対して笑いをもって自己を表現する生の弾みは消え失せていた。

鈴木は、宿舎の中で彼の傍に寝ていた田中茂幸の顔を見詰めた。田中の「両眼は閉じられたままだった」。鈴木は「その弱り果てたような姿を長く見ているのが辛くて宿舎の窓から視線を外へ移した」（同上書四十三頁）

田中の顔は、〝死に至る病〟が最早膏肓に入った末期の病人の相貌に似ていた。

窓の外に視線を移した鈴木の瞳に死の予兆が過ぎる。「月明りの外の景色はどんよりと黒ずんだ空。窓近くの樹木の枝葉が、黒く風に揺れているのまで悲しく見える」。「死とは一体なんなのか」と鈴木は自らに問う。そして、同僚や彼自身を「自殺にさそう」者の「本体」は一体何者なのかと。「自らの命を断つ不思議な情熱」。鈴木は「しだいに悲しくなる気持ちをいだきながら目を閉じた」。「西南の海に立つ白波は彼等の墓標か」。「殉国の至情」に駆られてのこととは言え、心命を賭して〝十死零生〟の戦いに出撃する同僚達の心情とは何なのか。鈴木は「わが胸に自問自答していた」（同上書四十三～四十四頁）

夜が恐ろしい

既述のように、「比島戦」当時、特攻隊員には、昼と夜の顔があったと述べたが、鈴木も、この事実についてこう書いている。

宿舎で毎夜今は最早この世にいない特攻隊員たちの空布団が増えて行く。布団は部屋の隅に積み上げられている。僚友達は今はもう永遠の眠りについたのだ。鈴木はその布団を見詰めながら自らの死をじっと待っている。「体を布団に横たえたが、心も体も綿のように疲れているのに」妙に生欠伸ばかり出て寝つけない。「程度の差こそあれ、不安と動揺の気配が、田中、吉川のふたりにもつきはじめ、さっぱり笑いかけてこなくなった」。田中や吉川の挙措動作に奇妙な反応が見られる。人が変わったようだ。吉川は「変に落ち着きはらい、周囲の刺激や状況の悪化（戦況の悪化？――引用者）に対してあまり反応を示さず忘我の状態になっているようであった」。田中も田中で、持ち前の「優しさが消えて動揺し続けているようである」。何かに縋《すが》りたい、と鈴木は思う。「しかしこんな状態のときでも軍隊では宗教、信仰というものがなかった。宗教が人の命の尊さを教えるものなら、人殺しの軍の教育が宗教をさけて通ったということはあたりまえのこと」だと鈴木は思う。（同上書四十四頁）

戦勝祈願と武運長久以外お祈りしない日本の軍隊である。多神教の日本では死を前にして縋るものがないのである。

「決死の闘争が毎日暗い海の上で繰り返されていった。確実な情報を知ることができる地位ではないが、まだまだ人間無視の特攻行為がいまより以上に続けられる事だけは明白である」。朝は出撃の荒々しい興奮に始まり、夜は疲労して睡眠する不吉な静寂の日々が過ぎて行く。（同上書四十四～四十五頁）

ある日の午後、この日も攻撃隊が沖縄の空に向かって飛び立って征った。鈴木はこの日も「傍観者」として基地に残されていた。司令部では数人の将校たちが鈴木たちを眺める場所に陣取って特攻待機の隊員たちを無表情に眺めていた。そして、この日も夜がきた。
夜が来るのが恐ろしいと鈴木は言うのである。「私は夕暮れのほんの短いときが、一日のうちで一番嫌だ。太陽を失った、あの悲しい空が不安そうに少しずつ深く濃い色に染まっていくのが」……。(同上書四十五頁)
特攻を志願した最初の頃は、まだ死と言うものについて「かなり気楽に」考えていた鈴木であった。だが、長い特攻待機の時間が続く中で、隊員たちの横顔にふと自我喪失の翳《よ》が過ぎり、夜、床の中で「目を見開いたまま寝ていた」者もいた。「深夜になると、うめき声、うわ言が、とぎれとぎれにきこえ」、宿舎は「まるで、精神病棟のような宿舎」となっていた。「その宿舎から毎日のように出撃していく同期の桜は、無理に笑顔をつくり機上の人となったが、その表情その目には精神の狂ったような物悲しさがただよっていた。そして彼等を見送った夜は、まるで魂を奪われたように滅入ってしまったものであった」(同上書百五十三〜百五十四頁)

生の絶対矛盾の中で

四五年四月。夜半から降り続く折からの雨で、鈴木らより先発する予定の攻撃隊の出撃が中止となっていた。死への旅立ちが一時延期されていた出撃予定者の顔に微笑がこみ上げている。その光景は送り出す側の鈴木の目から見ると「実に奇妙」に見えた。「今日の攻撃は中止だ、俺達の番も二、三日おくれるぞ」と鈴木は僚友の田中と吉川に呼び掛ける。だが、田中は「もうたくさんだ！　逃げだせるならまだしも」と顔を歪めて「はき出すようにつぶやいた」。「どうせ一日延びたってどうってこともないぐらいわかっているはずなのに」と、攻撃中止になって、にこにこ笑いながら話している「攻撃隊員の背に小さくつぶやき、空をあおいだり、そわそわと何かにおびえているようにあてもなく歩いたりしていたが、それっきり話すことをやめてしまった」。吉川は吉川で「攻撃中止をすこしも喜んではいない。このごろのふたりは自分の感情を表情に強くあらわすようになった」と鈴木は書いているのである。（同上書七十五頁）

生と死の狭間の中で二十歳前後の若者の自我の不確定性は極度に高まり、彼らの心はもだえ、苦しみ、揺れ動いていた。

「戦争が厳しくなり、隊員が出撃して行くと、食欲不振者が増加したり、些細なことでケンカすることが多くなった」と鈴木は書くのである。「通常の話し合いも急に理屈っぽくなったり、話にも一貫性のなさが目だってきた。この頃の吉川の顔付きは全く表情に乏しく、ことば使いもブッキラボーで、ホーッと溜め息をつくことが多くな

った。今日もぼんやりと愛機の尾翼にもたれていた。全く意気消沈しているという感じとも受け取れる」（同上書七十六頁）

鈴木自身にしてからが「せめて自分の信念だけでも強く持っていたいと思っていても、何もかも、いやになったり、ただ眠りつづけたいというのが、この頃の私の真意かもしれない」と言う。「私達の特攻精神をささえてくれるものは敵への憎悪や敵意でもなく、ただ死を恐れない力にあるようだ」と鈴木は書くのである。必ず死ぬと言う極限の心的状況に置かれた人間にとって、死からの解脱は、敵に対する敵愾心を燃やすことではなく、自我の内部で葛藤する死の恐怖からの絶対的自由を獲得することであった。死の恐怖からの絶対的自由は、しかしながら、死のみによって与えられる。心頭を滅却する無念夢想の境地を鈴木は探し求めていたに違いない。死の恐怖からの解脱を求めようとする時、人間は宗教心を必要とする。だが、当時の日本の軍隊にあったものは、夷狄《いてき》に対する反宗教な敵愾心であった。

〝十死零生〟の状況に置かれた人間、しかも、病膏肓にあって生きる気力を喪失した末期の病人ではなく、生気撥剌とした肉体の中に生そのものが躍動している若者達にとって、死を克服することは生の絶対矛盾であった。こうした心的状況下にある鈴木達にとっては、〝十死零生〟の状況から外在的位相に身を置いている上官からの激励

の言葉は「かえって自分を惨めにする方が多くなった」と言うのである。（同上書七十七頁）

失われた特攻の「大義」

死なない者が死ぬ者に死を強制するために行なう訓示や激励は、死ぬ者の主体的自我を混乱させ、死なない者に対する反発を増幅させる。もし、その戦士に与えられた任務が〃九死一生〃の選択の余地のある場合であれば、問題は別だが、自分が〃十死零生〃の立場に置かれていた者は、上官の言葉や彼らの正体の真贋《しんがん》を本能的に嗅ぎ分けるものなのだ。角田和男が筆者に言ったように「大西（第一航空艦隊司令長官大西瀧治郎中将）さんとか、小田原さん（第一航空艦隊参謀長小田原俊彦大佐）の訓示を聞いている場合は、あ、この人は生きている気はないなと言うことはピンと来ましたが、これが玉井司令（玉井一中佐）や中島飛行長（中島正少佐）の訓示を聞いていてはそれが来なかった」と。

鈴木らに対して上官がどのような激励訓示を与えたのか、鈴木は書いていないが、角田が筆者に言ったように「比島戦」では楠公精神について耳にタコが出来るほど聞かされたが、「沖縄戦」ではそれがなくなっていたと言う。戦局が絶望の色を深めて行った時、訓示する余裕はない」と言われる、特攻が言わば〝ハンド・ツウ・マウス〟の状況となり、最早、特攻の〝大義〟は失われていたのである。村上忠弘がこれも筆者に言ったように「こうなれば死に甲斐がない」と言われる状況が現出していたと言うことである。

「比島戦」と「沖縄戦」では特攻の戦略的意味が違っていた。「比島戦」ではなお〝天王山〟と言われたように勝敗の鍵が日本軍にもある程度存在しているように見えていたが――無論、それは客観的に見て存在していなかったのだが――、「沖縄戦」では誰の目から見ても日本を巡る戦局は完全な破断界に直面し、客観的に見れば、日本に残されていた道は無条件降伏の道しかなかったのである。無論、当時の軍人の思考には無条件降伏などと言う選択は、彼らの頭脳のいかなる部分にも存在していなかったが、日本が破断界に逢着していると言う事実は、誰の目にも明らかであった。であればこそ、不可逆的な事態に身を置いていた日本の戦争指導部は、依然として「統率の外道」を性懲りもなく続行していたのだが、こうした絶望的な作戦が、特攻隊員の心に反映するのは避け難いことであった。しかもその一方で、特攻が普遍化し大量現象化するにつれて、こともあろうに練習機までが駆り出され、また技術的にも練度の低い、そして戦士としても士気の低下した特攻隊員が文字通り駆り集められ、軍紀さえも紊乱《びんらん》していたのである。

荒んだ特攻隊員の心理現象

「沖縄戦」の頃になって特攻の戦略的意義と特攻の大義が失われるにつれて、既に触れたように特攻隊員の中に荒んだ心理現象が現われていた。

例えば、平木國夫は彼の著書の中で、四五年三月のある日、松島基地で特攻待機にあった「第四御盾隊」の隊員の話をつぎのように書いている。

「有山一飛曹らの第四御盾隊は、すしを主体とした航空弁当をもらい、特攻機『銀河』の下で一週間ほど待機させられた。夜、兵舎に帰ると、一同は酒につぐ酒で、深夜まで酒をあび続けた。たとえ疑似志願であっても、志願という形式を踏ませていれば、これほどのことはなかったであろう。しかも第四御盾隊員は、或る日突然、隊長から任意に一方的に抽出された人たちばかりである。酒にまぎらわせるしかすべがない気持であったろう。兵舎の入口に、幅三〇センチ、長さ二メートルの板に、『紅顔攘夷党駐屯之処』と達筆で大書した看板が掲げられた。(中略)『立入無用』を意味するもので、巡検(海軍で就寝時に実施されていた甲板士官による巡回検査――引用者)さえもシャットアウトするという勢いであった。仮に軍紀をふりかざして立ち入る者があれば、おそらく発砲騒ぎが起きたに違いないほど、荒々しい雰囲気であった。殺気立っているといいかえた方がいいかも知れない。自棄酒で眼がすわった連中がとぐろを巻いているだけではなく、みんな実弾のつまった短銃を持っているのだ。隊長でさえおそれをなして近寄れない空気であった」（平木國夫「くれないの翼」泰流社二百〜二百一頁）

「沖縄戦」当時には、特攻隊員の心理が荒んでいたばかりではない。特攻隊員でない人々の心にも、特攻隊員を畏敬の眼差で見たり、彼らに何くれとなく奉仕するどころか、逆に軽蔑の言葉を吐くような現象が一部に見られたようである。特攻が飽和現象となり倦怠現象となっていたのである。鈴木勘次が書いている特攻待機の光景の一齣の中で、ある予備士官と思われる人物に、鈴木と吉川が「たるんどる！　消耗品の屑めが！」と侮辱される場面がある。（鈴木勘次前掲書六十一頁）

この頃、出撃して征く特攻隊員たちの出で立ちには異様なものが見られた。首から大きな数珠をぶら下げている、まるでどこかの荒法師か修験者のような格好の者。胸にマスコットの人形を三つも吊り下げている者。「非理法権天」と黒々とした墨で大書した旗幟をつっ立てている者。「南無八幡大菩薩」と白いペンキで救命胴衣に書き込んだ者等。それは賑々しい死に装束の若者たちの姿であった。「比島戦」当時の出撃風景と比べると「沖縄戦」でのそれは確かに何かが違っていた。死に対する価値観の違いと言ってよかった。「沖縄戦」では死のフォーマリズムとも言うべき形式を踏まなければ死ねなかったのかも知れないと筆者は思う。

自我の衰微

不安定な自我に揺れ動きながら特攻精神を支える死を恐れない力を模索している鈴木勘次。彼はその心象風景を次のように書いている。

「しっかりせい」と鈴木は自分自身の内面に向かって怒鳴ってみたりした。だが、「毎日張り出される搭乗割（出撃の順番を決めたスケジュール表――引用者）、これを想像するだけで深い恐怖感と悲愴感」が彼の胸底に鬱勃と沸き上がった。そして「不安や恐怖におののいている心と、体当たりなんて、こわいものではない」と言うある種の悟性とが、彼の心の中で千々に乱れて格闘していた。「身体はいま苦痛から逃げよう逃げようと考えている」。「脅迫観念」が時と場所を選ぶことなく彼を襲っていた。自分は惨めな格好で墜落するかも知れない。出撃の時、他人は情けなく強張った自分の顔を見て笑うだろう。「こんな考えに最も多く襲われるのは夕方の時刻、宿舎でふとわれに返るときである。昼間は特攻攻撃の訓練で技術が順調に仕上がり、闘志も旺盛になっているが、夕方になるとこの脅迫観念に悩まされ、振りはらおうとしても制止することができない状態になる」（同上書七十七〜七十八頁）

まさにこれが特攻隊員の昼と夜の顔であり、そのどちらもが彼らの本心であった。

その日も鈴木の所属する攻撃四〇六飛行隊に特攻出撃の命令は下らなかった。午後七時、鈴木はペアの田中や吉川と今日もまた重い足取りで宿舎に帰って行く。前を歩いている田中吉川の話し声が聞こえる。「俺は出撃したくないな！」と田中が言った。「ふん、そうか、皆にいうぞ！」と吉川が意地悪く答えている。「皆に？　何をいうのだ」と田中。「貴様が意気地なしだって」。「俺はいつでも出撃するぞ」と嘯《うそぶ》く吉川に田中が「うそだ」と言ったあと、二人の会話はふととぎれる。宿舎への帰途、いつもなら滑走路の辺りで田中は助走をつけトンボ返りを演じて見せるのだが、今日の田中は何故か沈んでいる。田中が吉川に言った。「おい、今から脱外出しよう、いい娘を知っているから、おい」（同上書七十八頁）

今日も依然として特攻待機の日が続いていた。同期の戦友たちの悲報が相次ぎ、鈴木たちのいる基地も敵機の空爆で最早廃墟同然の姿を曝していた。「それにしても特攻待機が長すぎる。重苦しい精神的な圧力のなかで空しい日が過ぎていく」。「特攻という小手先の手段」をもって果たして戦局の頽勢が挽回出来るのか。この頃になって、鈴木自身も今や特攻作戦に対して大きな疑問を持ち始めていた。
懐疑が芽生えると士気は低下し気力も落ちて行く。それもこれも犬死かも知れないと思う、逃れられない死への余りにも長い待機のせいである。「気力の旺盛な時期に出撃していった者は幸せだ」と鈴木は日を追うにつれて萎む自我の衰微について書いている。「勝利への期待が無いに等しい攻撃に、心の動揺」が付き纏い、精神を辛うじて支えている価値観が崩壊し、それが「恐怖に変わってくる。われわれ凡人にはどうせいつかは死ぬ身だと悟り切れるものではない。悶々の日々では、一体どこに生き甲斐を求め、希望の光をみいだしたらよいのだろう。戦の相手は敵か、それとも死の恐怖か、あるいは孤独感か、苦悶するばかりである」と鈴木は何度も繰り返して彼の心の葛藤について書いているのである。
鈴木の目から見た「吉川も田中も、ある時は挑戦的であったり、理性を失い感情的になったりしてうわついていた。ふたりのくったくのない笑顔など、近頃見られなかった」（同上書八十八頁）
「うわつく」と言う表現の中で、鈴木が言いたかったことは主体的な自我の不安定性、あるいは人間の魂があるべき位相を失った時の実存の姿であったに違いない。彼らは既に精神的には失神状態（fainting）にあったと思われる。己の生を己の手で制御出来ない状況に陥った時、人間は存在の中から時間の次元を非自立的に超脱して精神が恰も宇宙遊泳のような状態に置かれるようである。その時、生存の意志の停止と言う自己暗示の中で、人間が見詰めているものは一向に焦点の定まらない生と死の狭間にある茫漠とした光景である。特攻隊員は冷静さを決して失わなかったと言うのは、傍観者の言葉以外のなにものでもないのだ。

三分の一の特攻隊員が特攻を希望していなかった

ところで、「沖縄戦」が戦われ、数多の特攻隊員が沖縄の海域に向かって飛び立ち、そして帰ってこなかった頃の四五年五月下旬、陸軍航空本部は「特攻隊員の取り扱いに適正を期すため」、当時、陸軍特攻のメッカとなっていた知覧基地において「特攻隊員の心理調査」と言われるものを実施していた。この心理調査に当たっていたのは望月衛技師であった。

望月技師の提出していた調査書に関して、航空本部教育部長寺田済一中将は「未ダ推敲ノ余地多ク且意見遽カニ同意シ難キモノ無シトセザルモ特攻部隊指導上ノ参考トシテ裨益スル所尠カラザルモノアルヲ信ジ取敢ズ配布ス」としてこれを関係部隊に配布していた。（生田淳「陸軍航空特別攻撃隊史」ビジネス社二一百九頁）

この調査書に示されていたのはつぎのような驚くべき事実であった。

同調査書はその「要旨」において先ずこう述べているのである。

「特別攻撃隊員ヲシテ欣然其ノ任務ニ就カシメ得ルヤ否ヤハ編成ヨリ出撃ニ至ル間ノ精神指導ノ適否ニ係ルコト極メテ大ナリ　隊員ニシテ攻撃ヲ忌避シ或ハ是レニ臆スル如キ者若干ヲ認ムルモ性格的劣格者タリト認メラルルモノヲ見ズ」。(同上書二百九～二百十頁)

特攻隊員には性格的な劣格者はいないが、しかし、攻撃を忌避したり臆したりする者がいると言う。むしろそれは特攻隊員となった者が正常な人間であったからであろう。

この望月の所見に対して生田淳はこう述べているのである。「攻撃忌避者あるいは攻撃に臆する者が若干あるのは、精神指導の適否に関するところが大きいと述べている」が、「果たして、確実な死を意味する戦法の実行を、精神指導によってよく導き得るものであろうか」と。

ともあれ、望月技師は、特攻隊員の心理分析を表で示した後、その結論としてつぎのように結んでいた。

「之ヲ要スルニ特攻隊編成要員ニ対スル事前ノ精神指導ハ精神指導ノ大本ヲ決スルモ

ノナリ隊員ニ編入セラレテ尚覚悟ノツカザル時ハ「ソノ場ニナリテ何トカ決心」セントシテ之ヲ遷延シ従ツテ直前ノ雰囲気ニ過度ニ敏感トナリ、精神ヲ左右セラレ却ツテ益々決心ヲナスニ甚大ノ努力ヲ要スルニ至ル、現在ノ隊員ニシテ此レニ属スル者約三分ノ一アリトスル観察ハ殆ド正キカ」

この望月の観察に関して生田淳はこう述べているのである。

「要するに、特攻隊員の三分の一は特攻隊員たることを『最初から希望してはいなかった』というのである。それは、今日から冷静に考えれば、納得のいく数字である。また、これを指導する立場の歴戦者の中には、一般の決死的攻撃によっても特攻と同様の戦果を挙げ得るのであり、必死の特攻攻撃は強靭な戦力発揮に害があるとする者、全員特攻というが、ほんとに戦隊長以下全員が特攻となるなら喜んでいくが、特定人員だけというのは納得できないとする心情もあったようである」と。（同上書二百十頁）

しかし、望月技師が指摘し、生田淳が述べているように、隊員の三分の一に相当する人々が特攻隊員となることを希望していなかっただけであろうか。筆者は恐らくもっと多くの人々が、個人の主体的自我を埋没させ、没我を強制して、集団の中に自我を措定させ、これを制約していた日本の軍隊と言う集団の中で、例え特攻志願に両手を挙げて賛成していたとしても、それは本来の意味での自発的な賛意の意志表示であったとは思えないのである。

ともあれ、望月技師はさらにこう述べている。

「編成ヨリ出撃ニ至ル中間期ノ心理ニ関スルモノ（第一項と同様、隊員の心理分析の後）之ヲ要スルニ特攻隊員ヲ命ゼラレタル直後ニ於ケル決心覚悟ニ於テ不徹底ナルモノアリテ『其ノ場ニナリテ何トカセン』トスル者ハ勿論、相当確固タル覚悟ヲ有スモノモ本期間ノ長期ニ及ビ所遇適切ヲ欠キ思ハザル蹉跌ニ遭遇スルトキハ著シク其ノ志気ヲ沮喪シ之ガ為指導ニ重大ナル困難ヲ生ジ或ヒハ抗命等ノ犯罪ヲ惹起スルノ虞アリ（中略）又御説教的精神訓話ハ全ク有害無益ナリ　殊ニ軍人ノ行フモノニ於テ然リ」と。（同上書二百十～二百十一頁）

こうして、望月技師は、特攻隊員の心理を洞察しつつ、ことに、特攻隊の編成から出撃に至る期間の短縮や信仰対象の設定等、鈴木勘次が書いていた事実に関しても指摘（提案）していたと言われ、さらに、つぎのような事実をも指摘していたと言う。

「1（『沖縄戦』の場合——引用者）攻撃基地が内地であるため、敵愾心を生起するのに困難なこと。2確実な戦果を期待し「犬死」を惜しむあまり、諸障害に対する感受性が増大すること。一旦引き返して再出撃する時には更に大きな精神的負担が生じ、ついに志気沮喪する。3少数機での出撃は志気を減退する。そのうえ少数機出撃の場合には見送りも少ないので、ますます志気が挙がらない。4最終決意について、人生最後の重大問題について疑念を持ち、その解決に苦しむ者がある」等。（同上書二百十一頁）

事実、こうした心理状況の下で、四五年五月に入ると、出撃を予定されていた特攻隊員の搭乗機が様々な理由で飛び立たないか、あるいは一旦離陸してもその多くが引き返してくると言ったケースが増大していた。

これは陸軍特攻の場合だが、四五年五月六日に知覧基地で準備されていた三十二機の特攻機のうち、飛び立ったのはその四割程度の十三機であり、五月十一日の場合は、知覧基地及び都城東基地で八十機の特攻機が準備されていたにもかかわらず、戦場に向かったのは半分以下の三十六機に過ぎず、その大部分が基地に引き返していた。（同上書二百、二百二頁）

一方、海軍の場合にも、不本意に特攻を志願し、その結果、特攻出撃を拒否する隊員たちが増えていた。こうした状況の中で、海軍当局は「特攻への参加を希望しないことを正式に申し出たものに対しては、それを強制することをせず、彼らを特攻隊員の名簿から削除していた」と言われる。（奥宮正武「海軍特別攻撃隊」朝日ソノラマ

七十八頁)

運命の出撃

さて、鈴木らにとって余りにも長い特攻待機にもいよいよ終幕が降りる時がやってきた。出撃の日は四五年四月十七日と定められていた。

その前日の四月十六日は、鈴木らのいる出水基地から、同期生たちが配属されていた「第七銀河隊」が出撃する日であった。同期の江藤賢助と榎田重秋らが搭乗していた「銀河」に向かって、突然、彼らを見送っていた吉川功が飛び出して行った。江藤と榎田は機上で微笑んでいた。吉川は二人の乗った「銀河」の翼にまるで両膝を吸い付けたようにして、座席の中に顔を突っ込んでいたが、出撃の時が迫ってきたので、ゆっくりと翼から下り立っていた。だが、吉川の顔を見ていた鈴木は「思わずぞっとするような寒気を覚えた」。吉川の目に宿っていた絶望的な眼差と恐ろしく老け込んだ顔。この日も戦闘機の護衛のない「第七銀河隊」の四機の「銀河」が南の空に向かって〝十死零生〟の旅に飛び立ち、喜界島の百五十五度五十浬の地点において散華していた。明日はわが身。そう思う鈴木の瞼の底に、この日、飛び立って征った同期生の顔がじっと焼き付いていた。「幕切れは近い。今まで死をまぬがれてきたのが不思

議であった」と鈴木は思っていた。彼は遠い昔を思いだし、心が萎えて行くのを感じていた。（鈴木勘次前掲書九十一〜百二頁）

遂に鈴木らの命日と定められた運命の四月十七日がやってきた。

鈴木勘次、吉川功、それに田中茂幸の三人は、命令を受領するため飛行場の指揮所に向かっていた。その途中、田中が急に立ち止まった。彼は表情を失った能面のような顔を鈴木に向け、唐突な言葉を吐き出した。本当にすまんことをした。自分が今までやってこられたのは、鈴木のお陰だと田中は言い、「弱虫だなあ……俺は弱虫なんだよ」と言った。鈴木は田中の言葉を打ち消したが、彼もまた生を終える人生の最期にあって、今まで友として一緒に苦楽を分けてきた田中に対して心の中で頭を下げていた。

指揮所の前に搭乗員たちが集まっていたが、彼らの顔に知った顔はなかった。同期生たちはほとんど死んでいた。鈴木たちは改めて出撃命令を受けた。「全ての死の条件が自動的に設定され」、「特攻待機と人生の道のりに終止符をうつ時が遂にきた」。「命令はこの上もなく崇高なものとして聞くことができた」。鈴木は「今自分のすべきことをはっきり知った。さすがに心に感動を覚えた」（同上書百十八頁）

まさにそれは一瞬ではあったが、勇み立つ戦士の心が死を否定する人間としての存在を超克していた瞬間に他ならなかった。だが、崇高なものへの感動、自らを突き上げてくる使命感の裏側に、つぎの瞬間、またまた生への執着心が疼く。鈴木はそんな自分に「狼狽」し「煩悩」する。この生への執着を彼は「業」と観じ、「見せかけの勇姿に」「嫌悪感」を覚えていた。（同上書百十八～百十九頁）

彼は同期生の中で機長を務めていた。田中と吉川の二人に向かって命令を伝達した。「攻撃目標、喜界ヶ島南方洋上、敵機動部隊うち大型空母。かかれ！」。鈴木、田中、吉川の三人は、滑走路に置かれた「銀河」に向かった。その時の心理の深層にあったある風景を鈴木はこう述べている。飛行場のはずれにある愛機「銀河」は春に立つ陽炎の中でゆらゆらと浮かび上がっていた。「飛行機が遠くにあるのがありがたかった。遠くにあればあるほど地上に長くいられる。田中と吉川が後から駆けて来た。「なにも急がずにゆっくり歩いてくればよいものを」と鈴木は思っていた。不思議なことに、この日の朝、青ざめて考え込み、虚ろな瞳をしていた田中と吉川の相貌が輝いていた。彼らは「はちきれるような愉悦に浸って、総べてを忘却したようだ」と鈴木には思えた。（同上書百十九～百二十頁）

今まで、自分達を縛り付けていた全ての絆からの解放感。自分達だけの「自由な天地」。「陶然たる気分」。最早、彼らに命令を下す者すらいないし、無論、制裁を加える者もいない。死が直ぐそこに見えてはいても、今までの時間単位の生の中で海軍と言う巨大な圧力を持つ万力から解放された瞬間の感情。それにあの長い長い特攻待機での苦しみともだえからの自由。

しかし、ふと、別の、そしてまるで小さな事象が、その時、鈴木の心に引っ掛かっていた。洗濯物はどうなったか。私物や金は一体誰に預けたのか。

出撃して征く「銀河」の周辺に見送りの人々が蝟集していた。鈴木は「豪然と征服者のような誇りをもって歩いていた。（中略）見知らぬ人々からの賞賛と喝采が、爆音をこえて聞こえてきた。笑わないと悪いような気がして、無理に笑いを作ろうとした」。だが、「なかなか口許が綻ばない」（同上書百二十一頁）

この日、出撃を予定されていたのは四機の「銀河」であった。しかし、発進の合図を待つ鈴木らを苛立たせる出来事が起こっていた。編隊で征くはずの僚機のエンジンが始動しないらしい。

「今何時？」

田中が吉川に向かってもう何度も同じ質問を繰り返していた。

「じき九時半」

と吉川。

「いったい、どうなっているんだ」

と田中。

「もしかすると……」

そう言いかけた吉川に、

「中止か？」

と田中が言った。

鈴木と吉川は沈黙。

田中が絶望的な苛立ちを軋《きし》ませて吐き出すように言った。

「くそったれめが！　どうともなれ！」

午前十時十分。指揮所からの発進の合図。

その瞬間、鈴木は後部座席を振り向く。

田中の目がぎょろっと鈴木を睨んだ。

直掩戦闘機もいない単機の出撃。鈴木の心に恐怖が過ぎる。単機では、敵機動部隊のいる戦場に無事到達することが出来るはずはない！（同上書百二十二頁）

八百キロの爆弾を抱えた「銀河」をただ一機、戦場に出撃させても、攻撃の成功する見込みは寸毫もなかったにもかかわらず、しかも指揮官達がそのことを敢えて知りつつ、鈴木たちに出撃命令を下したのである。特攻死そのものが自己目的となったこの手の無謀を極めた〝作戦〟が、この頃、やたらと実施されていたのである。何のための死か。筆者自身今も憤怒を覚える。

フェインティング現象

今更言うまでもなく、爆装攻撃機の搭乗員にとって、直掩戦闘機の護衛は犬死から免れるための不可欠の傘であった。海保博治は、「時宗隊」の出撃に当たって、爆装隊の安田昇少尉、船岡睦雄二飛曹、それに原武貞己飛長らから直掩任務の達川猪和夫中尉と海保自身に「頼みますよ」と言われた時の最後の声と顔を「終生忘れることはできない」とその手記に書いている。(「散る桜残る桜」五百三十七頁)

だが、鈴木らの場合、何度も言うが、彼らの出撃は単機。しかも重い爆弾を抱えての出撃であった。先から触れているように、ここにも「比島戦」と比べての「沖縄戦」の一層暗い絶望的な様相が浮かび上がってくる。

戦場到達までの心的状況の変転。鈴木はそれをつぎのように語っている。

「空恐ろしくなるような静寂が訪れ、孤独、不安が身を覆いはじめた。感覚が麻痺して、下界の美しい風景は次第に単純な色の層に過ぎないように見えてくる」(鈴木勘

次前掲書百二十九頁）

フェインティング現象である。

鈴木は白けた機内の雰囲気を転換しようとして大声で歌を歌う。だが、田中や吉川は一向に唱和せず、機内は一層白けてしまう。「ひしひしと死の実感が胸を締めつけ、不安が生理的に動悸、発汗、尿意となって、身体的変化を伴う不快感を生じてくる。こめかみのなるのが聞こえ、途絶えがちの声がうわずってくる」。（同上書百三十頁）

鈴木がふと気付くと、最初、飛行高度四千メートルで南南西に針路を取り、その後五千メートルにまで上げていた高度が今や九千メートルにも上がっている。「本能的な警戒心がそうさせたのか」と鈴木は書いている。知らず知らずのうちに操縦員である吉川が操縦桿を引いていたのである。今まで鈴木はこんなに高い空を飛んだことがなかった。だが、彼らをそうさせたものは「高度を上へ上へととり、星に近づけば不老不死でいられるかもしれないと思った」からであった。（同上書百三十一頁）

これもまた死を意識の深層に置いての別のフェインティング現象であった。こうした行動は、無論、編隊を組んでいれば許されることではない。単機の出撃がそうさせたのである。

爆装の攻撃隊員が死を意識する余りこうしたフェインティング現象に陥るのは、二、三の例外として片付けることの出来る現象ではなかった。海保博治もまた「時宗隊」の直掩機としてセブ基地に帰った後直ぐ、今度は「梅花隊」の爆装機として出撃を命じられていた四五年十一月十一日のことをこう書いている。

この日、攻撃隊はセブ島北端の海岸線上空を飛び過ぎていたが、その時、針路前方斜め上方に光を放つ曳光弾の弾道が海保らの編隊に向かって発射されているのに気付いた。八機編隊のロッキードP－38による奇襲であった。この時、彼我の距離は既に八百メートルに接近していた。この敵の奇襲を直掩機が気付かなかったばかりか、爆装の一番機も気付いていなかった。

「私も不覚であった」と海保は書いている。いつもの戦闘機乗りとしての自分であったらこの敵の奇襲にもっと早くから気付いていたはずであった。だが、この日の海保は死を目前にした爆装機の搭乗員であった。その事実が海保の精神状態を虚ろにし、彼を「放心状態」に置いていたのである。(「散る桜残る桜」五百四十三頁)

「厳かな儀式の始まり」

戦場到達の直前、鈴木勘次らもまた十五機と見られるグラマン戦闘機に襲撃される。十五機対一機の戦闘。しかも、鈴木らの搭乗していた「銀河」は八百キロの重い爆弾を抱えているのである。上昇しながら反転して来る敵機。右後方から真っ逆様に突入して来るグラマン。そうした中で折悪しくも田中の連射していた機体後方の機関銃が弾丸を噛んで作動しなくなってしまった。「弾が出ん‼　弾がかんだ」と叫ぶ田中の悲痛な叫び声が伝声管を通して聞こえて来る。腔発が起こったのである。前後左右を敵戦闘機に包囲された鈴木の心は千々に乱れ動転していた。鈴木は前方から迫ってきたグラマンを見て思わず目をつむっていたが、その瞬間、血の気が引き、頭が極度に混乱していた。「緊急手段はないものか」と彼は思った。「膝が崩折れそうな失望感が全身にひろがった。急に目標を捨てて逃げ出したい衝動にかられた」。とは言っても所詮逃げ出せる望みなど皆無であった。彼は心の中に一縷の望みを求めてもがいていた。狂った「銀河」は機体を左右に流しながら次第に高度を下げて行った。グラマンとの死闘はなおも続いていた。（鈴木勘次前掲書百三十八〜百三十九頁）

「敵艦はまだか？」と田中が何度も聞いていた。

敵機がばらばらになって編隊も組まずに前方から「銀河」を阻止しようとしていた。と言うことは、空母は近い、と鈴木は思った。と、その時、機体に衝撃が走った。右エンジンがやられたのだ。白煙を吹いている。機体の速度が鈍ってきた。これで敵艦に近付けるのか、と鈴木は思う。高度がどんどんと下がって行く。その時、敵機の発射していた機銃弾が鈴木の顔面に命中した。「鞭でたたかれたような痛み」。鈴木の意識が朦朧としてきた。生温い血が吹き出し、首筋を伝ってマフラーに染み込んでいた。鈴木は、一瞬気を失ったが、敵弾が貫通して破れた風防硝子の割れ目から入ってくる風のお陰で正気を戻していた。全身に悪寒が走っていた。飛行帽の眼鏡レンズの破片が飛行手袋の毛の部分に入り込んでいた。鈴木は吐き気を催し意識が薄れて行く自分を感じていた。「万策つきた」と彼は思った。無感覚となった意識の中で迫って来る敵機の攻撃さえ他人事のように鈴木には思われた。（同上書百四十一頁）

その時、グラマンの編隊はふと鈴木の視界から掻き消されていたが、今度は「色のついた雨のような光が一斉にこちらを向いて流れてきた」

敵の艦艇から発射する激しい火箭であった。「いたぞ！」。鈴木は心の中で叫んだ。被弾して黒煙が纏わりついていた機体はぐらぐらと揺れていた。「来たぞ！」と鈴木は捜し求めていた目標を視界に捕らえながら、田中と吉川に向かって言ったが、二人の返事はなかった。高度計の針は零メートルを指していた。鈴木は朦朧とした瞳孔の中に目標を捕らえていた。「右三度」。鈴木は吉川に指示した。出血が激しくなっていたが、痛みはなかった。意識が薄らぎひどい睡魔が襲ってきた。「気を失いかけているのか、それとも命の火が消えようとしているのか」と鈴木は思った。目標への体当たりに意識を集中していたが、同時に恐るべき恐怖が鈴木の五体を包んでいた。後部座席から言葉にならない呻きとも叫びともつかない声が伝わってきた。その声が田中の声なのか、吉川の声なのかは判然としない。鈴木の目に大きな目標が写っていたが、その肝腎の姿は茫漠としていた。「目標、右空母」と鈴木は叫んだつもりだったが、その言葉が声になったかどうかは自分でも判らなかった。吉川は生きていた。「銀河」はゆっくりと旋回していた。機を目がけて発射される弾幕の中に大きな影が見えた。「幻覚なのか?」と鈴木は思った。(同上書百四十二頁)

最後の瞬間を鈴木はこう書いている。

「『ヨーソロ』やっと目標をとらえた。苦しい行程であった。ほんとうに長い行程であった」。興奮も敵意もない。「海に浮かんだ物体」。それが鈴木の感じた「うつろ」な敵〝空母〟の姿であった。この時、鈴木に「考えていたほどの恐怖」はなかった。「やっと肩の荷がおりた、と思った。もうこれ以上は嫌だ。でも間に合った。これでいいのだ。もう死んでもいいのだ。絶好の角度、厳かな儀式の始まりだ。上下四方、ことごとく冷え冷えとして、青白がかった膜でおおわれている。使命は果たした。自分の戦争は終わったのだ。疲れた。安堵の気持の奥に、焦点のぼやけた茫漠とした表現のない死が、いつか見たことのあるような空間で待っている。『そのまま つっこめ!

勝ったぞ！』」。その最後の瞬間に「安堵の心があった」と。（同上書百四十三〜百四十四頁）

文字通りの奇跡的な出来事によって鈴木は一人生き残る。鈴木らの搭乗していた「銀河」は——アメリカ側の史料によると——グラマン戦闘機に撃墜されたのである。漂流していた鈴木はアメリカの駆逐艦によって救出されていたのである。だが、この事実に関しては、鈴木は何故か書いていない。

ともあれ、上述の文章は、鈴木がその時以後、三十数年後になって書いたものである。鈴木の著書は一九七七年（昭和五十二年）四月に初版が刊行されている。死の瞬間の人間の心について、鈴木が仮に、後日、何らかの形でモディフィケーションを加えたとしても、この記録の中には、それを経験したことのある者にしか書けない人間的真実が語られている。「そのまままつっこめ！　勝ったぞ！」と彼が書いたのは、最後の難関に敵戦闘機を振り切って、目指す敵〝空母〟に突入することが出来たと信じた自分に対する勝利。つまり、特攻志願からあの長い長い特攻待機を経て、生と死の狭間の中で苦しみもだえながら目的を達した自分に対する勝利を鈴木は敵に対する勝利以上に感じていたに違いない。この瞬間の彼は、紛れもなく偉大な人間であったと同時に偉大な戦士であった。

「数分前の一対十五の空中戦と比べ、刻々と拡大してくる空母の横腹を見て気持はむしろ気楽になっていた。また嬉しくもあった。この嬉しさは訓練の成果が実る誇りであったのだろう。空母との距離が更に縮まったとき、花火のような弾幕も、死の恐怖も、使命も、もうその意味の判別は、つかなかった。陶然として意識が消えていくなかに、空母の土手っ腹に赤灼けた鋼鉄の部分がただ印象的に見えた」と言うのが、突入寸前の鈴木の描写である。(同上書百五十二頁)

鈴木らの乗っていた「銀河」は、恐らくこの瞬間に撃墜されたのであろう。ベルナール・ミローが書いているように、爆装隊員たちは「自爆の最後の最後の一瞬まで、正常な意識や正しいねらいが果たして保ちつづけられるものかどうかという心配」を持っていた。そして「この気づかいが、すでに決意を固めていたパイロットたちの心を、一再ならずかげらせていた」と言うのは事実であった。だが、関行男大尉らの「敷島隊」に始まる特攻隊員の多くがそうであったように、彼らは突入の瞬間まではっきりと全てを知覚し意識していたのである。もっとも、特攻隊員たちは「自分の身を肉弾と化すことに恐怖は感じていなかった」と言うミローの言葉は、事実に関しての正確な表現ではない。既に筆者が書いてきたように、特攻隊員たちは、特攻に志願したその瞬間から、生と死の狭間の中で揺り動き苦しみ抜いて死んで逝ったのである。戦士は戦士である前に人間である、と筆者は書いた。生と死の狭間の位相に身を置いている時、日本の若者たちもまた死の恐怖の前にのたうち回っていたのである。だが、最後の最後の瞬間と言われるものがやって来た時、彼らの中の一体何者が、鈴木の書いたような陶然とした意識を起こさせたのか。この凄まじい絶対矛盾を止揚したものが、少なくとも日本の宗教でなかったことだけは事実である。

特攻とは一体何であったのか。

「想像を絶する精神的苦痛と動揺を乗り越えて目標に達した人間が、われわれの中にいたのである」と大岡昇平は、彼の著書「レイテ戦記」の中で書いている。「これは当時の指導者の愚劣と腐敗とはなんの関係もないことである。今日では全く消滅してしまった強い意志が、あの荒廃の中から生まれる余地があったことが、われわれの希望でなければならない」と。

特別攻撃隊員として散華した若者たちの数三千数百名。戦後五十余年を経た今日の日本の、平和で〝豊かな社会〟に住むわれわれの耳の奥底に、日本の〝地の塩〟たらんとして死んで逝った彼らの思い呟きが、今も聞こえるようである。

エピローグ　マバラカットにて

森羅万象となりて

ところで、〝わだつみの声〟など、若者たちの心底の一片を伝える遺書や遺稿や日記は、その当時、予備学生として戦場に狩り出された知識人としての彼らにして始めて書き残し得たものではあったが、この〝わだつみの声〟にものらない、多くの若者たちの残した遺書の中に、彼らが、親兄弟や恋人たちに伝えたかったかも知れない人間的真実を発見することは必ずしも容易ではない。こうした事実は、ことに、当時、年端もいかなかった少年飛行兵たちの〝遺書〟に多い。彼らは、予備学生出身の青年達が自らの内面を文章にして表現する術を心得ていたのに比べて、そうすることの出来る術をまだ身につけることが出来ないほど余りにも純真無垢な少年たちであった。

純真無垢と言うのは、煩悩がなく清浄であったと言う宗教的意味からではなく、依然、年齢的に大人になり切ってはいなかったと言う意味においてである。そうした彼らが、一体〝特攻死〟をどのように受け止めたのか、何を思って死んでゆけたのかと言った問題は、少し大袈裟に言えば、日本民族の心的構造の根源にかかわる問題であると、今も筆者には思える。

「比島戦」当時、わずか十九歳。その二十歳にもとどかぬ身で、フィリピンの戦場に散華した一人の少年飛行兵（第十期甲種飛行予科練習生出身）が、検閲を避け他人に託して家族に書き送っていたと言う一首の歌がある。年端もゆかぬ少年にしてなお抑制しなければならなかった悲痛な心情を昇華させたものとして、筆者は、この歌を思い起こす度に眼底に鋭く疼くものを覚えるのである。

〝みんなみの雲染む果に散らんとも、くにの野花とわれは咲きたし〟

そううたったのは、予科練出身の高崎文雄であった。高崎は特攻隊員ではなかった。しかし、彼は、四四年十月二十二日、マバラカットに展開していた二〇一空の隊員としてフィリピン南方海面の敵機動部隊攻撃に出撃の際、僚友に体当たりの決意を語り、その友の見守る中で敵艦に体当たりして散華したのである。この若者は死んで後も故郷の宮崎へ帰りたかった。死んでしまう以上、彼は、無論、生身の人間として帰れないことを素朴に承知していた。だが、せめて、家族や友人のいる故郷の、自分が幼い頃かつて遊んだ、あの野原で、大きく目立った花としてではなく、ただ小さな一輪の野の花として返り咲きたい、と願ったのである。フィリピンにおける絶望の戦局の中で、春秋に富む自らの未来に、最早、なにものをも期待することが出来ないことを、一人の戦闘者として悟っていたこの少年の、それは、ささやかな、しかし分外の望みとも言うべき悲しい僥覬《ぎょうき》であり、重い呟きであった。

事実、高崎らは散華し最早この世にはいない。だが、散華した若者たちの姿は、今も、生きている肉親や友人たちの心の中に時に異形の形象となって現われる。

以下は、笠井智一から聞いた話である。

既に述べた通り、四四年十月二十五日、「神風特別攻撃隊」の嚆矢《こうし》として、レイテ島タクロバン沖八十五度三十五浬に敵空母群を発見。〃十死零生〃の体当たり攻撃によって大きな戦果を挙げ、史上最初の特攻隊として喧伝された「敷島隊」の中に、笠井智一と同じクラスの谷暢夫と言う隊員がいる。谷が散華してから三十数年近くたって、当時、二〇一空にいて生き残った人々や、あるいは死んだ人々の家族が、マバラカットを経由してタクロバンを訪れたことがある。この鎮魂の旅に、その時、七十四歳の谷暢夫の母も加わっていた。老婆は、タクロバンの海に向かってちょこちょこと危なげな足取りで駆けて行き、腕に抱えた花束を海辺にポーンと投げたのだ。と、その時、白い大きな波が打ち寄せ、老婆の膝のあたりにそのしぶきがかかった。「ああ、暢夫が来た！」と老婆は思わず言ったと言う。白い波を死んだ息子の霊魂と信じる母。かつて遠い異郷の地に散華《げ》した若者たちは、この時、母の心の中に森羅万象に身を変《へん》化して生き続けていると言うことを、この悲しい事実が伝えているのだ。余りにも深い傷痕の黙示録である。

特攻の碑

一九七六年六月、マニラ湾頭を眺めながら、ふと、現実に返った私は、その時、側にいたマニラ駐在員のＩ君に尋ねた。

「クラーク・フィールドの基地群はどうなっているの、今」

基地群と聞いて、Ｉ君は怪訝な顔をした。

「基地って飛行場のことですか。あれは今米軍が使っているそうですよ。そう言えば、あそこに戦時中特攻隊の基地があったそうですね。なんでも二、三年前、特攻の記念碑が建てられたとか言う話で……」

特攻の記念碑？　私はＩ君の話に軽い疑念を覚えた。反日感情が、依然として、その時も深部にわだかまっているこの国にこともあろうに特攻の記念碑が……。

それは、前日のことであった。マニラの街角で、一人の若いフィリピン人が、突然、私たちの側へ寄ってきて不確かな英語でこう言ったのである。

「これ、ヤマシタの軍票。十枚千円で買い戻してくれ」

ヤマシタ。太平洋戦争中の「比島戦」当時、第十四方面軍司令官としてこの地にいた山下奉文大将の名は、今もこの国の人々の感情の深層に日本人に対する憎悪の象徴として残っているのだ。軍票はいらない、と私が拒むと、そのフィリピン人の若者は、低いが、しかし鋭い声で、「ジャップ！」と言って、私たちの前を立ち去って行った。

翌日、台風が逸《そ》れたとは言え、依然として昏《くら》い密雲が頭上を押さえつけるように覆い被さり、時折雨が叩きつけるように降るマニラ市街を車で通り抜けて、私たちは特攻の記念碑が二年前に建てられたと言うマバラカットの町に向かった。

マニラからマバラカットへの道。

第一航空艦隊司令長官大西瀧治郎中将と言う、余りにも不吉な運命の星に導かれた一人の日本人が、「決死隊」をつくりに行ったその日から、ほぼ三十二年の歳月が過ぎ去っていた、かつての〝カサンドラ・クロス〟に向かって、私たちは、その日、車を走らせていた。マニラ市から北へ約七十キロ。リンガエン街道を一路北上して、ほぼ二時間半ばかり行ったところに、東南アジア特有の、ひどく人通りの多い、ごみごみした小さな町があった。そこが私達の目指すマバラカットであった。

今や、クラーク・フィールド航空基地群に進駐しているアメリカ軍の慰安の町と化していたマバラカットで、私達が見たものは腕を組んで歩いているアメリカ兵とフィリピン娘の、なにかぎこちなく作られた姿であり、一群の安っぽいバアの立ち並ぶ心情の荒廃した基地特有の光景であった。バアの中には〝BANZAI〟と書かれたふざけた名の看板を掲げた店もあった。かつての特攻基地の体当たりと関連した〝バンザイ突撃〟を軽い意味で揶揄したものと思われるその〝BANZAI〟バアに私は苦笑を覚えた。だが、それはともかく、この小さな町に、不似合いな立派なスーパー・マーケットがあったのにはいささか想像を超える光景であった。と言うのも、かつてこの辺りにあったのは、床の高い竹木で拵えられたニッパー・ハウスと呼ばれる粗末なフィリピン人の民家ばかりであったからだ。

私たちは、町の派出所で特攻の碑が何処にあるのかを尋ねた。警官の一人が親切にもわざわざバイクで先導してやろうと言う。私たちは、それを丁重に断り、場所を聞いて車を進めた。警官が先導してやろうと言ったのはチップ目当てでもあろうが、いずれにせよ、〝カミカゼ特攻〟の記念碑がマバラカット町の一つの名所旧跡となっていることは紛れもない事実であった。

マバラカットの特攻の碑は、リンガエン街道に沿うて町の中心部から二キロばかり離れた街道の東側にあった。碑が建っていたのは、かつてのマバラカット西飛行場の旧隊門付近らしかった。街道から横手に入った碑までの距離は十メートルばかり。入口には、赤いペンキで塗られた竹製の鳥居が建てられていた。

その辺一帯には、最早、三十数年前の基地の姿はなく、かつての古戦場には、一面の渺々たる青い砂糖きびが風に波打っていた。昔のよすがと言えば、僅かに草むした掩体壕らしきものが一つ眼に入っただけである。街道の入口から眺める表象経験は、白居易の詩に歌われた「往時渺茫都《すべ》て夢に似たり」と言った感があった。私たちは、静かに碑に向かって歩を進めた。一歩一歩、私の心中に何故か緊張感が高まってきた。歩の近づくに従って丁度凸型をなした碑が迫ってきた。凸型の両側面の向かって左にはフィリピンの国旗、右には日本の国旗がペンキで描かれている。三メートル程の高さの凸型の碑の真ん中の上方にペンキで書かれた白々とした日本文字が眼に飛び込んできた。

「第二次大戦に於て日本神風特別攻撃隊機が最初に飛立った飛行場」

その文字が眼に入った瞬間、電光に似たものが鋭く脳裏に走った。高適の詩にある

「悲風千里より来たる」感と言ってよかった。私は、思わず碑に向かって合掌したのを今も覚えている。劉長卿の詩に仮託して言えば、「空しく留む一片の石、万古マバラカット（燕山）に在り」と言った感慨が去来するのであった。

太平洋戦争が終わって、特攻が日本人にとってさえ、侮蔑の対象となり、特攻と言えば、無謀、無思慮、非人間的、そして、空しい自殺などの否定的価値として見られていた頃、私もまた激しく時代を洗った〝新しい波〟の中で、複雑な感情に駆られたのは正直言って事実であった。だが、マバラカットで特攻の碑を見た時、私の脳裡に電光のようなものが走り思わず合掌したのは何故なのか。私をして合掌せしめたもの。それは、「純粋経験」と呼ばれるものの、内なる作用であったのか。いずれにせよ、私たちの世代に共通の、そして、他の世代には決して理解されることのない「一片の石」としてのあの壮絶な青春の原点が呼び起こす「経験」であったに違いない。

ところで、このマバラカットの特攻の碑を建立したのは、無論、日本人ではない。フィリピンの〝カミカゼ記念協会〟、マバラカット町及び町民、観光局並びにアンヘルス市土木局などのフィリピン人である。今は、砂糖きび畑となっている土地の一角を記念碑建立のために提供したのも一人のフィリピン人であったと言われている。建立作業の際、マバラカット町長自らセメントをねり、ブロックを積み上げる作業までしたと言う。

この国の人々の胸底深く、依然としてしまい込まれ、何かのきっかけでいつ露呈するかも知れない反日感情と、この特攻の碑との関係をどう理解してよいのか。私は、実のところその解答を捜し出すのに窮した。だが、この解答はフィリピンの画家であり、歴史協会のメンバーであると言われるダニエル・H・ディソン氏によって与えられた。彼は、猪口力平・中島正の「神風特別攻撃隊」（英語版）を読み、その感想を一九七〇年一月三十日付の猪口宛書簡の中でつぎのように述べていると言う。

「私はこの書を熟読し、祖国愛にもえて散華した、これら若い特攻隊員に思いをはせるとき、感激の涙を禁じえなかった。彼らは永遠に記憶され、尊敬さるべきであると確信する。いまなお、冷たい海の墓場に眠っている、これら勇士たちの霊をとむらう私の微意を具現するため、まず最初に、一九四四年十月二十日、大西提督が特別攻撃隊の編成を命じた神風特別攻撃隊発祥の地に標識をたてたいと思う。さらに、できれば、この地にささやかな記念館を建設し、これら勇士たちの写真をはじめ、特別攻撃隊戦闘の写真や絵画などを展示したい……」

ディソン氏の念願は、特攻の記念館を建てることであったが、いずれにせよ、そうまでしてかつての敵国人を顕彰しようとする彼の動機は、上述の書簡に示されたような祖国愛に対する国境を越えた普遍的な尊敬の念であると同時に、死の自覚とそれに伴なう苦悩の中に長い時間を人間として耐えることの出来た超越的使命感に対する鑽《さん》仰《ぎょう》の念であった。ディソン氏は、同年八月二十四日付の同じく猪口力平宛の書簡の中でつぎのように認めているのである。

「この歴史的な聖堂は、政治的な親善関係に資するものではなく、烈々たる祖国愛にもえ敢然として身命を国家にささげたすべての民族の人を、永遠に記憶にとどめるためである。神風特別攻撃隊員の偉大さは、特攻隊員として志願し採用されたときから、その後の幾月もの訓練期間を通じて、彼らがその終局の使命は明かに死への突入であると自覚していたことである。これら特攻隊員が、その長い訓練期間にしめした冷静さと熱意を最後まで堅持したことが、彼らを非凡の人間としたのである。それは凡人にとっては、さけることのできない精神的な苦痛であった……」と。（実松譲「日本海軍英傑伝」光人社二百二十五～二百二十六頁）

特攻とは一体なんであったのか。マバラカットの「空しく留む一片の石」に向かいながら私は思った。「純粋経験」によってではなく、あくまで自らの「知覚経験」によって、この特攻と言う、言わば人類史的非業とも言える問題に、改めて光を当てねばならないと。

最初の神風特攻隊が、死に向かってフィリピンの大地を蹴ってから、既に半世紀の歳月が過ぎた。

戦後五十余年のその歳月の中で、革命も、クーデターも、戦争も経験したことのない日本は、戦後、打ち立てた〝経済成長至上主義〟という新たなパラダイムの下で、経済大国と言われる繁栄を謳歌してきた。しかし、そのパラダイムがもたらした〝バブル経済〟の果ての様々な行為を巡る規範の壊乱と精神の気高さの衰亡の中で、かつて、千々に乱れた心を振り切り、日の本の末に思いをはせつつ最後には凛然として、積乱雲の峰を越え、殉難の阿修羅となって、無辺の彼方にかき消されていった日本の若者たちの非業の死を、私たちの世代は語り継がねばならないのである。

文庫版のあとがき　――特攻と現代の若者

本書は、一九九二年六月一日に刊行された文藝春秋社版『特攻――外道の統率と人間の条件』の一部を手直しした文庫版である。

筆者が、この本を書いた動機は、有史以来、幾度となく戦われてきた古今東西にわたるあらゆる戦争を通じて、前代未聞の集団的組織的な「自殺攻撃」と西欧の人々のいう特攻攻撃を作戦として発想し、強行した、かつての日本の戦争指導部の窮鼠猫《きゅうそ》を噛む作戦指導、その作戦指導の下で日本的「没我」のメンタリティーの中に埋没され、散華した二十歳前後の兵士たちの驚くべき所業を後世に伝えるためであった。

むろん、戦後、特攻に関する数多の著書が国の内外で発刊されているが、筆者がこの本の中で照射しようとしたのは、特攻攻撃を命令する側に立っていた一部の元職業軍人の記録する特攻をめぐっての自己贖罪を秘めた「美談」ではない。この集団的組織的自殺攻撃がこともあろうに何故《なぜ》太平洋戦争末期の日本の昭和史に登場したのか、さらには特攻を命じる者と命じられる者の言語に絶したそのあまりにも凄絶な人間の条件をめぐるドラマとまた皇国教育のパラダイムに支配され、〝十死零生〟の戦いに生命を賭した当時の日本人とは何であったのかを改めて問うことにあった。

文藝春秋社版の拙著をめぐって、少なからぬ書評や外国（アメリカ）での翻訳や多数の読者からのお手紙をいただいたという事実が示すように、本書に多くの注目と関心が示されたことは、望外のことであった。

しかし、筆者が、事の当初から気にかけていたのは、果たしてこのような本が、戦後日本の新しいパラダイムとして登場した経済成長至上主義という物質偏重主義の中で、一方では閉塞感に陥りながらも、他方では安穏《あんのん》な生活に馴致《じゅんち》された現代の若者に読まれる機会や動機があるのかという大きな疑問だった。

ところがここ一年、京都のある大学で心理学の参考文献として本書が使われ、特攻隊員とまさに同世代の多くの学生が真摯に本書を読んで認めた感想文は、筆者にとってもまさに予想外の内容といってよかった。

　七百人に及ぶ学生たちが認めた感想文には、未分化な意識の下での誤読、歴史的な異質の時代のパラダイムに規定された事実誤認、誤解、間違った見解などが表明されているのは、むろん当然のことといえる。だが、それにしても戦争の悲劇を体験したことのない彼らが、戦後五十余年の歴史的現実の中で、彼らなりの深刻な所見を披瀝してくれたことは、むしろ驚くべきことであった。

　感想文を提出したほとんどすべての学生が、それ以前には、特攻に関して関心も興味もなかったと書いているのは、これもまた、戦後教育の下で教育を受けた日本の若者たちにとって至極当然のことである。だが、一旦、本書を読んだ彼らが、ひどい戸惑いの中で、特攻という歴史的現実の理解をめぐって一定の知的挑戦を挑んだことは、筆者に深い印象を残した。

　読後記述されたキーワードの中には、「理解し難い歴史」「無謀を極めた作戦」「皇国教育の歪み」「情報の欠如」「国家至上主義に圧殺された個人の命」「日本人による日本人に対しての殺人」「自我を滅却する集団我の優位」「皇国教育によるマインド・コントロールと洗脳」「日本軍の恐ろしさ」「戦争に負けてよかった」などが記される一方、「特攻隊員の純粋さとひたむきさに対する感動」などが語られている。

　以下、彼らの所見の一部（大要）を抜粋して見よう。

――「私が一番感じたことは」、とある男子学生（T・O）は書いている。「現代の青年たちと五十年前の青年たちとでは、『生』に対する考え方がまるで違うと思った。私が生きている『飽食の時代』では、『生』とは、漠然とした、ただなんとなく存在し、また当然在るべきものだと考えている。しかし、五十年前の青年たちが考える『生』とは、『死』を前提とし、その中で『生』を見据えていくという姿勢が感じられる。特攻という絶対死に身をおきながらも『生』への執着にあくまで固執していると思われた文書を読んでいると、自分の生き方自体が虚弱に見えて自分の愚かさを改めて認識させられた」と。

――「人は夜眠りに就き、朝起きると、生きている時間が確実に減っている。死ぬ日が着実に近付いているのだ」、とある男子学生（S・I）は書いている。「そう考えると、死をとても身近に感じて怖くなる。そして時間がとても惜しく感じられる。また生きていることが無意味に思えて気が狂いそうになってしまう。しかし、死ぬ日がいつなのか分からないから、そんなに深く考えることなく日々を暮らしている。もし、その日が分かっていたらどんな精神状態になるだろうか。特攻隊はまさにそれである。しかし、（僕は）彼らは死にたがっていた（中略）、国のために死ぬことが最高の名誉であり、尊敬されるべき行為であったからだと、そう、今まで思っていた。しかし、

『特攻』を読んで、実際には違っていたことを知って非常に驚いた。三分の一もの特攻隊員たちが、特攻を希望していなかったことに驚きはしたが、これは、よく考えると当たり前のことである。いくら軍部によって洗脳されていたにしても、人間として自ら死へと向かう行為はいくらなんでも異常である。希望していなかったのに、それに逆らえぬ社会の風潮。何と恐ろしい時代であったのだろう。

（さらに地下鉄サリン事件などを指摘しつつ）最近、日本では、人の命がかるく扱われているような気がする。ここでもう一度、人の命の尊さを再認識する必要があるのではないだろうか。それと同時に、戦争中、日本軍がしたことを明らかにし、二度と戦争が起こらぬようにするのが、二十一世紀を担ってゆく我々の使命ではなかろうか」と。

——「その当時の日本における死生観というものに美学を感じたベルナール・ミロ一のような人物がいたということも納得できるような気がする」、とある男子学生（Y・N）は書いている。「このことは決して、特攻作戦が良かったといっているのではない。大学に入学して、三ヵ月がたった今、自分は、はっきりした信念を持って行動できていない。ただ、毎日、同じような生活をくり返し、未来への夢も持てていないし、何かに打ち込んでもいない。自分ではこのままではいけないと思いつつ、思うだけに終わってしまっている。時には、情けない事に、それは自分が悪いのではないとか、別にこのままでもいいと思ってしまうことさえある。そんな時、何か自分を支えていける信念を持ちたいと思う。

（現代の閉塞社会からどう抜け出すのか）この学生は、続けてこう書いている。「そんな自分だから、その当時の青年たちの死をも恐れない強い信念がうらやましく思えてしまうのかも知れない。でも、どんなに強い信念を持っていても、確実な死しか待っていない将来。どんな希望を持っても、決してかなうことのない夢。そんな中に、今の自分が立たされた時、どんな行動をとり、どんな心理状態におかれるのだろうか。（現代の日本で、このような状態におかれることはまずなく）自分はすごく恵まれ、自由である。だから、これから生きて行く上で何とかして自分の誇れる間違いのない信念を持って、戦争当時の青年たちの強い信念に負けないように、自らを高めていきたいと思う」と。

――（〝みんなみの雲染む果てに散らんとも　くにの野花とわれは咲きたし〟と詠んで散華した高崎文雄のうたを引用しつつ）ある女子学生（M・K）は、こう書いている。

「私は、これを読んだ時、祖父の弟さんの話を思い出しました。叔父さんは、体に傷を負い、戦地で手術をすれば治るはずでしたが、手術は、爆撃のため、何度も中断し、結局、手遅れとなり、亡くなりました。ちょうどその時間、祖父の家の屋根あたりに、火の玉（鬼火）が現われたそうです。向かいの家の人がそれを見て、『よっぽど家に帰りたかったんやなあ』といっていたそうです。自分の大事な人を残して死ぬことは、どんなに心残りでくやしいことだろう。喜びも悲しみも、生きているからこそ経験できるものだ。生きるということはすごいことだ。自分の人生を大切にしたい」と。

――最後に、これも高崎文雄のうたに触れつつ、ある男子学生（S・I）は、こう書いている。「戦後五十年を過ぎ、戦争を知らない日本は経済大国として繁栄しているが、決して、いつまでも、この特攻隊の若者の死を人々の記憶から消してはいけないと思った。同じ若者として、僕は、彼らを尊敬する」と。

以上、特攻について初めてある程度の子細に触れた現代日本の若者の反応のごく一部を紹介した。その内容から彼らの心をどう判断するかは、読者諸氏のご判断に委ねるが、『特攻』を書いた当の筆者としては、彼らが受けた衝撃の反応は、繰り返していうが、むしろ予想外のことであり、おざなりの歴史教育ではなく、事実を事実として、歴史を歴史として、繰り返し照射することの重要性を改めて認識させられたものである。

さて、最後にこのような事実を明察され、特別のご配慮をもって本書の出版にご尽力いただいた株式会社潮書房／光人社常務取締役出版部長牛嶋義勝氏および煩雑な編集の仕事にたずさわっていただいた出版製作部の藤井利郎氏に対し、心からの感謝の意を表明する次第である。

一九九八年春

筆者

解説

吉野泰貴

特攻。

特別攻撃を略したその言葉は、太平洋戦争において、陸、海、空で繰り広げられたいわゆる体当たり攻撃を指す言葉として、平成を経て令和となった今も定着している。

古来から連綿と繰り広げられた合戦において、彼我の兵力的格差を埋めるための犠牲的戦闘や決死隊の投入、勝ち目のない戦いでありながら武人としての名を残すための突撃などは、洋の東西を問わずに展開されてきた。

だが、太平洋戦争において日本陸海軍によって行なわれたさまざまな特攻作戦は、そうした戦いとは異質なものといえる。

例えば航空機による特攻は、爆弾を投下せずに自機ごと敵の艦船に体当たりする、そうすれば必ず爆弾は命中するといった考え、人間魚雷「回天」による特攻は、搭乗員が魚雷の誘導装置になることにより、敵艦艇がいかに回避をしたとしても修正して命中させる、という考えであり、いずれも搭乗員が死ぬことで任務を達成することになる。それは九死一生の決死攻撃ではなく、十死零生と揶揄された必死攻撃であった。

そしてこの考えは、太平洋戦争の後期になって突然生まれたものではなく、太平洋戦争前半の海戦においてでさえ、味方の空母への急降下爆撃態勢に入った敵の艦上爆撃機に体当たりして危急を救った例（体当たりした搭乗員は戦死）、逆に、敵空母攻撃で、急降下爆撃中に被弾した味方の艦上爆撃機がそのまま敵空母に体当たりした例などがあったが、いずれも、もはやこれまでと瞬時の判断で体当たりを敢行したものだ。

そういった意味で、組織的、かつ事前に死が決められた特攻という戦い方は異様な戦術であり、これまでにも多くの著名な作家やジャーナリストが特攻隊員の心情に迫る、あるいはそのいくらかでも理解しようとして題材に選ばれ、著述されてきたのだが、戦後八十年が見えてきた現在においてもなお、明確な答えがなく迷走しているといえる。

本書は、そんな難しいテーマに挑戦した一冊なのである。

さて、ここで少し、著者の森本氏が本書の冒頭で触れた「一九四四年十二月初旬のある日」「中支江南の海軍航空隊基地」で偶然に居合わせることとなった神武特別攻撃隊について補足しておきたい。

昭和十九年六月のマリアナ沖海戦に敗北した日本海軍は、第二航空戦隊を解隊し、その搭載航空隊であった第六五二海軍航空隊も解隊、その人員を第六〇一海軍航空隊と第六五三海軍航空隊に振り分け、機動艦隊の急速再建を試みた。その際、空母の損失がなかった第三航空戦隊搭載航空隊の六五三空の再建を最優先とし、第一航空戦隊搭載航空隊の六〇一空の再建はこの後に続くこととされた。

同年十月に台湾沖航空戦が生起すると六五三空の麾下飛行隊（マリアナ沖海戦後、特設飛行隊制に移行）が主力となって出動、ついで捷一号作戦が発動されると第三航空戦隊と六五三空の残留兵力、六〇一空の一部がこれに加わってレイテ沖海戦を戦い、消耗する。そして、六五三空の残存兵力は十一月十五日付けでフィリピンへの補充兵力のK攻撃部隊（六〇一空の兵力も一部含む）となって解隊された。同時に第一機動艦隊が解隊され、第三航空戦隊も解隊される。

これにより、第三艦隊は第一航空戦隊と六〇一空を主体として再建を図ることになるのだが、フィリピン決戦における神風特別攻撃隊の奮戦ぶりを見た聯合艦隊司令部は十一月十二日、戦闘爆撃機二機（特攻）、戦闘機二機（直掩）、艦上爆撃機一機（誘導）をもって一隊とする特攻隊六隊の編成準備を第一航空戦隊に指示し、これを龍鳳級空母一隻に搭載して作戦させることを考えた。

これが神武特別攻撃隊の源流で、紆余曲折して十二月八日には「天城」と「雲龍」の二隻の空母に偵察隊（「彗星」、「天山」計二十一機）、制空隊（「零戦」約六十機）を併せて搭載、秋月型駆逐艦四隻をつけた編成で、フィリピン東方沖の敵機動部隊か、レイテ方面の敵艦船攻撃を行なう、昭和二十年一月中旬以降作戦可能の見込みと第一航空戦隊は聯合艦隊司令部に意見具申した。

しかし、フィリピンでは一刻も早い増援を必要としており、空母特攻部隊の訓練概成を待っていられる状況ではなく、十二月十二日、聯合艦隊司令部は「神武特別攻撃隊は十二月十五日に松山基地を発、フィリピンに進出し、第一聯合基地航空部隊（第一航空艦隊と第二航空艦隊で部署されたもの）指揮官の指揮下へ入れる」よう、第一航空戦隊に電令した。

こうして神武特別攻撃隊は十二月十八日に松山基地を発し、上海を経て二十日に誘導の「彗星」七機、「零戦」二十七機が台中基地に到着。翌二十一日にフィリピンへ進出し、第二〇一海軍航空隊に編入された。森本氏が目撃し、搭乗員たちの振る舞いに感銘を受けたのは上海戊基地に立ち寄った際のものだった。

この時、特攻指定の航空隊となっていた二〇一空は、以前からいた隊員と、十一月下旬に台湾へ集結して順次フィリピンに進出してきた練習航空隊特攻隊（戦闘機の実用機教程を担当していた筑波海軍航空隊、神ノ池海軍航空隊、大村海軍航空隊、元山海軍航空隊、台南海軍航空隊、高雄海軍航空隊の教官教員で編成された、約百二十名からなる大兵力）の人員とで編成した特攻隊を出撃させていた。

これが十二月十一日に第一金剛隊として出撃した特攻隊であり、神武特別攻撃隊としてフィリピンにやってきた隊員たちは昭和二十年一月五日の第十九金剛隊から出撃し始めたようである。神武特別攻撃隊の指揮官、青野豊大尉（海兵七十期）は、この第十九金剛隊で出撃して戦死している。

なお、神武特別攻撃隊を送り出した六〇一空は、その後、特設飛行隊ではなく固有編成の艦戦隊、艦爆隊、艦攻隊で再スタートを切るが、昭和二十年二月には航空母艦と切り離されて基地航空隊となり、戦力が充実した二月二十日に特設飛行隊の戦闘第三一〇飛行隊（旧艦戦隊）、攻撃第一飛行隊（旧艦爆隊）、攻撃二五四飛行隊（旧艦攻隊）に編成替えとなる。

しかし、この時すでに神風特攻第二御楯隊が各隊から抽出されており、二月二十一日、硫黄島攻略の支援のためその近海を行動していたアメリカ機動部隊に特攻を敢行して空母「サラトガ」大破、護衛空母「ビスマーク・シー」撃沈という戦果を残して散っていく。

こうした一方で、やはりマリアナ沖海戦後に編成されたのが「T攻撃部隊」だった。この部隊は、マリアナ決戦の結果、白昼堂々と正面から敵の機動部隊と戦うことは、特に敵戦闘機の力が強大になりすぎていて現実的ではない。そこで、敵戦闘機の行動が制限される台風などの悪天候下、あるいは夜間における雷撃戦を展開して敵機動部隊を撃滅しようとして編成されたものだった。

T攻撃部隊は、第七六二海軍航空隊とその麾下に置かれた攻撃第七〇八飛行隊（陸攻隊）や攻撃第五〇一飛行隊（銀河隊）、攻撃第二六二飛行隊（天山隊）、さらに陸軍重爆雷撃隊として再編された飛行第九十八戦隊、飛行第七戦隊（いずれも四式重爆隊）を主攻撃兵力としていたが、昭和十九年十月に生起した台湾沖航空戦で戦果を挙げずに大きく戦力を消耗してしまう。

そしてその後、攻撃七〇八は人間爆弾「桜花」を運用する第七二一海軍航空隊に編入されてその母機部隊となって特攻に関わり、攻撃二六二は「銀河」に機種改変を行なってのち、昭和二十年三月十一日に実施された梓特別攻撃隊の基幹となってウルシー攻撃を実施して壊滅、しばらくして開隊されて消える。

敵機動部隊に対して正攻法で戦うことができなくなった日本海軍の戦法は、特攻に頼る部分が大きくなってしまっていたのである。


筆者は以前、「特攻隊員というのは、実際に特攻を行なって死んだ人のことだけを指すのであり、僕らのように特攻隊の一員になりながらも生きながらえた人間は、本当の意味の特攻隊員ではない。彼らが死ぬ直前に抱いていた想いというのは、想像はできても、それが正解だとは思えない」などと語っていた古老を知っている。

それは、紙一重で生き残った元特攻隊員の見解としてはリアルなものであるが、次代をになっていく我々は、例え答えが得られなかったとしても、特攻とはなんであったか、特攻隊員の心情とはいかなるものであったのかを考え続けなければならないだろう。

そうして想い続けることこそが、特攻で死んでいった先人たちに対する供養となるのではないだろうか。

新装版　平成十七年七月　光人社刊

NF文庫

特攻　新装解説版
二〇二四年十月二十三日　第一刷発行
著　者　森本忠夫
発行者　赤堀正卓
発行所　株式会社　潮書房光人新社
〒100-8077　東京都千代田区大手町一-七-二
電話／〇三-六二八一-九八九一(代)
印刷・製本　中央精版印刷株式会社
定価はカバーに表示してあります
乱丁・落丁のものはお取りかえ致します。本文は中性紙を使用
ISBN978-4-7698-3377-2　C0195
http://www.kojinsha.co.jp

NF文庫

刊行のことば

第二次世界大戦の戦火が熄《や》んで五〇年――その間、小社は夥しい数の戦争の記録を渉猟し、発掘し、常に公正なる立場を貫いて書誌とし、大方の絶讃を博して今日に及ぶが、その源は、散華された世代への熱き思い入れであり、同時に、その記録を誌して平和の礎とし、後世に伝えんとするにある。

小社の出版物は、戦記、伝記、文学、エッセイ、写真集、その他、すでに一、〇〇〇点を越え、加えて戦後五〇年になんなんとするを契機として、「光人社NF（ノンフィクション）文庫」を創刊して、読者諸賢の熱烈要望におこたえする次第である。人生のバイブルとして、心弱きときの活性の糧《かて》として、散華の世代からの感動の肉声に、あなたもぜひ、耳を傾けて下さい。